文化的曜变

日本国宝中的唐风汉骨

Cultural
Iridescence

黄亚南 著

浙江大学出版社
·杭州·

图书在版编目（CIP）数据

文化的曜变：日本国宝中的唐风汉骨 / 黄亚南著.
杭州：浙江大学出版社, 2025.6. -- ISBN 978-7-308
-26001-5

Ⅰ.K203；K313.03

中国国家版本馆CIP数据核字第2025JB3348号

文化的曜变：日本国宝中的唐风汉骨
WENHUA DE YAOBIAN: RIBEN GUOBAO ZHONG DE TANGFENG HANGU

黄亚南　著

责任编辑	张　婷
责任校对	陈　欣
封面设计	刘树栋
出版发行	浙江大学出版社
	（杭州市天目山路148号　邮政编码310007）
	（网址：http://www.zjupress.com）
排　版	杭州林智广告有限公司
印　刷	杭州钱江彩色印务有限公司
开　本	880mm×1230mm　1/32
印　张	10.5
字　数	229千
版 印 次	2025年6月第1版　2025年6月第1次印刷
书　号	ISBN 978-7-308-26001-5
定　价	79.00元

版权所有　侵权必究　印装差错　负责调换

浙江大学出版社市场运营中心联系方式：0571-88925591；http://zjdxcbs.tmall.com

序　言

桃李不言：日本对中国文化的吸收与发展

解题

什么事物可以集中地体现日本的佗寂美学？是千利休钟爱的青瓷鲉耳花瓶。什么事物可以概括中国文化给日本带来的决定性影响？也是这个青瓷鲉耳花瓶。

为什么能这样说呢？这要从文化的概念说起。我们通常都认为文化是一个名词，实际上也是一个主谓结构的动词。这个"文"可以理解为常说的文化。而"化"字本义为改易、生成、造化，可以理解为改造。所以《易经》说"观乎人文，以化成天下"。这句话可以简约为"文以化成"，还可以进一步简化为"文化"。

说以中国的人文来化成日本，即文化日本，并不是要标新立异，而是这个词恰如其分地显示了中国文化对日本影响的事实。从还没有文字记载的史前社会开始，中日之间的交流就一直没有间断过，当汉字传到日本之后，又给日本带去了更为深远的历史性影响。

比如，日本这一国号就是文化日本的典型事例。日本在中国史书上被称为"倭国"，其实这是借用了上古时代对生活在渤海周边人群的称谓，而日本人在很多时候把这个倭字念成"yamato"。后来日本人汉语水平有所提高，觉得"倭"这个字不算是好字，所以改称日本。这在《旧唐书·东夷传》里就已经说得很清楚："日本国者，倭国之别种也。以其国在日边，故以日本为名。或曰：倭国自恶其名不雅，改为日本。"能够以在日边为理由而把国号用汉字改成日本，这件事本身就说明了日本受中国文化影响的这一事实。

文化是一种软实力，具有向周边扩散的自然态势。中国文化源源不断地传播到日本，实实在在地影响了日本社会的方方面面。曾几何时，日本也出现过崇尚华丽的王朝文化，甚至还用金箔贴满整座建筑，雨过天青的秘色也曾迷倒过无数的日本精英。但是，就像日本古代过于低下的生产力无法支撑天皇统治日本全境一样，这种水平的生产力也无法让绚丽的王朝文化在日本得到普及。日本只能根据自身的条件寻找适合自己发展的方向。经过数百年的历史沉淀，千利休终于集成了因陋就简的侘寂美学，而青瓷鯱耳花瓶则成为这种美学的完美体现。

也就是说，文化日本就是中国文化对日本的改造，只是这样的改造并不是中国强加给日本的，而是日本人主动引进，用中国文化来改造他们的社会的。遣隋使、遣唐使的故事大家早已耳熟能详，日本不仅引进了中国的国家制度、统治思想，还引进了中国的世俗伦理和世界观。他们这样积极引进中国文化也可以说是一种"桃李不言，下自成蹊"的典范。

序　言

中国的影响与日本的发展

日本学者曾经提出过这样一个拷问灵魂的问题,即如果汉文没有传入日本,日本将会怎样发展呢?

之所以说这是一个拷问灵魂的问题,就是因为这个问题的前提,就是发展到今天的日本社会是建立在汉文传入的基础上的。

3000年前,生活在中国东北地区的一批人渡海来到日本,带来了大陆的生产和生活方式,他们被称为弥生人。在那个时代,中国中原地区的文字已经日臻成熟,但这种成熟的甲骨文还是商代的统治阶层与神鬼通信的工具,具有崇高的神圣性,不是一般人所能染指的。千年之后,汉字早已成为中国文化的载体并传播四方。那个时候,日本也接触到了汉字,并且也有可能认识到了汉字的神圣性,但日本社会整体上接受汉字还需要500多年的时间。然而一旦接受了汉字,仅用了200多年,日本就创造出非常璀璨的文化。

从"绿"这个汉字被日本消化吸收的过程,可以清晰地看到文化影响的典型表现。

日本以前有一个发音为"midori"的词,是从水的概念衍生出来的,表示水汪汪、水灵灵的样子,可以用来形容初生的婴儿。在日本社会全面接受汉字之后,日本给"midori"找了一个对应的汉字:绿。结果,用汉字的绿表示的"midori"就成为一种颜色的指称,而失去了水汪汪、水灵灵的意思。更关键的是,本来日本很少有关于色彩的词汇,只有关于明暗的词汇,好像生活在黑白的世界里。一旦日本接受了绿这样的色彩词汇后，就一发而不可收，对色彩越来越敏感，不断地"发现"各式各样的绿，比如有若叶色、若苗色、若菜色、若竹色、青竹色、老竹色，等等，真是细致入微，能叫得出名的绿色就超过了80种。这样，日本社会也就变得丰富多彩、色彩斑斓了。可见，汉字给日本社会带来的影响是多么巨大。

承载中国文化的汉字传到日本之后，由于当时日本社会的生产力远远比不上高度发达的中国唐宋时代，并没有条件全盘接受中国的社会制度。比如在7世纪之后，日本也曾引进中国的律令制度，但当时的王朝没有足够的经济实力养活派往全国各地的官僚，结果中央集权也就很快瓦解了。

尽管如此，日本并没有因为资源的匮乏而放弃对中国文化的吸收，而是坚忍不拔、因地制宜地加以吸收利用。日本曾经因为铁矿资源的短缺，只能用废旧铁器打造兵器，反而打造出非常出色的日本刀，从宋代以后就向中国大量出口；也曾经因为资金的短缺，无法获取更多的中国物品，反而促使他们因地制宜，形成了侘寂的日本茶道，产生了一种新的文化。尽管当时日本精英阶层的武士们只能就着酱菜和酱汤吃饭，过着非常简朴的生活，但他们的精神世界并不空虚。按照规定，他们必须饱读中国的四书五经，拥有不亚于中国士大夫的汉文教养。实际上也是如此，只要他们能做得到的，还是会尽可能地遵循中国文化的。比如一直到明治维新之际，日本的正式公文都是用汉文写的，就是明治维新的诏书也不例外。日本模仿中国制度使用年号的习惯，到现在还保留着。而这样的文化教养也成了日本人吸收西洋文化的基础。他们凭借汉文教

序　言

养，迅速地用汉文翻译了大量的西方词汇，为近代日本走上工业化道路打下了基础，从而再次改变了他们的生活。

怎么看国宝

由于独特的历史地理条件，日本保存了很多中国文物，其中有部分被指定为日本的国宝。对这些成为日本国宝的中国文物，我们应该怎样去看呢？

"要看唐代建筑，只能去日本奈良！"有很多人对这句话感到气愤，其实大可不必，因为中国传统建筑的建材主要是木头，受这种建材本身的限制，古代建筑物要保存千年以上是非常不容易的，就是奈良的古建筑，基本上都经历了解体重建的过程，而历代的解体重建不仅会更换建材，而且会改变式样。比如建于1200年前的唐招提寺金堂就早已不是初建时的模样。唐代以后，中国的砖木建筑日益发达，在人口大爆发之后的明清时期，如果没有这种砖木建筑，很难想象中国有足够的木材可以"安得广厦千万间，大庇天下寒士俱欢颜"。

日本虽然保留了大量的唐代风格建筑，但一般的老百姓一直到江户时代末期，还有人居住在半地下式的竖穴建筑里。长期以来，茅草、木材和纸张是日本的主要建筑材料，一直到明治维新之后，日本才开始使用建筑用的砖。除了气候环境的影响外，这也体现了日本在很长的时间里生产力都非常低下的情况。实际上，到近代，日本之所以没有被西方帝国主义殖民，也是因为日本的贫穷让帝国主义觉得没有什么可以压榨的。在鸦片战争之后，美国总统曾在美国国会发言指出，我们要启蒙日

文化的嬗变 日本国宝中的唐风汉骨

本,让他们知道我们和中国的贸易商船路过日本,会给他们带来真正的利益。那个时候,美国商船到日本,并不是想殖民日本,而只是要求日本开放港口,给美国商船加水加燃料,让船员能上岸休息而已。帝国主义不想殖民日本,是因为根本看不到殖民有什么利益。或许是因为日本历史上经济不够发达,发展非常迟缓,早期的一批唐代风格的建筑才得以保存下来。

但是,我们也不能因为可以观摩到中国古代的国宝就沾沾自喜,而是需要进一步思考。日本在生产力比较低的状况之下大量地保存了精神和物质两方面的中国文化;同时,又能在中国文化的影响下形成了独自的文化,并在一定的条件下迅速地发展起来。毫无疑问,日本保存下来的大量中国瑰宝,能让我们真切地感受到中国文化的博大精深。如果我们能把这些国宝和日本文化的发展结合起来观摩,从"中国的传统文化还可以这样发展"的角度去看,一定会获得很多有益的启迪。

本书的特点

汉代的"汉委奴国王"金印早已成为日本人最熟悉的国宝,在日本小学教科书中必不可少。这颗金印之所以能被指定为日本国宝,不是因为其材质,而是因为上面的文字以及文字背后的文化交流。日本把这些从中国流传到日本的文物指定为国宝,其艺术性价值不用赘言,同时,这些国宝所具有的深远历史性价值更是不容忽视。本书通过这些国宝流传到日本前后的历史现象的描述,来具体地展现中国文化在政治、经济和文化各个方面给日本带来的影响。通过对这些国宝的介绍,一边重温

序　言

中国文化的灿烂，一边评述其对日本文化的影响。这不仅可以比较通俗地普及这方面的知识，还能成为我国游客去日本观摩这些国宝的指南。

被指定为日本国宝的中国文物从汉字典籍到工艺技术，在精神和物质两个方面都对日本产生了重大影响，有些还在日本历史的发展进程中起到了决定性的作用。本书从三个方面掇取相关历史资料并参考相关学术研究，在中日交流的历史环境中进行分析描述，立体地展示中国文化对日本的影响。

随着各种研究的不断深入，还会有更多的文物被指定为日本国宝。比如，日本曾经在法隆寺指定了40件左右的国宝，但还是不能做到面面俱到，法隆寺金堂天盖长期被忽视，直到2020年才被指定为国宝。类似的情况不会少，比如什么文物可以恰如其分地体现侘寂美学呢？现在似乎还没有一个令大家都能满意的答案，不过本书认为，曾经为千利休酷爱的青瓷鲶耳花瓶应该能胜任。

这个花瓶是中国流传到日本的汉物，不仅烧制时釉彩不均匀，而且还有一条大裂缝，用了铁钉锔住。然而就是这样一件并不完美的花瓶，却被日本茶圣千利休视如珍宝。这是因为在这个花瓶的上半段可以看到中国青瓷的绝美经纶，在下半段可以看到珠光茶碗的朴素风采，而其中的大裂缝，又是足利将军珍爱的青瓷茶碗"马蝗绊"残缺美的又一翻版，竟如此浑然天成。这些要素都是侘寂美学的源头，难怪茶圣要想方设法揽入手中。也就是说，无论是这个花瓶本身的造型色彩，还是这个花瓶的来历流传，各个方面都能充分体现日本文化的精髓，被指定为日本国宝应该不会是太久的事。

实际上，这个青瓷鯱耳花瓶不仅完美地体现了中国文化对日本的影响，而且还完美地体现了日本在此基础上发展起来的日本文化。这也是本书选取国宝介绍时，最重要的参考条件。

第一章　砧青瓷瓶：日本美学观的完成

1　千利休所好　　　　　　　　　　002
2　浑然天成的中国审美观　　　　　005
3　马蝗绊的残缺美　　　　　　　　009
4　朴素的珠光茶碗　　　　　　　　012
5　璀璨绚丽的黄金茶室　　　　　　016
6　历史的体现与见证　　　　　　　019
7　侘寂的意义　　　　　　　　　　022

第二章　一衣带水：文化日本简史

1　世界上第一个说日语的人　　　　028
2　乐浪海中有倭人　　　　　　　　031
3　移民的贡献　　　　　　　　　　035
4　日本的国家原型　　　　　　　　039
5　学习方法的改变　　　　　　　　042
6　剪不断的民间交流　　　　　　　045
7　宋钱来了　　　　　　　　　　　048
8　禅　　　　　　　　　　　　　　052
9　成也朱子学　败也朱子学　　　　055
10　中日交流源远流长　　　　　　058

目 录

第三章　憧憬向往：汉物和日本国宝

1　何谓汉物　　　　　　　　　　　　062
2　日本国宝制度的起因　　　　　　　065
3　日本国宝的概况　　　　　　　　　068
4　成为日本国宝的中国宝贝　　　　　070
5　文以化成是物质的也是精神的　　　070

第四章　出神入化：汉物给日本精神上影响

1　从金印到《日本书纪》　　　　　　074
2　写经的意义　　　　　　　　　　　084
3　日本的钟馗信仰　　　　　　　　　092
4　阴阳五行说与日本的国家原型　　　099
5　禅林墨迹　　　　　　　　　　　　112
6　潇湘八景图与日本的八景文化　　　123
7　南宋画师与日本水墨画　　　　　　136
8　汉籍与日本人的汉文素养　　　　　144
9　到足利学校看国宝　　　　　　　　159
10　有形无形的朱子学　　　　　　　170

第五章　润物无声：汉物对日本物质性滋润

1　解谜中平刀　　　　　　　　　　178
2　金铜锡杖头　　　　　　　　　　189
3　螺钿美饰夜光贝　　　　　　　　196
4　四骑狮子狩纹锦　　　　　　　　204
5　从巫术的红到化妆的白　　　　　212
6　五重塔为什么不会倒　　　　　　220
7　日本的佛像　　　　　　　　　　227
8　茶・茶道・茶碗　　　　　　　　238

第六章　威信财产：历史事件中的国宝

1　铜镜与古代王权　　　　　　　　250
2　《太平御览》的妙用　　　　　　258
3　悲歌一曲华原磬　　　　　　　　265
4　老僧的功力　　　　　　　　　　272
5　天皇和将军之间的汉物　　　　　278

目 录

第七章 汉物耀变：消化吸收与创造

1 前后一千二百年 290
2 国宝的仿制与技术的传承 298
3 文以化成的深远影响 306

后 记 317

第一章
砧青瓷瓶：日本美学观的完成

1. 千利休所好

静嘉堂文库美术馆收藏的国宝曜变天目茶碗举世闻名，参观者无一不想一睹为快。但由于国宝并不是常年展出，不查好展期，参观者不一定能幸运地看到实物。不过，那也不必失落，该馆的另一件藏品同样值得关注。因为这件藏品既见证了日本审美观如何从中国化演变为日本式的进程，同时也是这一进程恰如其分的象征。这就是南宋时期烧制的青瓷鱼徿耳花瓶。

从记录江户时代中期贵族生活的《槐记》中可以知道，这个青瓷鱼徿耳花瓶曾经被日本最著名的茶道家千利休收藏。《槐记》的作者山科道安是18世纪初京都朝廷摄政近卫家熙的侍医，凭此特殊的身份，他可以出入官宦豪门，能听到日本上层社会的各种传闻，看到很多宝物。他又擅于记录，为后世留下了很多珍贵史料。山科道安说，千利休所收藏的这个青瓷花瓶前面有一条大的裂缝，已经用锔钉修好了。现在我们可以在静嘉堂看到的这个青瓷鱼徿耳花瓶，和山科描述的一模一样。所以，可以确定，这个花瓶就是《槐记》中所记录的，千利休珍爱的花瓶。古今中外都有一种美叫作残缺之美，这个有裂缝的青瓷花瓶正是如此，丝毫不失其傲然卓立的矜持。山科由衷地赞叹千利休不愧为独具慧眼的收藏家，因为他不仅深谙其妙地赞赏了用锔钉来修补裂缝，而且以超人的想象力，将这个修补后的花瓶命名为砧青瓷花瓶。

后来，砧青瓷就成为从宋朝到元朝初期烧制出来的青瓷在日本的专有名称，而元朝中期以后到明清时期的青瓷分别被称为天龙寺青瓷和七

第一章　砧青瓷瓶：日本美学观的完成

青瓷觥耳花瓶，静嘉堂

官青瓷，颜色和质地都已经每况愈下。所以，砧青瓷在日本就是最高级青瓷的代名词，被誉为人类历史上无上的杰作。被归为砧青瓷的青瓷鯱耳花瓶自然是上乘之作。不过，山科并没有看明白这个青瓷鯱耳花瓶所包含的全部意义，他只是从千利休喜爱一个有裂缝的花瓶而判断其为一个"好事者"，所以也就无法真正了解千利休为什么如此珍爱这件宝物。

这个青瓷鯱耳花瓶有一个能让人一眼看出的特点，那就是花瓶上下颜色不同。花瓶的上半部是粉青色的，也就是通常所说的砧青瓷的颜色，但是花瓶的下半部却是黄褐色的，并不能归为砧青瓷的颜色。从砧青瓷应该通体粉青、釉色滋润的角度来说，这个花瓶显然是一件烧坏了的花瓶，而且，它还有一条很长的裂纹，甚至可以说这应该是一件报废的花瓶。为什么这样一个看似要报废的花瓶却深得千利休的青睐呢？难道是千利休没有条件、没有机会寻觅到一个完美的砧青瓷，或者是以鉴赏眼力著称的千利休想把这个有缺陷的花瓶奇货可居地藏起来，以期高价出售吗？毕竟高价出售茶道具就是后来丰臣秀吉给千利休定下死罪的罪名之一。显然都不是。

山科还补充说，正是因为有这条裂缝，千利休仿佛听到了捣衣砧上的千声万声，这才把这个花瓶命名为砧青瓷。其实他还是没有明白，正是两种颜色的绝配加上那条裂缝和锔钉，才完美地体现了在千利休那里最终完成的日本独特审美观。这个花瓶下半部的颜色与日本侘寂茶道创始人村田珠光所爱茶碗的颜色相同，也可以称为珠光茶碗色。而前面的那条裂缝和用锔钉的修补，是室町幕府将军曾经引领的残破美的体现。也就是说，在这个端庄的花瓶上，竟然有国色天香而人见人爱的砧青瓷

第一章　砧青瓷瓶：日本美学观的完成

粉青之美，又有侘茶之祖推崇的日用杂器的朴素之美，还有室町时代以后日本人情有独钟的残破之美，而这三种美竟然如此巧合地汇聚到了一起。

我们无法想象侘茶的集大成者千利休，在看到这个花瓶的时候心里到底是怎么样想的，但是从他创造性地把这个花瓶与捣衣用的捣衣石联系在一起，似乎可以看到和听到"长安一片月，万户捣衣声"，足以想象他当时是多么的心潮起伏、激动澎湃。因为千利休找到了最合适来展现无与伦比的侘寂之美的道具。

2. 浑然天成的中国审美观

"私事问宗易，公事问宰相。"这是丰臣秀吉的弟弟秀长提醒九州丰后的大名大友宗麟的一句话。

其实宰相就是丰臣秀长自己，而宗易就是千利休。这句话说明了当时千利休在丰臣秀吉政权里所具有的重要地位。以此地位，千利休想要觅得一个通体粉青十分滋润的砧青瓷花瓶应该不成问题。因为当时这种花瓶在日本比较容易找到，而且就是在现代，也有好几个这样的花瓶，其中还有被指定为国宝和重要文化财的砧青瓷花瓶，被命名为"万声"的青瓷凤凰耳花瓶就是其中的代表。

名为"万声"的砧青瓷花瓶在含有微量铁成分的灰白瓷胎上，涂上了厚厚的粉青色青瓷釉，但瓶底露胎。花瓶呈圆筒形，上面有细长的颈部，瓶口似漏斗状，凤凰形双耳贴在颈部。粉青的瓷器颜色滋润，品位高尚。其造型之端庄，其发色之美丽，不用说古代日本人，就是现代日本人也会无条件地被这样精美绝伦的砧青瓷所倾倒，其被评为国宝也是当之无愧的。

虽然不清楚这个花瓶传到日本的具体时间，但其最晚在日本的室町时代就已经受到权贵们的追捧了。德川幕府成立后，幕府将军又成了这件花瓶的新主人。后来德川幕府第3代将军德川家光将其赠给他的妹妹，也就是后水尾天皇的中宫德川和子。天皇的中宫虽然与皇后的名号不同，但地位相同。所以德川和子也拥有戒名的女院号叫东福门院，此后东福门院又把花瓶传给了后水尾天皇的孙子公弁法亲王。该亲王的父亲后西院天皇摘取白居易的诗句"谁家思妇秋捣帛？月苦风凄砧杵悲。八月九日正长夜，千声万声无了时"，将这件花瓶命名为"万声"。留下《槐记》的山科道安在近卫家看到过南宋烧制的同款青瓷花瓶，后被天皇命名为"千声"。"万声"和"千声"都完好地被保存下来，分别被和泉市久保惣纪念美术馆和京都阳明文库收藏。1951年，"万声"被指定为国宝；次年，"千声"

青瓷凤凰耳花瓶"万声"，和泉市久保惣纪念美术馆

第一章　砧青瓷瓶：日本美学观的完成

被指定为重要文化财。除了这两件青瓷花瓶之外，同款式的青瓷花瓶中还有大阪市立东洋陶瓷美术馆和五岛美术馆所藏青瓷凤凰耳花瓶被指定为重要文化财。另外，根津美术馆、常盘山文库、悠果堂美术馆、白鹤美术馆等所收藏的青瓷凤凰耳花瓶虽然没有被评为国宝或者重要文化财，但也是同样的美轮美奂。

17世纪以前，日本还不会烧制青瓷，所以青瓷都是从中国进口的，这些砧青瓷也不例外。从后周世宗柴荣要求窑工"雨过天青云破处，这般颜色做将来"之后，中国的青瓷工艺逐渐登峰造极。日本美术史家伊藤郁太郎就指出：宋代官窑的青瓷是倾注了中国民族智慧的结晶。现藏台北故宫博物院的北宋汝窑青瓷水仙盆到日本展出时，大阪市立东洋陶瓷美术馆发布了"人类历史上最杰出的陶瓷器首次海外公开展出"的广告，称赞这些青瓷是"神品降临"，毫不掩饰地表达了他们顶礼膜拜的心情。经过两宋时期的发展，我国的青瓷工艺已经炉火纯青，生产量和出口量都比较大，这从日本保存了大量的砧青瓷中可以得到证明。这些砧青瓷所体现出来的追求天衣无缝、精美绝伦的中国审美观也直接影响了当时的日本人。

日本传统的审美观崇尚自然，绳文时代的日本人非常喜爱从丝鱼川一带所产的翡翠的颜色。但两宋的砧青瓷浑然天成，青绿动人，更是能扣动日本人的心弦。日本虽然没有烧制砧青瓷的技术，但这并不妨碍他们对砧青瓷的欣赏和热爱。

实际上，一直上溯到平安时代，中国的青瓷早已渗透到日本贵族的生活中去了。《源氏物语》里至少有两处提到青瓷一词：一处是六帖第七段末摘花一节里,有没落贵族"末摘花"的女佣用了秘色样的中国饭碗。秘色通常就是指越州窑青瓷,是平安时代贵族们的珍爱。虽然饭菜不怎么样,但是饭碗必须是珍贵的,因为贵族的派头还必须保持着。另一处是三十五帖第四段"若菜"一节里,用青瓷一词描述了几个童女正装颜色。古代日语有表示明暗的字词,很少有表示色彩的字词。表示色彩往往借用实物名称,比如用照柿表示明亮的橙色。因而借用青瓷一词来表示绿色,是那个时代的人们能够理解的,很容易让人们领会到童女衣服上那种明亮的青绿色。从《源氏物语》里这两处涉及青瓷的描写,可以看到青瓷在日本人生活中的地位和他们对青瓷的接受程度。

由于砧青瓷是用"还原焰"[1]烧制的,而日本一直到17世纪初期,伊万里瓷器出现时才掌握了这项技术,但是要烧制出两宋时期那样色彩的砧青瓷又是另外一回事了。由于青瓷凤凰耳花瓶被无数日本人所倾倒,所以,也有很多陶工争相尝试仿制,也留下了很多杰作。日本近代陶圣板谷波山就曾经仿制过青瓷凤凰耳花瓶,在形体上可谓惟妙惟肖,但其釉色仍差一口气,不能归为砧青瓷而只能说是接近天龙寺青瓷。因陶艺高超而被任命为帝室技艺员的第一代诹访苏山也曾以"万声"为原型仿制过青瓷花瓶,但釉色依然难比原件。日本对砧青瓷这样锲而不舍的追求,足以说明中国青瓷对日本的影响是多么深远。有意思的是,千利休竟然没有想去寻觅一个如此完美的青瓷花瓶,难道是嫌其过于完美了吗?

---

[1] 还原焰就是燃烧时生成还原性气体的火焰。在燃烧过程中,由于氧气供应不足,而使燃烧不充分,在燃烧产物中含有一氧化碳等还原性气体,火焰中没有或含有极少量的氧分子。这种还原性火焰,在瓷器的烧制过程中有特殊的作用。

第一章　砧青瓷瓶：日本美学观的完成

3. 马蝗绊的残缺美

　　唐朝诗人形容青瓷是"九秋风露越窑开，千峰翠色夺得来"，真是大气磅礴。日本作家陈舜臣认为青瓷是"从胎土和釉彩中产生无数的气泡密集在一起，手摸上去似乎能感觉到微微的摇动，那气泡是鲜活的，能吸住人的身体。气泡并不是青绿一色，也有的如同露珠泛出白光，青瓷滋润的秘密恐怕就在这里"。这份观察可谓细致入微。许多人都想用语言来描述青瓷之美，然而都会觉得语言不够用，青瓷的妙处还真难与君说。不过，青瓷和其他瓷器一样，都有容易被打碎的缺点。如果在如此精美的青瓷上出现了一条裂缝，完美中出现了瑕疵，恐怕很多人会抱憾终生。然而千利休却可以在这裂缝中听到雷鸣，可以化腐朽为神奇，反将这种缺陷当作巧夺天工的神奇之美。不过，对青瓷上的裂缝也钟爱有加的首倡者并不是他。东京国立博物馆收藏的一件重要文化财，证明了对残缺青瓷钟爱的首倡者应该是室町幕府第八代将军足利义政。这件重要文化财就是一只被命名为"马蝗绊"的南宋青瓷茶碗。

青瓷茶碗"马蝗绊"，东京国立博物馆

根据江户时代的儒学者伊藤东涯在享保十二年（1727年）写的《马蝗绊茶瓯记》记载，在平安时代的安元元年（1175年）前后，当时的武将、公卿平重盛向杭州的玉皇山捐献了不少黄金，佛照禅师就回赠了他这只青瓷茶碗。而这只茶碗也的确拥有千金难买的资质，造型轻灵优美，釉色端正滋润，见到的人无不为之心动，收集了无数中国奇珍异宝的室町幕府将军足利义政也无法免俗。当这只茶碗流传到他手里的时候，碗底已经有了裂缝，使得浑然天成的完美出现了缺陷。但足利将军不能割舍，就派人把这只碗带回中国，希望找到一只同样的茶碗，满足他收藏这样一只完美茶碗的愿望。然而，无论足利将军愿意花多大的代价也无法实现这个愿望了，因为在当时明代的中国已经找不到能烧制如此精美器具的青瓷窑了，甚至连一模一样的替代品也找不到了。无奈中，足利将军只好请明代工匠用锔钉将这只有裂缝的碗修好再送回来。青瓷碗的厚度在3毫米左右，锔钉并没有穿透青瓷碗，工匠只是在青瓷碗上钻了1毫米左右的小孔，然后用锔钉钉住青瓷碗，展现了非常高超的工艺水平。

在镰仓时代出现的《平家物语》和《源平盛衰记》中都提到过平重盛向玉皇山捐献黄金，但并没有提到佛照禅师的回赠品。东京国立博物馆认为，从龙泉窑的发展来看，平重盛得到这只茶碗的故事应该是一种传说，但室町幕府将军以后的传承应该是具有可信度的。这只碗装在一个里面衬着缎子的中国漆盒里，有可能送到日本的时候就已经是一只锔好的碗。这样一只锔好的碗在中国并没有相关记录，但是在日本受到追捧是不争的事实。

裂缝意味着残破，锔钉更像大蚂蟥，本来是大煞风景的，但是，找

第一章　砧青瓷瓶：日本美学观的完成

不到替代品的足利将军却不这么认为。在他的眼里，"以铁钉六铃束之绊如蚂蟥，还觉有趣"。也就是说，这样的修理反而增加了情趣，使得残缺本身形成了一种美，具有更高的观赏价值。于是，这只青瓷茶碗就被命名为"马蝗绊"，身价陡增，让后来的收藏家垂涎欲滴。

室町幕府第八代将军足利义政虽然政治上并不高明，但在艺术方面却独具慧眼，收藏了很多中国字画、瓷器等。他的这些收藏品被称为东山御物，成为日后收藏家向往的东西，他的审美观自然也影响了日本。千利休对青瓷鲶耳花瓶的推崇应该也受到了足利将军审美的影响。而这种对残缺美的高度推崇还直接催生了日本的金缮技术。本来日本用漆作为黏合剂修理物品也是非常古老的传统，马蝗绊受到追捧后，日本苦于还没有掌握锔瓷技术，只好用金缮技术来修理破碎的陶瓷器。金缮是用生漆黏合破碎的瓷器，然后涂抹金粉装饰破损之处，从而在瓷器上展露金色的线条，呈现出巧夺天工的意匠。畠山纪念馆收藏的一只名为雪峰的金缮修补的乐烧茶碗，就引领了江户时代残缺美的潮流。乐烧是千家十职[1]的头牌，是秉承千利休的旨意烧制茶碗的，而烧制出来的茶碗最能体现千利休的侘茶思想。金缮修补的雪峰茶碗实际上也是对千利休喜好的一种传承。从这点来看，千利休所喜好的那个青瓷鲶耳花瓶实际上也是日本对残缺美思想继往开来的一个典型。

---

[1] 千家十职是专门为千利休家族生产茶道用具的十个家族，他们以世袭的称号作为家元（当主）的名称，相当于中国商铺的百年老字号。

4. 朴素的珠光茶碗

马蝗绊的轶事既形象地说明了日本对砧青瓷的珍爱，也说明在明代的时候中国已经无法烧制出宋朝那样的青瓷了，当然更不用说日本是根本没有能力烧制的。

用釉技术不过关，火候掌握不好，烧制出来的青瓷往往呈黄褐色，就像千利休所藏的那件青瓷鯱耳花瓶下半部的颜色那样。实际上，古代中国有专门的地方烧制这样的青瓷，被称为同安窑系青瓷。这类青瓷烧制相对容易，所以有大量的出口，广东的南宋沉船"南海一号"就装有大量的同安窑系青瓷。在日本福冈曾经出土过大量同安窑系青瓷碎片，说明日本大量进口过这类瓷器。虽然到村田珠光的时代，同安窑系早已经不再烧制那些青瓷，但与砧青瓷相比，曾经大量进口的同安窑系青瓷还是更容易入手。村田珠光向能阿弥[1]学习了足利将军时代流行的"书院式台子茶汤"，东京国立博物馆所藏的《能阿弥珠光宛君台（观）左右账记》证明了这个史实。在崇拜汉物的时代，村田珠光根本无力置办《君台（观）左右账记》里的茶道具，对马蝗绊那样高价的砧青瓷茶具只能望之兴叹，所以另辟蹊径，从富贵的对立面找出路。后来日本宗教学者铃木大拙说，这就是不与财富、权力和名誉为伍的侘寂。根据博多立花家保存的千利休密传《南方录》的记载，村田珠光在旷野中结草庵，

---

[1] 能阿弥，足利义政的文化侍从，他通晓书、画、茶，还负责掌握将军搜集的文物。能阿弥改革流俗，设计出了与书院茶事相适应的书院式茶室装饰和室内台子装饰的式样，将日本贵族社会性游艺的茶汤与寺院茶礼混合而成为"台子饰茶会"，又称"书院式台子茶汤"，从而形成了今日日本茶道的雏形。

第一章　砧青瓷瓶：日本美学观的完成

珠光青瓷茶碗，出光美术馆

大小只有四帖半[1]，用盖子已经破碎的陶制风炉釜、粗制的陶瓷器和竹子做的茶器来点茶。后人把村田珠光所使用的同安窑粗制的青瓷茶碗称为珠光茶碗，把他提倡的茶道称为"侘茶"。

在村田珠光去世30年后，奈良松屋家留下的现存最古老的茶会记《松屋会记》里就出现了珠光茶碗的记录。《山上宗二记》也记录了千利休曾经把一只珠光茶碗以一千贯的高价转让给三好实休的故事。后世的茶人对茶汤之祖村田珠光所喜好的茶碗都趋之若鹜，但从天正三年（1575年）之后，珠光茶碗就不再见于历史记录，不仅如此，村田珠光使用过的茶碗并没有一只传世保存到今天。

根津美术馆收藏了3只珠光茶碗，但都是江户时代的出土茶碗。其中最为著名的一只茶碗是松平不昧在木盒的三面分别题写了"珠光""茶碗""迟樱"的那只，是一只同安窑系的青瓷茶碗，这也是江户时代以

---
[1] 日本所说的一帖是一张榻榻米的面积，1帖约1.62平方米。

文化的嬗变　•••　013

来唯一的有木盒题字的传世品。但从茶碗的口缘部内外的土锈来看，这只"迟樱"茶碗应该是江户后期的出土品。另一只珠光茶碗是乐家第九代传人用三分之一的同安窑系瓷片加上三分之二乐烧修补出来的茶碗，所谓的珠光茶碗只是有一点珠光的影子而已。还有一只茶碗附有传来的说明。根据这个说明可以知道村田珠光去九州参拜太宰府时，在博多的近郊捡到一片青瓷片，于是就找人来挖掘，到第三天终于发掘出一些破碗，第四天，村田就找烧窑的师傅用烧接的方法把这些破碗拼接起来，这样一共得到8只茶碗和12只盆子。村田把这些都献给了足利将军，但把其中一只茶碗作为纪念品送给了当地的村长。村长的子孙米屋与七后来就写下了这份传承说明。但要辨别这里的真伪，只能说仁者见仁智者见智了。

实际上村田珠光并没有刻意地去强调他所采用的茶汤道具，反而强调茶汤道具不能以价格来分高低，模糊高价低价的界限最为重要。所以村田珠光在点茶时，很可能有什么茶汤道具就使用什么茶汤道具，这样，也就把本来是日常生活中实际使用的粗杂陶瓷器拿来做茶汤的道具了。这些粗杂陶瓷器在当时并不珍贵，他又没有刻意强调，所以当时可能也没有人专门去收藏村田真正使用过的茶碗。只是当他把粗杂陶瓷器拿来做茶汤的道具后，给日本带来了新的审美观，而且很快就成为新的"标准"。16世纪以后，受村田的影响，战国时代的大名、茶人和豪商等对朝鲜传来的粗杂陶器推崇有加，朴素的造型、灰暗的釉彩及瑕疵的裂纹，竟然都成为茶人的珍爱。这其中的大井户茶碗后来还成为日本的国宝。不过，可以肯定的是，村田的新审美实际上给日本的陶瓷器发展创

第一章　砧青瓷瓶：日本美学观的完成

造了极大的空间，因为同安窑系的青瓷在日本很早就能仿制了。明和三年（1766年）以后，为了复兴茶道，表千家的人开始复制珠光茶碗，使日本的烧陶技术更进一步，推动了日本陶瓷业的发展。

当然，侘寂不能等同于廉价，如果强调廉价的话，侘茶就没有号召力了。至少千利休是这么认为的。于是侘茶的集大成者千利休就把一只珠光茶碗以一千贯（相当于现代5000万日元）的价格卖给了织田信长，狠狠地宰了这位掌握了日本当时最高权力的"第六天魔王"一刀。但这还不算是最狠的，住吉屋宗无曾经把室町时代中期茶人松本珠报使用过的茶碗即松本茶碗以五千贯（约2.5亿日元）的价格卖给了织田信长。要知道，现藏于静嘉堂的曜变天目茶碗当时的交易价格也只有一百贯（约500万日元），相比之下，比较平凡的同安窑青瓷的价格竟然被抬到如此令人咋舌的价位，恐怕也只有一直居住在日本古代最大的商业城市堺市、对商业技巧早已耳濡目染的千利休和住吉屋宗无才能做到吧。

在1582年6月1日本能寺茶会上，这两只茶碗被织田信长拿出来炫耀过，但是在第二天发生的本能寺之变后就再也没有出现过，从而成为永远的传说。千利休把村田爱用的茶碗炒作得如此之高，应该不是为了发一笔横财，而是为了树立侘茶的权威。因为只有把粗糙的茶具价格提到如此高度，才能让更多的日本人感受到侘茶的价值。这样，就更能理解千利休为什么喜欢那件上半部青蓝色下半部黄褐色的青瓷鲶耳花瓶了。在崇拜汉物的年代，要宣传自己的思想最好还是使用汉物，因为那样大家更容易接受。这件花瓶既有大家喜爱的砧青瓷的青色，又有珠光茶碗的黄褐色,所以尽管有所破损,但千利休还是视之为珍宝。由于千利休在茶道方面的巨大影响力,在他的提倡下,天正年代末期的日本人开始把对砧青瓷的喜好转移到了珠光青瓷上,从而在茶道上告别了汉物。

5. 璀璨绚丽的黄金茶室

织田信长以破格的高价买入千利休的茶碗,并不是他钱多人傻,而是一种老谋深算。战国时期,以武力站出来的强人此起彼伏,无非都想分一块土地。但土地是有限的,欲望是无限的。况且,土地对织田信长来说也是不够的,后来丰臣秀吉出兵朝鲜就证明了这点。所以,织田信长需要一种更为便利的奖品来奖赏为他卖命的武士。如同拿破仑用一块铁片做成无上光荣的法国荣誉军团勋章一样,织田信长看到了茶道具的价值,于是通过以鉴赏力著称的千利休的高价茶碗的操作,把可以作为奖赏的茶碗的价值提高到相当于"一国一城"的高度,而一国一城正是武士梦寐以求的最高奖赏。这就是所谓的"御茶道御政道"。

从应仁之乱后的百年间,日本处在四处战乱的战国时代,武士们生活在刀口上,不是杀人就是被杀。他们需要禅宗的教导来恢复平常心,也需要点茶重回平常的生活。正是这种对点茶的社会需求,让身处武士阶层顶端的织田信长和丰臣秀吉都看到了茶道可以利用的价值。织田信长无论花多少代价也要把足利义政曾拥有的茶道具收集到手,这样就可以足利幕府的继承者自居而威震四方。同时,把这些高价的茶道具赏给部下,也会让他们感激涕零而进一步忠诚。丰臣秀吉在这方面更是青出

第一章 砧青瓷瓶：日本美学观的完成

黄金茶室复原，MOA 美术馆

于蓝而胜于蓝，他更需要利用茶道在武士阶层的重要地位来强化他的统治。因为在非常讲究门第身份的日本，连武士出身也不是的丰臣秀吉有极大的自卑感，尽可能地利用茶道来提高或者神话自己的地位，对丰臣秀吉来说是一种非常有效的手段。所以，黄金茶室这种极其奢侈的茶室的出现也就是非常自然的事了。

1586年，丰臣秀吉把组合式的黄金茶室搬到天皇的御所，开了一次"禁中茶会"。作为茶头的千利休参与了这次禁中茶会并献茶给正亲町天皇，从而正式得到了天皇赐予的利休号。当然，这也是丰臣秀吉安排的

文化的瞳变 日本国宝中的唐风汉骨

结果，从此日本侘茶的集大成者就以千利休的名号名垂青史。同时，这也是日本的茶道是在当权者的庇护下发展起来的一个明证。

黄金茶室虽然只有三帖大小，但墙壁、屋顶、柱子和障子的腰板都是用金箔贴满的，榻榻米表面上是猩红色的，包边是萌黄地金襕小纹，而障子上镶嵌的是红色的纹纱。至于茶室里的茶道具都是用黄金制作的。除了在1586年的禁中茶会上，在第二年的北野大茶会上，丰臣秀吉也展示过黄金茶室。1592年，丰臣秀吉出兵朝鲜的时候，也曾经把这个黄金茶室搬到处在前线的九州名护屋城。1598年，丰臣秀吉去世后，黄金茶室被留在大阪城，但在1615年德川家康攻陷大阪城的时候，黄金茶室和大阪城一起都在战火中变成了灰烬。

虽然没有史料证明千利休直接参与了这个金光闪闪的茶室的制作，但是现代的日本研究者都认为千利休在黄金茶室的制作中起到了一定的作用。黄金茶室与侘茶的意趣截然相反，但千利休却一直出现在黄金茶室登场的地方，显然，这并不能用受命于人来做解释。村田珠光曾经说过，藁屋门前系名马。侘茶并不是一味反对豪华，黄金茶室好比名马，何尝不能出现在侘茶里。桃山时代晚期开始隆兴的琳派，善用金银箔豪华装点的绘画长期盛行，也说明了日本人对金银装饰的喜爱。侘茶不仅不在形式上对此排斥，甚至还能接受这样的形式，黄金茶室就是一种典型。而千利休没有找一个粗陶来命名砧青瓷，而是对保留了一部分砧青瓷的倍加推崇，可以说正是村田珠光所强调的模糊汉物与和物界限的最佳体现。

· 018 ·

第一章　砧青瓷瓶：日本美学观的完成

6. 历史的体现与见证

千利休实际上是无法改变当时最高权力者的意向的，但是，这并不妨碍其审美观的发展。虽然黄金茶室让天皇贵族和武士们折服，但这毕竟是只有极少数人能够享受的美，千利休和他的追随者们只能在他们力所能求的范围内去追求他们的"侘茶"。在丰臣秀吉用大量金箔建成的府第聚乐第的一角，也有千利休的居所。1992年，在聚乐第遗址里出土了600片贴有金箔的瓦片，证实了历史的传说。千利休在这里修建了两个茶室，一个是四帖半的茶室，另一个是只有一帖半的茶室。四帖半的茶室是村田珠光提倡的茶室，也属于当时标准的茶室，千利休送别得罪丰臣秀吉的古溪和尚时，就是在这个四帖半的茶室里，而且还瞒着丰臣秀吉在茶室里悬挂了丰臣秀吉秘藏的虚堂的书法挂轴。但是一帖半的茶室可以说是千利休对茶道追求的极端体现。据说，千利休最后切腹自杀就是在这个极小的茶室里。普通的四帖半茶室和极端的一帖半茶室并存，说明千利休对茶室的要求并不刻意拘泥形式，而是灵活自如的。有一次，千利休举办茶会，客人们坐在茶室外面等待茶会开始。这时突然下起了大雨，一会儿雨过天晴，雨后的树叶分外翠嫩，让客人们美美地享受了一番。待大家入席之后，却没有看到通常在茶室中都会放置的插花，有的只是墙上被打湿的一片水迹。大家都觉得很奇怪，因为那场大雨虽然大但应该不会漏到茶室墙壁上的。最后千利休说明了缘由，他说进茶室之前，客人们已经被大雨洗出的翠色陶醉，这时茶室里插任何鲜花都已不适合了，只有用水打湿的墙壁才能衬托雨后的清新。这就是千

文化的嬗变 日本国宝中的唐风汉骨

待庵，京都府

利休的审美眼，在艺术上做到了密不透风、宽可走马的自如。

聚乐第很快被丰臣秀吉自己彻底铲平，这里的茶室自然也消失得无影无踪，但日本现在还保存了一个据说是千利休所建的茶室——待庵。这个已经成为日本草庵茶室象征的茶室只有两帖大，室内墙壁古色斑驳，给人留下的深刻印象就是简陋。但大家似乎都忘记了一个事实，那就是这个待庵茶室实际上是1582年在山崎之战的阵前搭建的，而这个时候的点茶实际上都是在野外举行的。从这点来说，待庵也是非常奢侈了。

第一章　砧青瓷瓶：日本美学观的完成

千利休能够因陋就简地搭建茶室，与后来参与黄金茶室的制作并不矛盾。实际上侘茶的创始之祖村田珠光就持有大量的汉物茶道具，这在《山上宗二记》和《南方录》里都有记载。不过，也有人说这是后人的捏造，村田珠光不应该持那么多的汉物。但问题并不在于村田珠光有多少汉物，而在于他如何看待这些茶道具。在村田留下的关于茶道最有名的一封给《古市播磨法师》的信里，他一针见血地指出了茶道最为要紧的大事就是模糊掉汉物与和物的境界。不懂这里的重要性，也就不能真正理解什么是茶道。村田进一步解释，所谓的"枯"，不是拿着破旧的茶碗煞有介事地品头论足那种极为恶劣的举动，而是拿着上好的茶道具，细细品味，与自己心灵的成长结合起来，进而达到"冷""瘦"境地的过程。村田还用"明月也嫌无云彩"来阐明他的审美。没有月亮，漆黑一片，没有美感，而万里无云，明月孤悬，也没有什么美感，只有彩云追月，才是最美的。千利休作为侘茶的集大成者，自然能明白祖师所倡导的茶道的真谛，并将其发扬光大。

如果一定要用一个具体的物件来体现千利休集大成的审美观的话，那就是那个青瓷鯱耳花瓶了。

在黄金茶室搬到御所举办茶会的一年后，博多豪商兼茶人的宗湛在日记里记道："在松江隆仙的茶会上看到了一个砧青瓷花瓶，青瓷色美，有裂缝。"说明这个时候，这个砧青瓷花瓶还没有到千利休的手上。而这个时候离千利休切腹自杀还有5年时间。这段时间正是千利休人生最为辉煌的时刻，以千利休此时的名气与势力，完全有能力也有条件可以得到一个完美无缺的砧青瓷花瓶，实际上当时日本是有不少完美无缺的砧青瓷花瓶的。但是，他没有那样去追求，而是在生命的高光时刻，在追求这个釉彩并不完美，还有裂缝的青瓷鯱耳花瓶，并成功地拿到手，最后还把这个花瓶命名为砧青瓷。不得不敬佩千利休的眼力。只要细细看下来，就会发现在这个砧青瓷上，具备了侘茶所追求的全部要素。

这个来自中国的花瓶被命名为砧青瓷，意味着在中国文化的影响下，结合自身的特点，日本独特的美学观念在日本战国时代最终形成了。这个花瓶既是侘茶精神的全部体现，又是日本美学观趋于形成的见证。

7. 侘寂的意义

现代日本在对茶道进行叙述时，往往会引用村田珠光的那句"明月也嫌无云彩"。意思是说，事物多少带有一些缺陷才是最美的。这被后人整理形成不完全的美，不足之美。但只是这样强调的话，很难说深得村田的真传。因为他们可能并不知道村田为什么要去追求那种不足之美。

因向西方介绍禅文化而著名的宗教学者铃木大拙在《禅与日本文化》中对侘寂有过很好的解释。要给侘寂作定义的话，那就是基于贫困之上的美的意趣。其表现就是不与追求财富、权力和名誉的潮流为伍，而是去追求一种超越时代的具有最高价值的存在。在大家争相追求奢华汉物的时代，村田珠光却去寻找廉价的同安窑茶碗。在丰臣秀吉用黄金茶室炫耀的时候，千利休却去修建简陋的草庵茶室。这些都是不与追求财富、权力和名誉的潮流为伍的体现。但是，在贫困之上建立美的意识，

第一章　砧青瓷瓶：日本美学观的完成

重点是在建立"美的意识"而不是"贫困"。

中古的日本生产力并不发达，加上连年的战乱，社会更加贫穷。这是历史的史实，并不是佗寂追求的结果。佗寂只是要求在这样的前提条件下依然能找出美的东西。村田珠光曾经说过，藁屋门前系名马，便是他追求的境界。他还说在普通的房间找到稀世珍品，那就是分外的美事。这说明村田珠光并不是一味地追求贫穷的状态，而是强调一种随遇而安的态度。名物茶碗价格如一国一城，金阁寺、黄金茶室在日本也只有一二人才能拥有，绝大多数的人与这些东西是一生无缘的，与其对这些一生无缘的东西孜孜以求，还不如把眼前现有的东西好好看看，在其中找到美好的东西。当千利休将一瓢水泼在墙上，难道不是一幅最美的图画吗？

铃木大拙借用唐诗故事形象地说明了佗寂的本质。据《唐才子传》记载，齐己作了一首诗，其中有"前村深雪里，昨夜数枝开"。他的朋友郑谷读后说，如果要形容早的话，不如说一枝开为好。铃木大拙说这里的一枝当然不是强调贫困，而是强调佗寂那种孤绝感，而孤绝实际上就是诉诸思索。他用藤原定家的一首和歌来做进一步的说明：

> 也无红叶也无花，
> 　　唯见秋浦茅屋伴晚霞。

在既无红叶也没有鲜花的地方，好像非常无聊。但茅屋、秋浦、晚霞，这不正是潇湘八景中渔村夕照的翻版吗？也正是"千山鸟飞绝，万径人踪灭。孤舟蓑笠翁，独钓寒江雪"中孤绝的意境，让人从孤绝中慢慢体会到的某种东西存在的意境。而藤原家隆的和歌似乎更加直白地点明了对诉诸思索的含义：

> 莫问百花何时开，
> 　　且见雪里已有春草埋。

对只认为百花盛开才是春天到来的人，不妨让他去看看雪地里已经悄悄发芽生长的春草，让他感受春天的气息。

所以说，在贫困上发现美，是一种思索的结果。而这样的思索显然是受到中国文化的辉煌带来的刺激而形成的。在日本还无法烧制完美无缺的双耳凤凰砧青瓷花瓶的时代，他们并没有望洋兴叹，而是沿着这条线，在他们力所能求的范围里发现美。铃木大拙非常感铭的是东亚人不是从生命体的外面而是从内部来感受和把握美的。也就是说，是一种精神的强调，而更专注地强调精神的重要性往往就不会去注意形式。这样，形状不完整不再是缺陷，色彩不理想也不再有遗憾，完美无缺的双耳凤凰砧青瓷花瓶可以让人欲罢不能，烧损且又有裂纹的砧青瓷花瓶也可以让人流连忘返。

不再注重形式而强调精神，实际上是日本摆脱无法在形式上超越中国的最佳途径。中国文化带来的刺激，催化了日本人的想象力和创造力，从而促使他们形成了新的审美观。在无法做到巧夺天工、天衣无缝的时候，不妨把这些不完美也当作是一种美，只要认识到其中的美，就是美的完整。铃木大拙指出，"多即一，一即多"，这种禅的真理给日本送来了新的审美理论，也赋予了侘寂核心的内容：随遇而安，执着追求。实

第一章　砧青瓷瓶：日本美学观的完成

听雨草堂，东京

际上从生活到艺术，禅对日本的影响也是多方面的。

德川幕府为了巩固自己的统治，推行了身份固定化的政策，即严格区分士、农、工、商的身份并以世袭的方式固定下来；并且规定农民不得随意搬迁，从而把日本人口的绝大多数都固定在土地上。这样，至少在400多年的时间里，日本人只能在规定的环境条件下过着物质生活比较贫乏的生活。但是他们的精神生活并不贫乏，"多即一，一即多"的理论让他们可以不无自豪地说"江山询美是吾乡"。这句诗实际上是化用开国论者大槻磐溪诗句"江山信美是吾州"。而大槻此句又是反其意化用元代虞集诗句"江山信美非吾土"。如此化用汉诗，正说明日本人对汉文掌握的熟练程度。他们甚至还说："欧美诸邦，初春无梅花，晚春无樱花，其为春者，毕竟不足为言。"在平安时代，日本人也和唐朝人一样是欣赏昨夜数枝开的梅花的，但后来他们发现了樱花的美，并且把山里的樱花改良成平野上盛开的染井吉野新品种，使其成为日本的代名词。这样的发现和改良，实际上也体现了那种在普通的房间里要去寻找稀世之宝的执着，也造就了日本人兢兢业业地把手边的工作做得尽善尽美的遗传因子。

但是，任何事物的发展都会出现流弊。比如，到江户时代，随着茶道的大众化发展，出现了茶道娱乐化的倾向，从而远离了千利休提倡的茶道宗旨。更有人曲解侘寂的理念，认为完美的东西不完美，非要把端庄的石灯笼打坏一角，非要把精美的茶碗敲碎再黏结起来，如此，他们才觉得是在享受着侘寂茶道。这种扭曲的行为使得芸芸大众开始把茶人这一称呼当作变态的隐喻。实际上，煞有介事地强调形式、强调自我，本来就是村田珠光所排斥的，更不用说这样扭曲的行为了。

侘寂并不是刻意追求的效果，而是适应环境而自然形成的结果，因此具有更深远的意义。

第二章
一衣带水：文化日本简史

1. 世界上第一个说日语的人

世界上最早说日语的人是9000年前中国西辽河边一个种黍粟的农民。

这是德国等多国研究者联合发表在《自然》杂志上的一份研究报告的结论。这份报告不仅指出了日语的起源，还指出了农耕活动是日语得以流传的物质基础。根据这份报告，大概在3000年前，随着水田耕作的扩散普及，日语也经由朝鲜半岛来到了日本九州北部。

3000年前在日本历史上也是一个时代的分界线，从3000年前再上溯到16500年前是绳文时代。考古学者在青森县大平山元遗迹中发现了16500年前的绳文人已经能制作陶器，建筑竖穴式房屋，以采集狩猎为中心生活，并且也能种植谷物。但是在3000年前，这样的生活开始发生变化，逐步被水稻耕作的农耕生活替代。那个时期全球气候趋向寒冷，居住在亚洲大陆北方的人不得不向南迁移，这些掌握了水稻耕作技术的人来到日本列岛后，也把这种农耕生活带到了日本，他们被称为弥生人，他们生活的时代就是弥生时代。虽然在绳文时代就有大陆人不断移居日本列岛，但在弥生时代，移居的人口急剧增加，自然也带来了他们的生活方式，他们所说的语言也逐步成为日本列岛的主要语言，后来流传发展为现在的日语。不过绳文人所说的古老语言和绳文人一起被边缘化，只有现在的阿伊努语可能还保留了一部分绳文人的古老语言。

实际上，人类学的相关研究早就支持弥生人主要来自亚洲大陆的观点。20世纪50年代以后，日本学者通过对古代人骨的比较发现，弥生人

第二章　一衣带水：文化日本简史

和居住在北亚的人非常接近。美国学者在1975年对现代日本人、阿伊努人、绳文人、弥生人和史前中国人的牙齿形态特征进行比较研究后，认为具有中国型牙齿特征的东北亚人从大陆渡海到日本，与当地部分绳文人逐步融合形成了弥生人及其后代——现代日本人。而染色体的相关研究也发现，弥生人最常见的染色体单倍群O1b2系主要分布在东北亚，他们非常有可能是在弥生时代大量地从中国东北经过朝鲜半岛抵达日本的。

这些结论与日语来源于辽河流域的结论非常吻合。这也可以说，日语算是中国大陆和日本列岛之间交流的最初成果之一。虽然那个时候日本还没有形成一个国家，而中国的殷商势力恐怕还没有涉足东北地区，但无法否认两地发生过的交流。虽然在殷商时期的甲骨文里并没有关于日本的记载，但是到周朝"成王之时，越常献雉，倭人贡鬯"（王充《论衡·恢国篇》），倭人便登场了。只是倭人到底是从哪里来的，王充并没有说清楚，所以，这里所说的倭人是不是当时的日本人就不得而知了。在比王充的著作成书更早的《山海经》里有对倭的介绍："盖国在钜燕南，倭北。倭属燕。"从这里对盖国的描述来看，盖国在燕国的南面，而倭又在盖国的南面。虽然不知盖国是指哪国，但总体上可以看出倭是在燕国以南的地方，而且是燕国的附属，应该离燕国也不会太远。那就很有可能是在渤海沿海，更像是在东海沿海地区。这样看来，古书里记载的倭人应该不是当时已经定居在日本列岛上的弥生人。但是，却不能排除这些倭人与日本的关系。

人类学研究发现，自西周到汉代的山东临淄地区和鲁中南地区人群的骨骼特征与西日本弥生人的特征相近，而他们和时代更早的中国黄河流域青铜时代居民之间存在过相当密切的关系。这个研究成果很有意义，因为在弥生时代，日本已经开始制作铜铎等铜器。从弥生时代和古坟时代出土的铜器来推断，上古时期日本使用了近100吨的铜。但是，直到698年日本才开始开采铜矿，这意味着在上古时代铸铜技术及铜材料，都是从中国大陆流传到日本的，而且，铜材料的交易关系维持了千年以上。

倭人与中国的交流并不局限于黄河流域的北方，他们利用航海技术也与中国南方有密切的交流。在很长的时期里，大家都认为日本的铜铎是参照从朝鲜半岛传来的中国大陆的铃而独自发展出来的，但是在江苏无锡春秋战国时代越国贵族墓葬里出土了更似日本铜铎原型的瓷铎，这说明日本的铜铎也可能是从中国南方直接传到日本的。而人类学的研究也为此提供了证据，在与中国新石器时代人骨对比研究中，学者发现常州金坛三星村遗址中的人骨与日本弥生人最接近，这个结果把日本弥生人的大陆来源的地理范围由黄河中下游扩展到长江南岸地区。

考古学证实了上古时代的各地交流。在日本九州发现的吉野里遗迹，是日本小学教科书里必定会提到的弥生时代代表性的遗迹，而这个遗迹就被认定为是渡海而来的移民所修建的。当15世纪末，哥伦布抵达南美的时候，欧洲人以为他们是第一次发现新大陆。实际上比哥伦布早500年，维京人就已经登上美洲大陆了。虽然没有留下文字记录，但却不能抹杀这段历史。古代人的航海技术可能超过我们的想象。正是有这种航海技术的支撑，古代各地的交流也很频繁。而通过这些交流，大陆来的移民给日本带来语言文化、生活方式以及生产技术等，促进了日本历史的发展。

古人的记录有很多是模糊的，上古缺乏记录，或者记录得语焉不详，而现代的科学论述却又过分简洁，历史上的很多细节可能永远消失了，但不能否定的是，这些消失的细节都产生过重大的作用。没有文字记录的史前中日交流，给我们留下了很多遐想的空间。

2. 乐浪海中有倭人

从汉朝开始，被称为"倭"的日本就出现在中国的正史上了。

《汉书·地理志》中记载："乐浪海中有倭人，分为百余国，以岁时来献见云。"显然，这里的倭人不可能是指中国东海沿海地区的人，而是指生活在日本列岛上的倭人。《汉书》是我国第一部断代史，从这里开始，中国的正史就有了中日之间交流的记载。

乐浪是汉武帝在公元前108年平定卫氏朝鲜后在朝鲜半岛上设置的汉四郡之一，其管辖范围大致在朝鲜半岛的中部。虽然乐浪郡范围曾有伸缩，但其郡治中心地域是在平壤附近的大同江下游和载宁江流域，而朝鲜半岛的南端还处在众多部落各据一方的阶段，大概乐浪郡对此也不是很清楚。不管怎么说，乐浪郡南面并不直接临海，《汉书》中"乐浪海中"这个地理范围就过于宽泛了。但是说倭人分为百余国，这个记载更接近事实。实际上当时的倭人多数是直接和乐浪郡交流的，而乐浪郡无法把所有的交流细节都汇报给朝廷，结果留下的记录不仅简略而且还比较模糊。但也由此可见，乐浪郡在中日交流史上具有非常重要的地位。三国时，乐浪郡被划出南半与南荒地合并成带方郡，"是后倭、韩遂属带方"。倭国通过在朝鲜半岛上的乐浪郡及后来的带方郡与中国进行交流的史实被记录在中国正史上。

《魏志·倭人传》[1]记载："景初二年六月，倭女王遣大夫难升米等诣（带方）郡，求诣天子朝献，太守刘夏遣吏将送诣京都。其年十二月，诏书报倭女王曰：'制诏亲魏倭王卑弥呼：带方太守刘夏遣使送汝大夫难升米、次使都市牛利奉汝所献男生口四人，女生口六人，班布二匹二丈，以到。汝所在逾远，乃遣使贡献，是汝之忠孝，我甚哀汝。今以汝为亲魏倭王，假金印紫绶，装封付带方太守假授汝。'……"这说明，倭国使者是先到带方郡，然后再被引见到魏国国都。而魏国朝廷以为带方连接倭国，所以让带方郡太守直接把亲魏倭王的金印颁发给倭女王。

中央朝廷给倭国颁发金印这并不是第一次，也不是最后一次。《后汉书》记载："建武中元二年，倭奴国奉贡朝贺，使人自称大夫，倭国之极南界也。光武赐以印绶。"而且，这枚金印后来在日本九州的一个小岛上被发现，这使得中国古代对日本的记载更加可信。后来正治元年，太守弓遵遣建中校尉梯俊等奉诏书印绶诣倭国，拜假倭王，并赍诏赐金、帛、锦罽、刀、镜、采物，倭王因使上表答谢恩诏。带方郡和日本的交流长期络绎不绝。

248年，倭女王卑弥呼死后，台与继位，随即派使者赴魏。曹魏在265年被司马炎的晋朝替代后，第二年台与又派遣使者向晋朝进贡，可

---

[1] 《三国志》里的倭人传是东夷传里的一条，现代日本为了行文方便，就简称《魏志·倭人传》。

第二章 一衣带水：文化日本简史

见当时的消息传递是非常迅速的。晋朝很快就因为八王之乱而失去中原大地，退据南方，北方则陷入连年战乱的时代。各方都无暇顾及远在海外的日本了。而日本也从中国的史书上消失了。不过，地下的出土文物却显示了中日交流依然非常频繁。

从2004年日本首次确认有石砚出土后，这类石砚在日本九州、北陆地区不断出土。截至2019年，出土石砚已经达到150例。2019年，日本学者柳田康雄在福冈县下稗田遗迹出土文物中发现了弥生中期，也就是公元前100年前后的石砚。这块长度为7.7～9.8厘米、厚度为1～1.4厘米的石砚表面有被墨磨过的凹痕，四周有炭粒子的痕迹，应该是一块实际使用过的砚台。在弥生时代，日本还没有自己文字，这种石砚要么是从中国传来的，要么是在日本仿制的。而公元前100年前后，乐浪郡还不见踪影。不得不说，当时中日交流远比我们已经知道的还要频繁，还要直接。

石砚的出现说明了在弥生时代中期，日本就有人掌握了汉字。所以，当时的倭国应该是认识汉朝颁发给倭国金印上的汉字的。但当时到底是谁掌握了汉字呢？从5世纪日本打造的刀剑铭文里明确记载着"书者张安"来看，使用石砚的人很有可能是当时从中国大陆流转到日本的中国人，这些石砚也可能是他们随身带来的。后来日本的史书里记载，日本把这些识文断字的汉人任命为文首。不过，虽然文字还掌握在流转到日本的中国人手里，但日本社会对汉字的崇拜已经开始了。1996年1月，日本的各大报纸都刊登了一则重要的消息，在三重片部遗迹中，发现了日本最古老的文字。那是写在4世纪前半叶土器上的一个汉字"田"。而这个字很可能是当时的倭人书写的。这说明由中国人从中国大陆带去日本的汉字，此时的倭人已经能掌握一点了。可以说，这就是文化日本的开始。

文字是高度的上层建筑的体现，需要有坚实的经济作为基础条件，当时最先进的经济基础是铁器的利用。在弥生时代及后来的古坟时代，谁掌握了打铁技术，谁就能称霸日本。在中国的正史里，记载了中国朝廷赐给倭国五尺刀和铜镜等金属制品，但不见有铜镞和铁镞。因为《魏志》里已经记载了倭人使用"竹箭或铁镞或骨镞"，而日本的考古也证实了这条记录。日本九州出土的弥生时代的铁镞数量超过了900个，在九州以外的区域出土了300多个铁镞。这反映了九州地区更早地使用了铁器。由于炼铁炉需要超过1000多度的高温，弥生时代的日本还无法掌握，而且打铁的原材料还只能依靠进口。《魏志》记载朝鲜半岛东南部"出铁，韩、濊、倭皆从取之"。而当时日本只能打造铁镞等小铁器，刀剑等大型铁质武器的打造还要靠从中国到倭国的工匠。奈良时代编纂的《肥前风土记·三根郡汉部乡》记载："昔者，来目皇子为征伐新罗，勒忍海汉人将来居此村，令造兵器，因曰汉部乡。"来目皇子是6世纪末的人，说明那个时期，日本还是依靠从中国来的工匠及他们的子孙打造铁器。不过，中国工匠带来的技术也传播到倭人手里，江田船山古坟出土的银错铭大刀就记录了日本制刀人的姓名，显示了这样的技术传播。

九州地区占据了靠近中国大陆和朝鲜半岛的优越的地理条件，不断输入中国大陆的先进技术，并利用这些先进技术不断东征，把统治范围扩大到现在的近畿地区及以东地区。也就是说,从中国传来的先进技术让日本政治版图发生了巨大的变化。

3. 移民的贡献

日本在中国的史书上消失了一个半世纪后,在东晋时又重新出现了。而这次重现更是明确了倭国与中原朝廷的册封关系。

《晋书·安帝本纪》记载义熙九年(413年),"高句丽、倭国及西南夷铜头大师并献方物"。虽然到安帝的时候东晋已经摇摇欲坠,但是在日本来看,南迁的东晋王朝也有百年的历史,俨然是中国的正统。倭王向东晋朝贡,是想借助中国的权威对付倭国的周边政权。这个目的在南朝的《宋书》里被明确地提出来了。

《宋书·倭国传》高祖永初二年(421年),诏曰:"倭赞万里修贡,远诚宜甄,可赐除授。"除就是除去,授就是授予,也就是除去以前的任命,授予新的官职。倭国要求的是什么官职呢?《宋书》记载:太祖元嘉二年(425年),赞又遣司马曹达奉表献方物。"(倭王)赞死,弟珍立,遣使贡献。自称使持节、都督倭百济新罗任那秦韩慕韩六国诸军事、安东大将军、倭国王。表求除正,诏除安东将军、倭国王。"也就是说倭国自拟了官衔,要求刘宋王朝予以承认。使持节是魏晋南北朝时期直接代表皇帝行使地方军政权力的官职,安东大将军在九品中正制里属于武官第二品。这说明倭国对中国制度研究得非常透彻。不过,宋高祖并不认为倭国与之相配,只授予了安东将军这个武官第三品的官衔及倭国王的称号。

倭王自然不甘心，就缠着刘宋王朝要求加官进爵。功夫不负有心人，《宋书·倭国传》中有7次提到倭国王遣使上贡的记录，而《宋书·本纪》中也有3次提到倭国王的遣使记录，刘宋朝从420年起到479年灭亡，存在了59年，这样平均下来，每6年半倭国就会派使者入朝上贡，可见来往非常频繁。到太祖元嘉二十八年（451年），朝廷终于给倭王加上了使持节、都督倭新罗任那加罗秦韩慕韩六国诸军事的官衔，但还是没有授予大将军的官衔。直到倭王中的第五位倭国武登场后，在顺帝升明二年（478年）才终于获得大将军的官衔。

但就在倭王的要求得到全部满足后，倭王突然决定不再和刘宋交流。这个决定恐怕与当时东亚的国际环境变化有重要关系。倭国要求中国对其册封，主要是想维持和扩大他们在朝鲜半岛上的影响力，这从都督六国军事的官衔上可以看到。但刘宋在469年失去对山东半岛的控制后，南朝在朝鲜半岛上的影响力也迅速减弱，让倭王已经无法依靠南朝了。而这时候倭国已经有"控弦百万"的实力，可以直接和高句丽对抗，也不需要再借助南朝的权威了。而倭国之所以有如此的发展，是因为从中国或者朝鲜半岛渡海到日本的汉人做出了巨大的贡献。

三国以后，中原长期战乱，中央朝廷对乐浪和带方的经营日益力不从心。建兴元年（313年）初，据有乐浪、带方二郡的张统因不堪长期孤军与高句丽美川王高乙弗作战而率千余家迁到辽西投靠慕容廆，这一年也被认为是高句丽据有乐浪郡的开始。随着高句丽势力的不断南下，朝鲜半岛上的很多汉人被迫继续南迁，有一部分逃亡到了倭国。这时，

第二章 一衣带水：文化日本简史

倭国的政治中心还在九州，但九州显然容纳不下大量的移民，所以倭国就把这些移民向日本列岛的东方安排。结果，这些移民用先进的治水技术开拓土地，形成了一个又一个新的经济中心，也帮助倭王把势力范围向东方不断扩张。

根据《播磨国风土记》记载，播磨国揖保郡（现属兵库县）有个地方叫作枚方里，"所以名枚方里者，河内国茨田郡枚方里（现在大阪府枚方市一带）汉人来到始居此村，故曰枚方里"。这说明在河内国获得成功的汉人得以继续开疆拓土，来到播磨国开拓。《日本书纪》记录了宣化元年（535年）宣化天皇的诏书显示了汉人在茨田开拓的成功。这个诏书要求九州大名把东日本的粮食先汇集到茨田郡屯仓，然后再运到九州。此举说明茨田即后来的大阪在当时已经成为一个重要的交通枢纽，而汉人之所以能够获得成功，就是仰仗他们的治水技术。当时大阪一带是河流汇集的低洼地区，汉人通过治水，成功地改造了这个地方，不仅使这里成为倭国大王的新领地，而且还获得继续开疆拓土的权力。治水是一种集团性活动，而带领治水获得成功的往往成为地方豪族。根据平安时代初期日本模仿唐朝《氏族志》而编纂的《新撰姓氏录》，从中国大陆或者朝鲜半岛渡海而来的氏族比例在当时日本的豪族中接近三分之一，也从另一个侧面记录了这段历史。

这些移民变成的豪族有的号称是秦始皇后裔的太秦公、周王后裔的山田、汉高祖后裔王仁的后代西文、后汉灵帝后裔阿知使主的后代坂上等，不一而足。这显然是有意抬高自己的出身而编造的。在江户时代，新井白石就在《古史通或问》中考证说，秦氏应该是从出产铁的辰韩移民过来的。但是，能收录到《新撰姓氏录》里，也说明这些移民已经有了可以抬高自己出身的本钱了。事实上，这些移民在倭国政府里已经担任重要角色了。比如，倭王赞曾经派司马曹达出使刘宋。司马是都督府的重要幕僚，也是得到刘宋朝廷认可的高级官员。曹达能够担任此职，是他具有足够的能力。在中国的正史上唯一能留下出使刘宋的日本史臣的姓名，也说明了曹达的办事能力。重用汉人是当时中国周边各个政权相同的政策，因为这样可以用汉人所掌握的先进技术发展自己的实力。2010年，在西安市发现的唐代祢氏家族墓，证明了百济也曾经任用汉人官至一品，"并缉地义以光身，佩天爵而憨国"，足见是位高而任重。朝鲜半岛上的高句丽、新罗等政权都倚仗汉人而得到了迅速的发展，日本也不例外。

除了任用汉人为高官之外，更多的是利用汉人掌握的手工业技术。《日本书纪》说得更具体，雄略天皇十六年聚汉部、定其伴造者、赐姓曰直。汉部的人都是从中国渡海而来的，在日本被聚集在一起，以他们的技术从事相关的生产活动，为大和政权服务。历史上这些移民为数不少，以至后来日本按他们的技能分布编为锦织部、锻冶部、鞍作部等，俨然成为当时日本的主要技术力量。

正如明治时代的开化史启蒙家田口卯吉所指出的那样：古代日本幸亏有秦汉人韩人传授纺织、文艺、建筑、雕塑等技艺，这才有了奈良时代平安时代的文化发展。若没有他们的传授，恐怕日本至今还处于蒙昧社会。

第二章　一衣带水：文化日本简史

4. 日本的国家原型

汉代以来，日本一直被称为倭，他们自称也是倭。到唐朝时，大和王权把倭改称为日本。在701年制定的《大宝律令》中明确规定本国对外国号使用"日本"。

为什么在这时日本要改变国号呢？《旧唐书·日本国传》记载了三条理由："日本国者，倭国之别种也。以其国在日边，故以日本为名。或曰：倭国自恶其名不雅，改为日本。或云：日本旧小国，并倭国之地。其人入朝者，多自矜大，不以实对，故中国疑焉。"大家常常选取前两条理由来说明日本改变国号的理由，即要么"以其国在日边，故以日本为名"，要么"倭国自恶其名不雅，改为日本"，而对"日本旧小国，并倭国之地"很少有人关心。其实，唐朝的史料绝非空穴来风，前两者大概是出自遣唐使的官方口吻，而最后那条应该是对当时来自日本的各种信息的厘清。可以说，这才是事实的真相。

倭五王时代，倭国对中国文化非常熟悉，曾经要求"开府仪同三司"，说明他们对中国的典章制度可谓了如指掌。但是到大和王权的时代，竟称"不闻礼仪"。这并不是谦辞，而是反映了实际情况。因为大和王权是新兴的势力，与倭五王之间并没有直接的传承关系。日本学者认为仿照唐朝实施律令制度，实际上是自600年日本派遣遣隋使以来，用了足足100年的时间来学习理解、模仿引进的结果。这也同时说明了大和王权和以前的倭五王时代并没有直接的传承关系。

与倭五王没有直接传承关系的大和王权能代表日本与隋唐交流，这说明了唐朝史料的正确性，即"日本旧小国，并倭国之地"。大和王权是新兴势力，他们崛起后用武力击败了其他势力，成为统治日本的最强势力。文化上落后的民族击败文化上先进的民族的事例在古今中外的历史上比比皆是，大和王权的胜利应该也属于这样的性质。所以，他们开始与隋唐交流时处在"不闻礼仪"的状态中也是情理之中的事，同时，感受到文化上的冲击也应该是最为强烈的。这使大和王权下决心要全面引进中国的国家制度，在文化上紧追世界最新潮流。这时日本改国号既是王权交替的一种显示，也是日本积极引进、消化、吸收中国文化的一种表现。

然而，大和王权不仅仅引进了表面可见的国家制度，使大和王权成为大和朝廷，实际上还高瞻远瞩地引进了中国的阴阳五行思想，而正是这样的引进才使得天皇世系长期传承下去，从而形成了一直延续至今的日本国家原型。

712年，太安万侣把编纂完成的《古事记》献给元明天皇，标志着日本进入了有文字记载的历史新阶段。这部被认为是日本最早的史书采用的是变体汉文，即既使用表义的汉字，又把汉字当作表音的符号混合起来使用。这显然是日本通过吸收中国文化来创造自己的文化，成为文化日本的一种典型。《古事记》实际上既是一种历史发展的反映，也是一种历史发展的结果。

几乎在《古事记》完成的同时，日本也完成了第一部正史《日本书纪》。这是用纯正汉字撰写的，是从天地开辟的神话时代到690年即位的持统天皇为止的编年体史书。但是津田左右吉在20世纪初就指出《古事

第二章 一衣带水：文化日本简史

记》《日本书纪》中到第15代应神天皇为止的记载毫无史料价值，从第22代到第25代天皇也属于架空的人物。津田的研究早已成为日本历史学的主流。那么，为什么在8世纪初的时候，日本要来创造这样的神话故事呢？

到8世纪，汉字传入日本少说也有数百年的历史，但日本并没有积极采用。他们只是任用从中国渡海而来的人及他们的子孙来负责对中国的文化交流，在日本国内却不用文字记录，甚至在营建工程量堪比埃及金字塔和中国秦始皇陵的大仙古坟时也没有留下一字半句。但是，到8世纪，日本突然借用纯正汉语来书写本国的历史，创造神话故事，显然是一种突变，而这种突变是当时的统治者为了寻找有效统治日本手段而带来的一种结果。

长期以来，日本都处于各地豪强割据，相互兼并，权势此消彼长的状态。5世纪以后，日本至少存在筑紫、吉备、出云、大和、毛野等具有实力的各地政权，就是在大和王权内部还有葛城氏和苏我氏等豪族存在。这样的局势和日本战国时期非常像，虽然大家都是以实力来说话，但是没有一个豪族的实力具有压倒性的优势。所以，这些豪族用武力进行兼并的同时，也采用其他手段建立和维持相互关系，比如借助其他国家的权威或者联姻等。就是在豪族内部，王位也是凭实力才能获取。总之，在一切都以实力为前提的政治环境下，历史比较浅的大和王权虽然通过各种手段征服了大小各种地方政权，但是要巩固他们的长期统治，还需要找到一套有效的治理机制。只依靠武力夺取的政权也有可能被他人用武力夺走，而引进先进的隋唐国家制度也是各个势力都可能做到的事，

文化的嬗变 041

大和王权之所以能够以新兴势力取得对日本稳定的统治，是依赖于他们引进了中国的阴阳五行思想，他们用这种思想理论来武装自己，成功地在出云等古国所具有的完整神话系统中胜出，从而能稳定地统治日本。

可以说，采纳古代中国的阴阳五行思想，是当时大和王权用完整的神话武装自己的一条捷径。也就是通过把大王改称为天皇，并且根据中国的神话传说编撰天皇的神话传说，用古代阴阳五行的信仰来把传说神秘化，从而来抬高天皇统治日本各地的权威。《古事记》《日本书纪》实际上都是根据天武天皇的要求编撰的，为的是塑造天皇的神圣世系。一般来说，越是久远的事情越是不够清楚，而越是相近的事情就越清楚。《古事记》却详细记载远古事迹而简略时代相近的事迹，有着明显的编造历史的痕迹。就这样，根据天皇的意志，《古事记》《日本书纪》的编纂完成了对天皇历史的神化。这还不够，天武天皇还把伊势神宫改造为国家的最高神社，让天皇的神圣世系有了可以祭拜的地方，从而完成了天皇的神权建设。虽然伊势神宫是什么时候创始的还存在史学上的争议，但仍被认为是最具日本传统思想的圣地，但在其祭祀、建筑等各个方面都存有明显的阴阳五行思想的痕迹。从这里也可以看出，日本的国家原型和中国文化的密切关系。

5. 学习方法的改变

"不闻礼仪"的大和王权之所以很快就拥有了自己的神话系统，稳固了他们的统治，这是与他们学习中国文化的热情和方式分不开的。

第二章 一衣带水：文化日本简史

首先，天皇世系的大和王权改变以往坐等移民们带来先进文化的做法，在苏我政权派遣遣隋使的基础上继续发扬光大，在630年到894年之间，包括计划在内的遣唐使派遣有20次，平均10年左右就有一次大规模的冒险渡海。可以说，日本是以近乎贪婪的姿态拼命吸收中国文化；其中，山上忆良、阿倍仲麻吕、吉备真备、最澄、空海，以及数以千计的不知名的日本人，从中国为日本带回了无数的文化知识、文物技术，对日本在国家制度、文化思想、宗教艺术、社会风俗等各个方面产生了广泛而深刻的影响。这种敢于积极走出去引进来的学习方法，对日本历史的发展做出了不可磨灭的贡献；而在日本国内，对中国文化的学习和接受的方式也出现了巨大的变化。

在此以前，移民给日本带来了先进的技术，但是在很长的时期里，这些技术并没有广泛地传授给日本人。近代以来，对这些从中国大陆和朝鲜半岛渡海而来的移民到底是称为归化人还是渡来人，在日本引起了很大的争论。其中的问题点是如何区别自愿来日本的还是被迫来日本的，因为在历史上很多有技术的工匠是被当作礼物送到日本的，在完成任务后，这些工匠有的回国，有的就一直留在日本。但他们都是依附于权贵的部曲，属于半奴的性质，身份比较低微，被集中在一起居住。日本建筑史权威伊藤郑尔指出：今天所称的大工这样的技术者，其最古老的存在形式就是身份隶属各个氏族，通过木工技术提供服务的工匠集团。在应神王朝的时候，把他们设为诸名部，其管理者伴造由归化人（从中国来的移民）担任。也就是说，在很长的时期里，建筑技术都掌握在从中国大陆或者朝鲜半岛来的移民手里，他们的技术是父子相传且不外传。到7世纪时，大豪族苏我氏掌握实权，仿照隋朝制度设立将作监管理建筑工匠，依然任命飞鸟汉人（从中国来的移民）担任这个衙门的长官。苏我氏独占性地依靠这些中国移民或者移民的后代建造了飞鸟寺等著名佛寺，巩固了政治地位。因为在日本还普遍居住在半地下的建筑物里的时候，能够建造宏伟的建筑俨然就是权力的象征。

随着佛教的传播，日本掀起了建造寺庙的热潮，加上不断迁都，宫殿建筑的需求也非常迫切，日本需要更多的工匠，建筑技术的传承也就发生了变化。根据建筑学大系编辑委员会的统计，从588年到624年，在奈良附近建造了46座寺庙。当时的日本能够在如此短的时间内建造如此多的寺庙，只是依靠掌握建筑技术的移民及他们的后代显然是远远不够的，所以建筑学大系编辑委员会认为，当时将作监的汉人给已经有了一点原始技术的日本工匠传授先进建筑技术，并且将他们组织起来参加了寺庙的建造。中川武认为日本工匠掌握了原始时代以来的不成熟的技术，但为寺庙宫殿的建造提供了大量的不成熟的劳动力。汉人在分析了这些日本工匠所掌握的技术水平后，因材施教，并指挥和监督他们参加了建造。这样的营造管理方式使得日本在建筑技术的传承方面出现了一种良性循环，即在地方上学习了一点建筑技术的工匠被征召到京畿参加寺庙宫殿的建造，他们在这里接受了汉人的培训，后回到地方，又把学到的技术传授给当地的徒弟，而这些徒弟们又是朝廷营造新建筑时征召的对象。

奈良时代以前，世袭制度使得汉人带来的先进技术在日本的传播非常缓慢，但自佛教传到日本之后，技术的传承方式出现了变化，师徒不再是父子之间的关系了，而是扩大到没有血缘关系的人群中。虽然有了这些社会基础，但真正改变日本学习中国方式的还是在大和王权接受中国阴阳五行思想之后。

大和王权全盘接受中国文化之后，在各方面模仿中国制度。大和朝廷时，工匠的地位有所提高，也使得日本人学习技术的积极性不断提高。而大和朝廷也设立官营工坊，安排师傅来训练各地来的徒弟。比如，在757年实施的古代日本的基本法令《养老律令》中，大藏省下属印染衙门的织部司设有挑文师一职，属于下级官员，专门训练各地来学习的挑文生。挑文师由被称为织手的汉人担当，他们基本上都居住在京城附近，保证世袭传承技术，平均每3户到7户共用1台织布机，每人每年必须缴纳1～2匹织物。这些织手担当挑文师后，也就意味着汉人所掌握的印染技术通过挑文生流传到了日本各地。

大化改新之后，日本从国家制度到生产技术，全面从中国引进，并积极消化，取得了显著成就。日本把平安时代作为古代和近世的分界岭是不无道理的。同时，日本对中国大陆的文化依赖也越来越深刻，就算是平安时代后期形成的所谓的日本国风文化，离开了唐朝的文物也无法成立。

6. 剪不断的民间交流

894年，日本中止了遣唐使的派遣，这等于中止了与中国的官方关系。虽然在这以后日本开始流行自己的国风文化，但正如国风文化这一名称依然使用汉字表述一样，日本的权贵对中国文化依然非常崇拜，他们还把能不能作汉诗当作有没有基本教养的一个标准。当然，权贵们对来自中国的舶来品趋之若鹜也就不用赘言了。而满足他们这种需求的是往来于中日之间的海上贸易商人，称为海商。实际上，海商带来的中国物品，无论在数量上还是在品种上都远远超过了遣唐使带回日本的东西。或许正是因为海商的活跃，使得日本觉得派遣遣唐使失去了意义。

为了确保能得到来自中国的优质物产，大和朝廷就规定海商必须把带来的货物集中到九州的大宰府，朝廷专门派遣"唐物使"前来挑选，并用产自东日本奥州的沙金支付，这种方式称为"官司先买"。唐物使挑选剩余的商品则由当地豪族和有影响的寺社购入。但这种管理贸易制度很快就因为大和朝廷的购买力不足而变质。909年以后，大和朝廷基本上不派遣唐物使而改由大宰府的官员负责为朝廷选择商品，大和朝廷也不再用沙金支付，而改用寄存在大宰府仓库里的物品来"以物易物"。再到后来，大和朝廷愈加无力支付，而只能依靠各地实力人物的贡献来获取他们喜爱的中国物产。这样，日本的管理贸易体制也就名存实亡了，中日之间的民间交流也就更加频繁。

当时，一艘贸易船的船员有100人左右，每年都有几艘甚至几十艘贸易船来到博多，所以，很自然地在博多津唐房形成了海商的居住区。后来在唐房遗址发现的中国陶瓷都集中在11世纪，12世纪以后的中国陶瓷基本上不会出现在唐房遗址，而是出现在日本的其他地方，这说明日本的管理贸易体制已经瓦解了。海商不仅在九州做贸易，而且还深入到

第二章 一衣带水：文化日本简史

濑户内海及日本海沿岸。追逐利益是商人的本性，有时候，为了追求更多的利益，海商们往往通过贿赂买通港口的官员，不仅可以虚报货物数量，逃避应缴纳的税，而且还能携带一些违禁品。比如，在宋代，《太平御览》是严禁出口的书籍，但海商们还是找到了机会，把1000卷《太平御览》完整地运到日本，让当时日本的实际统治者即平氏政权创立者平清盛当作"威信财产"[1]运用了一把。

然而，有意思的是，宋朝的文献往往称这些海商为日本商人，而在日本却称他们为宋人。其实，这并不矛盾，因为海商往往会在日本待几个月，在日本另外娶妻生子的也不在少数，而在日本长大的海商后代也会子承父业，继续从事海上贸易。

海商不仅在日本娶妻生子，还给日本带来了很多中国人的日常生活习惯。比如，在平安时代，很多日本人还是住在半地下的掘地立柱式的房子里，没有墙壁，茅草屋顶直接连接到地面。但海商则带来了中国式的瓦片，在博多的唐房出现了中国式的居住房屋。在这些房屋的遗址上还发现了生活用的石锅，而那时候，日本人还不会使用锅。还有天目茶碗的出土，说明当时与海商交流的日本商人可能已经接触到了中国的饮茶风气。

然而，比这些生活习惯的影响更有历史性意义的，是海商的活动不仅促进了日本的经济发展，还改变了日本的统治结构。831年，处于大和朝廷的实权统治之下的日本正式推行管理贸易。然而，在不到100年的时间里，大和朝廷已经失去了对中日贸易管理的实权。但中日贸易给

---

[1] 威信财产（prestige goods）：日本文化人类学界的语汇，指象征权力的财物。

日本带来了巨额财富，谁能控制贸易，谁就能获取更多的财富。在越前国担任长官的平忠盛充分地认识到了这点，所以，他利用机会，收编了濑户内海的海贼，成功地控制了与大宋的贸易。他因此而积累起来的财富让他的子孙获得了一手遮天的权力，他的儿子平清盛首次以武士的身份出任太政大臣，建立了日本第一个武士政权。从此，除了极个别事例之外，天皇失去了统治日本的实权。而实权人物受天皇委托来统治日本的形式一直沿袭到现在。

7. 宋钱来了

虽然日本积极地、全面地引进中国文化，但由于缺乏中国那样雄厚的经济基础而无法继续贯彻落实。为了确保财政收入，并减轻财政负担，天皇的朝廷不得不放弃直接向个人征税的中央集权政策，改用依赖地方豪强间接征税的政策。这意味着朝廷放弃了对地方的统治，从而使以豪强为中心的武士阶层兴起。

日本治承三年（1179年），平清盛发动政变，建立了日本历史上第一个武士政权。这是划时代的历史事件，日本从此进入了一直维持到现在的象征性天皇制的时代。虽然天皇失去了实权，但是一直保留着神权，以致在政权交替后掌权的实力人物谁也没有推翻天皇，从而形成了一种稳定的统治结构。而让这一切成为可能的，竟然是中国的宋钱。同时，宋钱也促使日本进入了货币经济社会。

宋钱是当时的世界通货，并随着中国的贸易活动流传到东亚、东

第二章 一衣带水：文化日本简史

南亚及东非沿岸等地，成为贸易的硬通货。坦桑尼亚的桑给巴尔也出土过大量的宋钱。中国在10世纪以后就已经成为世界上最发达的货币经济国家，与中国有密切贸易关系的日本自然也受到宋钱带来的巨大的社会影响。

实际上，日本很早就接触过中国的铜钱，比如2017年，日本的入田稻荷前遗迹中出土了三枚被称为"货泉"的青铜币，公元14年到40年间在中国铸造，并于弥生时代传至日本。而这样的货泉铜钱在日本共发现了179枚。同时，日本还发现很多王莽时期的泉币，不过，当时并不是作为货币而是作为威信财产甚至是铸造铜器用的铜材料输入到日本的。虽然日本社会对货币的认识不足，但随着经济的缓慢发展，在物资交换的过程中形成了以米、绢等物资作为等价物的交易习惯，使得米、绢等物资初步具有了货币的性质。日本在8世纪开始铸造铜钱，产生了皇朝十二钱，但这些铜钱具有很多神灵的含义，因在商品流通过程中的信用度不高而逐步被淘汰，但这并没有减少经济生活中对货币的实际需求。所以，当平清盛大力推行日宋贸易后，宋钱的流入满足了日本对货币的部分需求，以至后来宋钱源源不断地流入日本。

到底有多少宋钱流入日本，现在很难统计，但从两件事就能管窥一斑。据《故一品记》记载：1242年，从宋朝返回日本的西园寺公经所派遣的一艘商船上装载了10万贯铜钱。如果可以把这些钱给当时日本人的话，平均每人可分到10多枚铜钱。这似乎很夸张，但近年的考古资料也给出了很好的证明。1976年，在韩国木浦的近海发现了一艘沉船。从沉船上货物的标记上可以知道这是一艘为了京都东福寺火灾后重建寺庙筹钱用的贸易船，大约在1323年前后沉没。当时这艘从宁波港开往博多港的商船除了装载了约2万件青瓷等中国瓷器，还装载了28吨的宋钱，铜钱的量竟如此之多。然而，大量的宋钱还是不能满足日本对货币的全部需求，也就是在平清盛发动政变建立武士政权的那一年，日本的"钱病"即钱荒也开始暴发了。

平清盛的平氏家族追溯起来也属于天皇的子孙，但在平安时代初期就赐姓降为臣籍，此后平氏家族就作为武士活跃在日本政坛上。到平清盛的父亲平忠盛的时候，以武力支配了对宋朝的贸易而积累了财力，奠定了平氏政权的基础。而平清盛更是扩大了日本的对宋贸易。他在神户海面修筑经之岛，形成风平浪静的大海港大轮田泊，把原来以博多港为中心的对宋贸易直接延伸到日本的政治中心附近。通过对宋贸易，平清盛积累了巨额财富，正如《平家物语》所描绘的那样：扬州之金，荆州之珠，吴郡之绫，蜀江之锦，七珍万宝，无一不缺。这样的财力就是平清盛能够建立日本历史第一个武士政权的基础。实际上，平清盛还曾经迁都到大轮田泊边上的福原，让天皇搬家，可见对宋贸易的据点对平氏政权有多么重要。

依靠对宋贸易积累的财力是平氏政权建立的基础，而大量的宋钱流入日本，也彻底地改变了日本的经济结构。日本从以土地为基础的物资交换经济转向了以货币为核心的商品经济社会。所谓的钱荒正是这一转变的体现。货币经济的发展并没有因为平氏政权的短命而夭折，这个历史发展潮流已经不是任何势力能阻挡的，打倒了平氏政权的源赖朝不仅以平氏为榜样建立了武士政权的镰仓幕府，而且从国家层面上正式承认

第二章 一衣带水：文化日本简史

了铜钱的地位，大力地推动了铜钱的流通。《吾妻镜》记录了1225年幕府颁布停止使用以布为换算单位，而直接使用铜钱的命令。1239年的法令也规定了用铜钱可以替代绢布来向幕府进贡。

虽然进入货币经济时代已经不可逆转，但是日本的执政者却没有利用货币发行的权力而铸造铜钱。日本在7世纪末到8世纪初时，学习唐朝制度，也铸造发行过12种铜钱，比如仿造唐朝的开元通宝铸造过和同开珎，但到958年之后，日本就不再发行铜钱。日本银行的分析师认为，那是由于中央政府无法确保足够的铜材料，使得铜钱材质恶化而失去了市场信用。但是到室町时代，铜材已经成为出口的主要物资时为什么依然没有铸造铜钱呢？实际上货币的发行是依靠当时的政府作信用担保的，只有在政府的统治范围内，政府才能有信用的担保能力，日本的当权者无法发行自己的铜钱，只能使用或仿造中国的铜钱，主要原因就是他们并没有实际统治日本的各个地方。著名的和同开珎实际上也只能在当时的京城周围流通，就说明了这一点。一直到江户时代，各藩都曾经发行过各自的藩札等货币，也是因为同样的原因并没有大规模使用。也就是说，从日本不能铸造发行自己的货币来看，日本实际上并没实现完全的统一，而是像欧洲中世纪那样，是各个邦国的联合体。所以，一直到16世纪为止，日本不得不大量引进宋钱来确保商品经济的发展，从而彻底地告别了古代社会。

8. 禅

如果说宋钱改变了日本社会的统治结构和社会经济基础,那么,禅宗则充实了日本思想文化等方面的内容,而这正是现在所谓的日本文化的核心内容。1312年,日本的花园天皇把第一个国师的称号赐给东福寺的禅僧辨圆和尚,从禅僧地位就能看出禅宗给日本带来的影响是多么的巨大。

从史前时代开始,历史上不乏从中国流转到日本的中国人,但是这些人被称为渡来人,社会地位并不高,被称为贵族的部曲,为半奴隶。哪怕是带来先进的技术,他们也无法出人头地,最多只能担当专门职务,比如掌握文字知识的人可以做文首。但是,日本对中国来的僧人则刮目相看,不仅对鉴真和尚尊敬有加,而且无学祖元、一山一宁等从中国来的禅僧还被尊为国师。如果不是禅宗在日本具有崇高的地位,这也是很难想象的。

禅本义为心不动摇的状态,也就是禅定。而禅宗就主张禅定至真,通过只管打坐的坐禅,或者研究公案而觉悟等修行而领悟。达摩祖师留下四句话:"不立文字,教外别传,直指人心,见性成佛。"说尽了禅宗的特色。

禅宗在唐朝隆兴后传入日本时,日本已经有天台宗等佛教宗派的存在,并且在京都一带拥有极大的势力,作为新兴宗派的禅宗在京都一带得不到发展的空间,但是在镰仓幕府那里找到了知音。很快为武士阶层所接受。镰仓幕府实际掌权的北条家积极从中国招聘禅僧,并为他们修建禅寺，使得禅宗进一步在日本扩大了影响。

1281年，在元军第二次来袭的时候，从中国来的禅师无学祖元给镰仓幕府的执权北条时宗写了一句偈语"莫烦恼"，并进一步说了一句"蓦直去"偈语。结果，这给了北条时宗极大的鼓舞。北条时宗后来认为，击退元军并不是因为有所谓的神风，而是他对禅有所觉悟的结果。所以在击退元军之后的第二年，北条时宗就斥巨资修建圆觉寺，请无学祖元作为开山之祖，以祭祀抗元阵亡将士。无学祖元是兰溪道隆去世后从中国招聘来的禅僧，他没有学会日语，与北条时宗交流都是通过笔谈进行的，但是他的指导非常恳切，被称为老婆婆禅。从东亚文明的中心南宋到语言不通的边境地区镰仓，如果不是慈悲为怀，是很难做出这样的决定的，而镰仓幕府的武士不是为此而感动的话，也很难在语言不通的时候便拜入门下。这也最好地体现了达摩祖师"直指人心"的旨意。无学祖元去世后被追赠为佛光禅师、圆满常照国师，这是第一位从中国来的禅僧获得国师的称号。

北条时宗的觉悟是有证据可查的。在九州熊本县南小国町的满愿寺里保存着一幅北条时宗的顶相。所谓顶相是德高望重的禅僧的画像，为禅宗弟子顶礼膜拜。在这幅顶相里，北条时宗身着僧衣，安坐在挂着法披的圈椅上，一双鞋放在座前的脚踏上，完全是一副禅僧的样子。1284年，北条时宗病重，决意出家皈依禅宗，就在出家的那天去世。实际上北条时宗的父亲、镰仓幕府第五代执权北条时赖也留下了一幅顶相。他曾经在从南宋渡海而来的高僧兰溪道隆的主持下，皈依了禅宗。随着权力的巩固，他对佛教也越来越热心。北条时赖晚年辞去执权一职，出家为僧。不过，虽说是出了家，但镰仓幕府的实权还是掌握在北条时赖的手里。这说明在镰仓幕府里，最高权力与禅宗已经达到密不可分的程度。

建长寺是北条时赖为了邀请兰溪道隆，于1253年在镰仓修建的一座禅寺。镰仓是当时日本的实际首都，具有极高的地位。在开山之祖兰溪道隆之后，由兰溪道隆从南宋召来的兀庵普宁禅师接任了住持。虽然中间有日本僧人担任过住持，但从中国来的禅僧住持建长寺的传统一直维持到第32代住持东陵永玙（四明，今浙江宁波人）。而建长寺的伽蓝完全是按照中国格式建造的，长期以来寺内日常用语也是汉语。建长寺一直源源不断地从中国吸收新鲜的禅宗内容。北条贞时的时候，镰仓幕府制定五山顺序，把建长寺排列在第一位。镰仓幕府灭亡后，建长寺依然维持了本来的势力，所以，1341年，室町幕府在制定五山顺序时，还是把建长寺排列在第一位。建长寺自创建以来，曾遭地震和火灾的毁灭性破坏，但每次都很快地重建，其营造费用都是靠建长寺船在对中国贸易中赚取的利益。

实际上，进入室町时代，禅宗的影响已经渗透到日本社会的各个方面，逐步地成为现在所谓的日本文化的核心。日本的茶道、花道及能剧狂言剧都是在禅宗和净土宗的影响下发展成形的，宗教学家铃木大拙在《日本的灵性》中指出，禅和阿弥陀（净土宗）信仰形成了日本人的精神式样。

第二章 一衣带水：文化日本简史

9. 成也朱子学　败也朱子学

告别战乱的战国时代，日本进入了天下太平的江户时代。而德川幕府之所以能够稳定统治并延续近300年，究其原因主要是封建制度和锁国政策。这是明治维新之际福地源一郎在其论著《幕府衰亡论》里已经指出过的。锁国政策犹如一道防波堤，挡住了外来的干扰，而封建制度就是社会等级秩序。这也是在战国动荡社会里成长起来的德川家康吸取历史教训的成果。

日本战国时代，是所谓"下克上"的时代，也就是此时的社会凭实力说话，没有上下等级的秩序。织田信长和丰臣秀吉都曾希望用神话自己的方式而力压群雄，这实际上模仿了天武天皇时代的做法，但这样的复制很难取得成功。建立德川幕府的德川家康是战国群雄之一，他的自身经历让他明白，不改变下克上的社会环境是无法确保德川幕府的稳定统治的。所以，德川家康开始寻找新的统治理论。结果他找到了朱子学来稳定社会等级秩序，从而巩固幕府的统治。这一尝试取得了成功，但也埋下了让幕府统治崩溃的种子。

所谓的朱子学就是南宋大儒朱熹所创的儒家新学说在日本的术语，早在镰仓时代初期，留学南宋的留学僧就曾把朱子学引入日本。在室町时代，天皇的朝廷还曾用朱子学作教科书。但基本上还是把朱子学当作禅宗的一种补充。所以，朱子学也流传到日本各地。涩泽荣一在《实验论语处世谈》中就指出，相国寺禅僧出身的藤原惺窝本来要去明朝求学，但在九州读到了朱熹的《大学章句》后感悟万千，他就放弃了去明朝的念头，而从萨摩的岛津日新斋（即岛津忠良，战国武将，岛津家中兴之祖）那里借阅了很多朱子学的书籍，认真钻研而成为朱子学的大家。而藤原惺窝的弟子林罗山，也是在京都一带大量地学习了程朱著作才成为日本朱子学的代表人物的。这些都说明了在江户时代初期，大量引进的程朱理学方面的书籍在日本很受欢迎。但是，德川家康引进的朱子学与朱熹的理论并不完全相同。

1605年，林罗山在京都二条城第一次谒见德川家康的时候，聪明的他立刻意识到德川所需要的是"上下天分之理"，也就是构建上下尊卑的社会秩序所需要的理论。所以，林罗山就强调"忠"字，他在解读《尚书·太甲》中"太甲既立，不明，伊尹放诸桐"时指出，"以臣可放君乎？陈继儒云：放当作教。盖古文放教相肖，传写之误也。太甲不顺，故伊尹教诫之于桐，而后顺于道。"也就是说作为臣子，伊尹是不会流放其君太甲的，而只能去引导太甲。这一套理论立刻引起了德川家康的注意。从此，戒私利私欲，以敬畏之心对待礼仪制度的"存心持敬"的林氏朱子学就成为德川幕府倡导的官学。日本妇孺皆知的历史剧《水户黄门》中有一个经典镜头，就是微服私访的水户藩主一旦亮出德川家的家纹牌后，大家都立刻平伏在地接受审判。虽说这是历史故事中的场景，但一块家纹牌就能平息纠纷和反叛，正是"上下天分之理"所追求的理想结果。

朱熹学说的根本是理气二元论。宇宙万物的原理是理，而人的欲望则是气。由于人具有极高的学习能力，可以学到理性的规律，即理，通过不断学习，可以锻炼人内在的气，从而使气理一致，根据理来行动。

第二章 一衣带水：文化日本简史

这也就是格物致知。但显然林罗山并没有从这里展开，而是抓住上下天分之理的思想，并且要求身份的固定化来巩固既定的社会秩序。在科举发达的南宋，朱熹根本不可能提倡身份差别，但是，日本没有引进科举制度，也使得林罗山的身份固定和身份差别的思想有了普及的可能，从而也使得日本的朱子学离宋朝朱熹的学说渐行渐远。然而，正是这样的改造，使得日本有了250余年的和平安定。

水户黄门，也就是德川家康之孙，是水户藩第二代藩主德川光圀，他生平最大的功绩就是奖励儒学，并开始编纂《大日本史》。1665年，明朝遗臣朱舜水受德川光圀的聘请来水户藩讲学，他结合朱子学和阳明学，使以尊皇论为基础的水户学得以成形。持续了200多年的《大日本史》的编纂实际上就是在水户学指导下进行的，一直到明治时代才最终完成。而在这期间，水户学也不断发酵，最终成为推动明治维新的思想基础。不仅如此，水户藩第九代藩主德川齐昭更是用实际行动唤醒了日本尊皇的意识，从而导致了德川幕府的崩溃。

由于第13代将军身体有恙，也没有子嗣。幕府不得不尽早决定下一代将军的人选。本来纪州藩的德川庆福（家茂）是第11代将军的孙子，血统最近，继任下一代将军最为合适，但因其年纪太小，水户藩就希望由水户出身的德川庆喜接任将军。然而，水户藩虽然也是德川家康的后裔，但从水户藩成立以来并没有人出任过将军，要让德川庆喜出任将军，血统过远，难度非常大。所以，水户藩就开始串通京都朝廷的官员，希望朝廷插手来决定下一任将军的人选。这样，就让尘封已久的朝廷逐步取得了发言权，尊皇势力也实力大增，让德川幕府的崩溃成为不可逆转的趋势。

朱熹本人虽然没有去过日本，但他所倡导的思想却能给日本带来数百年的和平，又促使日本社会的进一步改革，对朱熹来说应该是十分欣慰的吧。

10. 中日交流源远流长

虽然大家都知道弥生人是3000年前从中国渡海而到日本列岛的，但对弥生人是如何渡海而来的几乎没有什么考古资料可言。日本与中国隔海相望，交流就必须使用船只。由于没有3世纪以前的航海考古资料，人们对弥生人的航海只能依靠后来素陶上的绘画及古坟时代的船型埴轮来想象。

1988年，大阪的高廻古墓出土了全长128.5厘米的船型埴轮。这不仅是日本出土的最大的船型埴轮，而且还保留了甲板、船桨位置等清楚的内部结构。为了纪念大阪市成立100周年，大阪市以此为模型组织复原了古代海船浪速号并进行了一次渡海航线试验。古代船舶权威松本哲教授担任设计，冈山县邑久郡牛窗町的造船工匠草井格氏担任指挥，于1989年1月动工，5月建造完成，6月下水。这艘复原古船全长12米，宽1.93米，高3米，重量为5吨。从总体上来看，该船忠实地复原了高廻古墓的船型埴轮。7月8日，浪速号复原古船从大阪后天保山出航，在人工划桨和拖船的帮助下，穿过濑户内海，横渡朝鲜海峡，于8月11日抵达韩国的釜山港。

第二章 一衣带水：文化日本简史

虽然这是一次宏大的试验，但并没有完全复原古代的航海状况。根据大阪市文化财协会永岛辉臣的记录，这艘浪速号复原古船忠实地复原了船型埴轮，然而，这样的船型在海上并不稳定，而且很难前行。如果海浪超过1米，就完全划不动了。由于该船吃水很浅，无法张帆，最后，在增加了数百公斤的压舱物后，又在拖船的帮助下，才算划到了韩国。应该说，这次古船复原是成功的，但渡海航行是失败的。

现代复原古船航海的失败，说明了船型埴轮并没有保留古代的全部航海信息，包括弥生人的航海技术，也包括了航海中的无数困难。这些信息可能已经永远地消失了，然而，包括老弱妇幼的大量弥生人渡海来到日本列岛的事实却是无法否定的，而他们在渡海时所面临的困难也是现在的人们无法想象的。尽管如此，他们还是渡海而来了。实际上，在有文字记载的年月里，往来大陆和列岛，艰难的程度依然超乎想象。《魏志·倭人传》记载日本派人航海来中国的时候，会指派一个人担任持衰。为躲避航海的凶灾，此人不栉沐、不食肉、不近妇人。如海航顺利，则褒奖此人；如航海失利，持衰就要用自己的生命来负责。实际上是把每一次航海都当作一次与命运的赌博。即便是到了唐代，中日之间的航海依然充满了危险。鉴真东渡，曾经遭遇暴风而漂流到海南岛，直到第6次才获得成功。而且这次航行也颇不顺利，船队中的一艘船失踪，一艘船漂到越南，如果鉴真和尚坐了那两条船的话，日本的佛教发展恐怕就会是另外一种景象了。

尽管在交流的途中有各种各样的风浪，但就像鉴真和尚那样，下定决心要促进中日交流的人还是前赴后继，不计其数。这使得中国和日本之间的交流源源不断，源远流长。所以，我们也可以想象，今后无论有多么大的困难，大陆和列岛之间的交流是不会断绝的，也是无法断绝的。

　　实际上，中国和日本是搬不走的邻居，以邻为善，以邻为伴乃是必然的选择。随着中日两国整体实力的变化，两国人民相互之间的认识也发生了变化，而有些变化给大陆和列岛之间的交流带来了困难。但是，纵观数千年的中日交流史，与鉴真和尚等先辈们所遇到的困难相比，这些困难又算得了什么呢？今天，我们需要对中日关系的发展价值再行认识，对大陆和列岛之间的交流意义再做确认。毋庸置疑的是，会有很多人是以发展中日交流为使命，继往开来，为繁荣我们的文化而尽微薄之力的。而正确的理解正是取代对立的关键，善意的对应就是关系发展的基础。

第三章
憧憬向往：汉物和日本国宝

1. 何谓汉物

中日交流必然会带来双方物品的交流，在日本最早的一批官修史书中的《日本后记》中，把806年遣唐使带回来的中国物品称为唐物，这也是很自然的一种名称。后来《续日本后记》在记录839年遣唐使带回的物品时也称其为唐物，之后，唐物这一名称在日本得到了普及，凡是从中国流传到日本的各种物资都被称为唐物。

不过，古代日本的唐物，是对日本以外事物的统称，唐物一词不仅意味着从中国来的财产，还包括从其他地方来的财产。同时，唐物又指唐朝以后流传到日本的物资，河添房江的《唐物的文化史》就是从平安时代的《万叶集》开始论述的。所以，唐物一词的概念在地理范围上比较宽而在时间范畴上比较短。

中日交流更加源远流长，上古时代从中国流传到日本的各种物质和非物质的财产给日本社会带来巨大影响，甚至改变了日本社会的发展趋向。这在前一章里已经有了概述，所以，使用唐物一词来概括从中国流传到日本的各种财产显然不够全面，需要做一些修改。然而与其把唐物的地理范围缩小，把唐物的时间范畴拉长，还不如使用"汉物"这个新词更简洁。汉物的简单定义就是从史前社会到江户时代从中国流传到日本的物质和非物质的财产。

汉物指物质财产，为什么又包括非物质财产呢？

很多唐物的研究，比如《唐物的文化史》主要是从舶来品那样可以摸得着的物品来分析文化的影响的，但是，文化的交流还包括非物质的

第三章　憧憬向往：汉物和日本国宝

语言文字、思想精神等方面，这在前面一章已经有比较清楚的交代。所以，不涉及非物质财产的交流，是无法全面反映中日交流的。而且，汉物不仅是指从中国流传到日本的物质和非物质财产，实际上也需要包括一些按照中国样式在日本制作或者发展的物质和非物质财产。可以说，在日本产生的汉物本身就是中国文化影响的最好体现。

历尽艰辛从中国运送过来的汉物，在数量上是绝对无法满足日本各阶层的需求的，即便是最高统治者，也无法做到非汉物不用的程度。更不用说，寺院和宫殿等建筑都是无法从中国搬运过来的。使用中国的技术工匠在日本生产汉物是比较理想的途径，实际上日本也是这样去做的。早期的铜镜、铁刀等金属制品，佛塔金堂等建筑应该都属于中国工匠或者是在中国工匠直接指导下在日本制作的东西。上一章曾经引用的《日本书纪》里，记载了日本把渡海而来的汉人分组为锦织部、锻冶部、鞍作部等，让他们发挥各自的才能打造兵器、纺织丝绸等，他们所生产出来的产品就是在日本生产制造的汉物。法隆寺等寺庙建筑也是由从中国大陆过来的建筑工匠所建造的。也就是说，提到日本的汉物，除了来自中国大陆的货物之外，还必须包括在日本生产制造的东西。实际上，比较广泛使用的唐物这一概念，也包含了在日本生产制造的东西。

即便如此，从中国来的或者是在日本由中国工匠生产制造的汉物还是无法满足日本各阶层的实际需求。上一章也已经提到，平安时代以后，技术的传承逐步从世袭转向外传，越来越多的日本人积极地学习从中国传来的技术，能够生产制造中国工匠教授的各种产品。而且，日本的工匠，甚至包括中国的工匠也在适应日本环境的同时，发展出日本的技术特点。比如平安时代以后，在日本的刀匠几乎都不再打造中国式的刀剑，而是打造具有日本风格的日本刀。这说明，日本在对中国技术的引进消化吸收之后，开始发展独具特色的新技术。

　　正是日本很快就能生产独具特色的产品，也产生了把汉物当作都是日本生产制造的"和物"的理所当然的认识。日本美术史学家泉万里指出：所谓的唐（汉）物，在从停靠日本港口的唐船上卸下来的那个瞬间开始，就被组合进"和物"的价值体系里，作为一种新的重宝而获得重生。不过，这样的认识忽略了一个前提，那就是所谓的"和物"其实也是根植于中国文化圈独特的一种体系。正如学习院大学教授岛尾新所指出的那样，一部分汉物是被"和物"融合的"和物"中的汉物，而这些汉物基本上被从中国文化中切割出来了。然而，所谓的"和物"却又是被更广泛意义上的汉物包容。也就是说，无论是中国的汉物，还是朝鲜的货物，一旦渡海来到日本，就被日本以日本的思想来取舍、接受。但是，那种日本的思想却是建立在中国文化的基础之上的。比如说，在日本历史上，唐绘和大和绘的区别实际上并不明了。

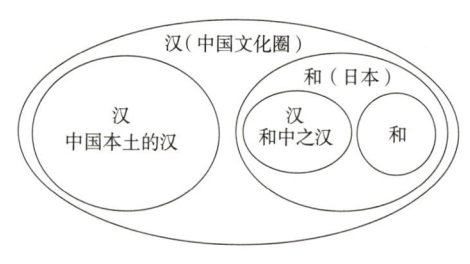

汉和融合的结构概念图

第三章　憧憬向往：汉物和日本国宝

2. 日本国宝制度的起因

日本奈良县生驹郡斑鸠町法隆寺中的金堂壁上有十二幅佛教壁画，描绘了释迦佛天界、阿弥陀佛天界、弥勒佛天界、药师佛天界的佛教神话故事。这些壁画与印度阿旃陀石窟壁画、中国敦煌莫高窟壁画同为古代亚洲佛教绘画的代表。虽然不知道这些壁画画家的姓名，但从法隆寺的资料来看，推断绘于7世纪末。

1918年，画家和田英作画了一幅《金堂落庆之图》，描绘了圣德太子在众人的陪同下观看金堂壁画的场景，呈现了这些壁画富丽堂皇的面貌。不过那个时候，法隆寺金堂壁画历时千年，早已劣化剥落，如何保护这些瑰宝在明治时代已经成为课题。和田的画作发出了加强瑰宝保护的呼吁，同时也启发了当时苦于没有合适技术的保护活动者，即先采用

《金堂落庆之图》局部，奈良

临摹的方式来进行复制。1940年以后，日本动员了一批一流画家来法隆寺临摹复制。这个保护活动虽然受到二战的影响，但一直持续了下来。但是到1949年，一场突如其来的大火结束了这次历时近十年的临摹复制活动。

当时每天早上8点，法隆寺保存工事事务所都会拉响开工的警笛，但在1949年1月26日早上，警笛提前拉响并长鸣不止。闻讯赶来的法隆寺住持佐伯定胤的眼前出现的是在火海中不成形的金堂壁画，痛不欲生的住持就想冲进火海殉葬，幸亏他的徒弟和维修的工人把他拉了回来。大火扑灭后，佐伯住持站在失去颜色的金堂壁画前，怅然若失。当时，日本还处于物资紧缺的时代，日本的主要报纸每天都只能出版早报而无法出版晚报。但是《朝日新闻》当天就出了号外，报道了法隆寺金堂壁画被烧毁的消息。

失火的原因可能是电线线路漏电，也可能是熔化临摹用的颜料和胶水的加热器发生故障，甚至可能是画家们所使用的电热毯的加热过度引发的，但无论是什么原因，这些无价之宝永远无法复原了。社会舆论开始追究各地文化财产保护体制有重大问题，各类批判文章出现在各地报纸上。

明治维新以后，日本为了神化天皇，一度推行"废佛毁释"运动[1]，各地佛教寺庙惨遭破坏。后来欧洲人来到日本，高度评价日本美术，法隆寺金堂壁画也得到了高度赞扬。1883年，巴黎画商曾经委托奈良的画

---

[1] 废佛毁释是指在日本明治维新时期，为巩固天皇为首之中央政权而采取的神佛分离、神道国教化的政策。其排佛运动极为激烈，曾在各地烧毁佛像、经卷、佛具，敕令僧尼还俗等，寺院或废去或合并，史称废佛毁释。

第三章 憧憬向往：汉物和日本国宝

家森本新山（音译）临摹复制了6号壁画。一年后，已经离开日本的原英国使馆翻译萨道义（后任英国驻日公使）委托复古大和绘画家樱井香云临摹复制了9号壁画。外国人的重视，使得法隆寺金堂壁画的价值得到高度肯定。与此同时，明治政府开始检讨废佛毁释对文化遗产的破坏，开始重新审视日本传统美术的艺术价值。经过一段时间的摸索，日本政府于1897年颁布了旨在保护文化遗产的《古社寺保存法》，把具有历史特质或者美术模范的古代文物和建筑指定为特别保护建筑物或者国宝，从而加以保护。

"国宝"一词是美国东亚美术史家恩内斯特·费诺罗萨所提出的一个概念，《古社寺保存法》首次在日本的法律上开始使用国宝一词。根据这个法律，日本于1897年12月开始指定国宝，政府开始支持文物的保护，然而仍处于摸索阶段。1915年，根据两年前去世的美术家冈仓天心的提议，文部省还设立了法隆寺壁画保存方法调查委员会，研究科学保护的方法，但成效不大。1929年，日本重新制定法律，用《国宝保存法》取代了《古社寺保存法》，把文物保护对象的范围从古社寺所有文物扩大到国家、地方公共团体及私人所有文物。《国宝保存法》规定每年从国库中支出15万日元到20万日元的辅助金，用于对国宝的维护。这虽然与《古社寺保存法》的规定相同，但明显不够。为此，文部省还特别设置了法隆寺国宝保存事业部，进行专门的维护。总体来说，在《国宝保存法》下，国宝的维护费用一直是捉襟见肘，很难维持正常的修缮工作。1949年法隆寺金堂的火灾让日本上下认识到这个缺陷，从而诞生了新的国宝保护法律。

1950年，日本国会通过了《文化财保护法》，规定文部大臣可以从有形文化财中指定重要文化财，从重要文化财中指定从世界文化的角度来看属于价值高而没有类比的文化财为国宝。被指定的文物必须登记在册，不得随意改变现状和出口国外，但可以得到政府的财政支持进行保存修理，设置防灾设施，在对外展出时也能得到必要的补助。而日本政府也大力推进国宝的各种展示，扩大国民观赏国宝的机会，从而凸显国宝等文化财产的存在意义。

3. 日本国宝的概况

根据《文化财保护法》，日本从1951年开始指定国宝及重要文化财，并把以前指定的国宝称为旧国宝。主管单位的文化厅经事先调查，从世界文化的角度，在已经被指定为重要文化财（有形文化财）中挑选出学术价值极高同时在历史上具有重要意义的文化财作为国民之宝的候补，并提交文化审议会审议。审议通过后，以文部科学大臣的名义颁发指定证书交付重要文化财的持有者。

国宝持有者也有相应的义务，必须按照《文化财保护法》的相关规定保护国宝。该法规定国宝不得出口国外，对现状的任何变更都需要报文化厅，申请文化厅长官的许可。国宝持有者的名义变更或者地址变更也必须即时向文化厅申报。国宝持有者可以对外展出国宝，需要修理时，可以向政府申请补助费用。如果有偿转让给第三方时，必须事先向文化厅申报。另外，在国宝转让、继承或者赠与的时候，可以得到减免税等

第三章　憧憬向往：汉物和日本国宝

优惠措施。

截至2023年1月1日，日本指定了1132件国宝。其中建筑物有230件（294栋），美术工艺品902件，其中绘画166件、雕刻140件、工艺品254件、书法·典籍229件、古文书62件、考古资料48件、历史资料3件。

日本国宝分类统计表

种类/区分		数量/件	重要文化财/件
美术工艺品	绘画	166	2,042
	雕刻	140	2,726
	工艺品	254	2,471
	书迹·典籍	229	1,920
	古文书	62	781
	考古资料	48	652
	历史资料	3	228
	合计	902	10,820
建筑		230（294栋）	2,557（5,373栋）
重要文化财件数包含国宝件数		1,132	13,377

另外，据文化厅调查，因文化财持有者搬迁、死亡及被偷盗等原因，有143件重要文化财下落不明，文化厅把这些下落不明的重要文化财的资料都放在官网上，呼吁国民提供相关信息，争取这些重要文化财有朝一日能回归。所幸的是，其余被指定为国宝的文化财都保存得比较完好。

4. 成为日本国宝的中国宝贝

中国流传到日本的文物被日本指定为国宝的有105件,这些文物涉及的时间跨度从战国时代到元代,长达1500多年。

这些中国宝贝涉及绘画、雕刻、书法·典籍、工艺品及考古资料等多个方面,考虑到建筑,一开始也是依靠从中国或者朝鲜半岛渡海而来的工匠建造的,因此,可以说成为日本国宝的从中国流传过来的文物几乎包括了日本国宝的所有领域。也就是说,中国宝贝给日本带来的是全方位的影响。

中国文物在日本国宝中的分布

单位:件

类别	战国	西汉	东汉	西晋	唐代	北宋	南宋	元代
绘画						5	14	6
雕刻					3	1		
书迹·典籍				1	25	1	24	6
工艺品					8		7	1
考古资料	1	1	1					
合计	1	1	1	1	36	7	45	13

5. 文以化成是物质的也是精神的

1973年春夏之际,时任外交部顾问的廖承志率领友好代表团访问日本,正值男孩节,日本到处悬挂鲤鱼旗。日方负责接待的人员问,中国

第三章　憧憬向往：汉物和日本国宝

法隆寺，奈良

有没有这样的节日？代表团里有人含笑回答说，这个节日本是中国古代风俗，在很早的时候传到了日本。听到这样的回答，日方就有人感到非常惭愧，认为这是喝水忘了挖井人，中国古代风俗传到日本，天长日久，日本人就当作自己的传统文化，忘记了源头在哪里。

于是，媒体人出身的作家寺尾善雄就整理从中国传到日本的文物、制度、学问、艺术、文化、风俗、习惯、年中行事、衣食住等万般事物，以及其传来的经过和传来后在日本展开和变迁的状况，并将其分门归类，于1982年出版了一部著作，书名是《中国传来物语》。1999年之后，书名改为《中国文化传来事典》，重新装订出版。新装出版的这本书有557页，大分类有生活篇、民俗篇、政治篇、兵法·武艺篇、学艺篇、医学篇和通俗文学篇，简直是包罗万象，应有尽有。然而时过境迁，从中国传来的事物早已经融入日本社会的各个角落，成了日本传统文化的一个有机组成。这也说明，中国文化给日本带来的不仅有物质上的影响，也有精神上的影响。

第四章 出神入化：汉物给日本精神上影响

文化的嬗变 日本国宝中的唐风汉骨

1. 从金印到《日本书纪》

汉字传来

刻有"汉委奴国王"五个大字的金印大概是日本人最熟悉的国宝。这不仅因为是在日本小学教科书中必定出现，而且根据保存这颗金印的日本福冈市博物馆的统计，每年都有10多万人来到博物馆争相目睹这颗只有2.3厘米见方、108克重的金印。该博物馆远离东京、大阪等大城市，这么多的人来参观，也说明很多日本人对这颗金印是心向往之的。

这颗由22.5K黄金铸成，印纽为蛇的汉代金印不是世传的宝物，而是出土的文物。不过，其出土的时间距现在也有200多年了，所以也留下了不少有趣的传说。首先，一般都认为发现这颗金印的是一个叫甚兵卫的农民，因为日本现在还保存着1784年甚兵卫捡到金印时上报的申报书。但是根据1830年仙崖和尚写的《志贺岛小幅》的记载，甚兵卫是个富农，发现金印的应该是他的长工秀治和喜平，甚兵卫把这个发现用自己的名字申报上去。虽然这种说法似乎有些道理，但仙崖和尚又是从哪里得到这些信息的呢？实际上，在甚兵卫提交申

"汉委奴国王"金印

074

第四章 出神入化：汉物给日本精神上影响

报书后的40年时间里，先后出现了近10篇相关资料文件，不仅没有进一步澄清金印发现的相关事实，反而让金印的发现变得扑朔迷离起来。比如在申报书里出现的掩盖金印的石头——两个人才可以抱起来的，石头在这些资料里逐步变成了大石头、巨石，大有以讹传讹的趋势。江户时代的金石学家梶原景熙在他的《金印考文》里曾经把掩盖金印的石头解释为箱式石棺，但是类似的石棺在金印发现地周围并没有再出现。这又使得发现地变得不那么确定了。

围绕这颗实实在在的金印传出的各种模糊矛盾的信息使得这颗金印也成了可疑的对象。虽然这颗金印被黑田藩藩主家族世世代代保存，并在1990年正式为福冈博物馆所收藏，但在日本一直有这颗金印是江户时代伪造出来的说法。因为一直到现在也没有非常合理的解释来说明这颗金印为什么会出土在志贺岛上，反而有很多证据可以用来证明它是江户时代伪造的。

在天涯海角的志贺岛上出土汉文"汉委奴国王"金印，似乎天然地证明了它是汉代的印章。因为在这个岛上应该不会有人知道汉代的历史，造不出这样的东西的。但殊不知在江户时代，日本的读书人对儒家著作及中国的史书是非常熟悉的，对《后汉书》《三国志》上有关倭国的段落应该都能倒背如流。更可疑的是，当时福冈藩第二藩校刚刚建立，需要有点让人叹为观止的东西来树立权威。于是，藩校的龟井南冥就可能利用《后汉书》的桥段来伪造了这颗金印。这种怀疑看上去很有道理，但似乎经不起事实的检验。1966年，经过精密的测定，这颗金印的四边长均为2.3cm，这与在东汉墓里出土的汉代尺的一寸长度相等，也就是说这颗金印的大小为一寸见方,符合汉代的制度,这颗金印就必然是东汉时代铸造的了。

不过,还是有人不相信。因为他们认为江户时代的学者对东汉的制度当然也是非常熟悉的,在他们的眼里,东汉一寸的长度、金印为一寸见方,这些无疑都是他们的常识。顺藤摸瓜,人们很快就认为江户时代的著名学者藤贞干具有足够的知识可以参与这颗金印的伪造。根据《魏志·倭人传》记载,魏国曾授予倭国女王卑弥呼"亲魏倭王"的金印。藤贞干在明代伪书《宣和集古印史》发现了这颗金印,说明这颗金印是在中国发现的。被授予日本的金印为什么会在中国发现呢?实际上这种金印的授予是中央政府对分封各地的诸侯及附属的一种凭证,政府更迭的时候,应该把金印缴纳回去,重新获得新的金印。藤贞干对这种历史也是非常熟悉,所以能断定《宣和集古印史》上的那颗金印就是曹魏政权颁发的那颗。既然藤贞干有如此丰富的知识,伪造那颗金印也就有了可能。

不过,虽然藤贞干读书破万卷,但并没有见过实物,他还是被伪书骗了,所以,有没有伪造金印的能力也就值得怀疑。但是,所有这些还都属于推理,对志贺岛的这颗金印是不是伪造的这个问题不能提出不容置疑的证据。然而,解铃还须系铃人,还是中国出土的文物帮日本解决了这颗金印的真伪问题。

1956年11月,在中国云南,考古出土了"滇王之印"金印。"滇王之印"奇特的地方在于,它与日本出土的"汉委奴国王"金印,在形制、大小、用料、字体、作用上几乎一模一样,甚至有专家认为,两枚金印出自同一人之手。这似乎解决了志贺岛出土的金印真伪问题,但依然还

第四章　出神入化：汉物给日本精神上影响

是有人继续质疑。1981年，在江苏省发现的一颗东汉时期的"广陵王玺"金印，这才给志贺岛的这颗金印是否伪造的问题画上了句号。

学习使用汉字

问题是拿到这颗金印的弥生时代的日本人认识这几个字吗？或者说，刻有汉字的金印在日本有作用吗？

从考古资料来看，在日本出现最早的汉字是佐贺县吉野里遗迹中出土的西汉铜镜，上面有"久不相见，长毋相忘"的汉字铭文。不过，当时的日本人能不能读懂这段铭文不得而知，因为没有任何资料的佐证。日本还出土了汉代的石砚，可能是渡海而来的中国人留下的。但是，这也说明，至少在公元前1世纪的日本人就已经接触到汉字了。弥生时代后期的日本人得到这颗金印时，应该不会陌生，所以，就算不认识这几个字，但应该知道这几个字的权威性。

实际上，弥生时代的日本人也已经开始书写汉字，但他们似乎还不能完全认识汉字。比如，三重县的大城遗迹中出土的2世纪前叶的陶器残片上有汉字的痕迹，这个汉字可能是"奉"字，也有可能是"幸"字，抑或是"年"字，书写者很可能把汉字当作一种时尚花纹，或者是某种具有神秘能量的符号写上去的。在3世纪中期的福冈县的三云遗迹中，有一口缸的口缘留下了一个鲜明的"竟"字。这个字被日本考古学者认为是"镜"字的简写，但是，为什么在缸口书写"镜"字呢？是所有者的名字，还是一种时尚的记号？

此外，在从2世纪到4世纪的古代遗迹中，还发现了诸如"山"字、"田"字等汉字，都是古代日本人留下的痕迹。这些遗迹都只是单字，而没有汉字连贯起来的短文。《隋书·倭国传》说日本"无文字、唯刻木结绳、敬佛法、于百济求得佛经、始有文字"。这说明在佛教传到日本以前，日本社会生产力水平非常低，用刻木结绳就足够处理当时的事务了。随着社会生产力的提高和社会关系的日益复杂，日本终于出现了用汉字写成的短文。

1873年（明治六年）熊本县江田船山古坟出土的银错铭大刀（国宝）铭文被认为是日本列岛最古老的文字记录。

"台天下获□□□卤大王世奉事典曹人名无利弖八月中用大铁釜并四尺廷刀八十练□十振三寸上好利刀服此刀者长寿子孙洋々得□恩也不失其所统作刀者名伊太和书者张安也"

这段铭文大意是辅佐治天下大王的典曹人无利弖制造了这把上好的利刀，佩带此刀的人自己长寿，惠及子孙。刀匠是伊太和，写铭文的是张安。也就是说，这段铭文不仅记载了铸造这把刀的缘由，还记载了大刀的制作者和铭文的书写者。从书写者的姓名来看，很可能是从中国或者朝鲜来的人或者是他们的后代。他们承担了用文字记录的工作。

由于铁剑的保存状态很不理想，铭文的很多字已经无法读出。1968年，在埼玉县稻荷山古坟出土了另一柄金错铭铁剑。1978年，在对铁剑进行X光检查时，发现了铁剑正反面共115字的铭文。

第四章 出神入化：汉物给日本精神上影响

（正面）辛亥年七月中记乎获居臣上祖名意富比垝其児多加利足尼其児名弖已加利获居其児名多加披次获居其児名多沙鬼获居其児名半弖比

（背面）其児名加差披余其児名乎获居臣世々为杖刀人首奉事来至今获加多支卤大王寺在斯鬼宫时吾左治天下令作此百练利刀记吾奉事根原也

这段铭文的大意如下：辛亥年（471年）7月记载。我的祖先，世世代代作为王室护卫侍奉于历代王室。我侍奉于伟大的获加多支卤大王，协助大王治理天下。我制作这把百炼利刀记录我侍奉大王的历史。此段铭文文字虽多，但结构并不复杂。日本很多学者都很兴奋，因为从这柄铁剑的铭文可以推测熊本县出土的银错铭大刀铭文上的获□□□卤大王就是获加多支卤大王。但实际上还有一个事实没有得到应有的重视。铭文记载了7代祖先的名字，历时应该有200年左右，当时的日本人是如何记住这些

金错铭铁剑，埼玉县立埼玉史迹博物馆

祖先的名字的呢？古人的背诵能力可能超过我们的想象，但也难免出错。比如汉代的伏生背出了上古经典《尚书》，但是不是一字不差谁也不敢保证。祖先崇拜的风俗中日皆同，如有条件的话，日本当时也是应该尽量用文字记载祖先名字的。实际上，从《日本书纪》的记载来看，在那个时期日本已经开始用文字来记录当时的情况了。履中天皇四年："秋八月辛卯朔戊戌、始之于诸国置国史、记言事达四方志。"

履中天皇四年（推算是403年），史在当时是掌文书的官员，"记言事"就是用文字记录当时大家的发言和发生的事情。用什么文字来记录呢？应该是汉文。这里的"诸国"，也就是各地，说明当时国史记录的文字应该不会很少，然而，这些记录竟然没有一纸一字保留下来。不过，出土的刀剑铭文好像给这条记载提供了佐证：在4世纪时，日本已经开始用汉字汉文做记录了。但奇怪的是，为什么这些记录都没有留下呢？既然大王的辅佐都使用了文字记录，历代大王更应该会留下更多的文字记录。而且，从佛教传入日本到奈良时代的200年左右的时间内，也没有留下当时的文字记录，非常不可思议。这样，历代大王没有留下记录，这本身就是一个谜。解开这个谜，实际上也是解读日本古代史的关键。

近千年的吸收消化

《日本书纪》是日本保存下来的用汉文编写的最早正史，据说完成于720年。在此以前，日本曾经有过《帝纪》《旧辞》等史书资料，都在权力斗争中失传，这既透露了当时日本已经有文字记载，也透露了胜者

《日本书纪》抄本，东京国立博物馆

把败者从历史上彻底抹去的相关信息。从时间上来说，这些记录应该是采用汉文的。所以，到《日本书纪》的时代，日本已经掌握非常成熟的汉文也就不足为奇了。

关于日本的汉文能力，日本有人曾举《宋书·倭国传》所收录的倭五王上表文来说明当时日本已经熟练地掌握了汉文。

"封国偏远，作藩于外，自昔祖祢，躬擐甲胄，跋涉山川，不遑宁处。东征毛人五十五国，西服众夷六十六国，渡平海北九十五国，王道融泰，廓土遐畿，累叶朝宗，不愆于岁。……"

这篇上表文，不仅在修辞文法方面毫无问题，而且还是辞藻绚丽的四六骈文体，是当时中国流行的文体，而倭国书记官能如此熟练地掌握，令人惊叹。不过，对当时的日本是否真正有人能写出如此漂亮的汉文，还是存疑的。实际上，在《宋书》的同一卷里，还收录了西南夷诃罗驼国、呵罗单国、阇婆达国、师子国、天竺迦毗黎国等国的上表文，也都是同样的四六骈文体，这说明，这些国家的上表文，可能是经过中国史臣修改润色过的。也就是说，《宋书·倭国传》的上表文不能真正体现当时日本人的汉文水平。而且，《宋书·倭国传》里倭五王的名字都是用一个汉字来表示，应该说是中国史臣润色的最明显标志。因为从日本出土的刀剑铭文中都可以看到日本并没有用一个汉字来表示一个人名的习惯，而是用汉字的字音来表示日语的人名读音。

和歌山县桥本市隅田八幡神社收藏了一面5世纪或者是6世纪时在日本铸造的铜镜（国宝），上面有48个汉字铭文，行文格式一如中国铜镜铭文，但人名地名也是采用了汉字的读音。

癸未年八月日十大王年男弟王在意柴沙加宫时斯麻念长寿遣开中费直秽人今州利二人等取白上同二百旱作此竟

人物画像镜，隅田八幡神社

这段铭文大意为在癸未年斯麻为祈祷男弟王长寿而命令费直和今州利等人用上好的白铜铸造了这面铜镜。除了人名地名之外这段铭文都很容易读懂，因为人名地名都是用汉字字音来表记日语的。用汉字字音表记日本的人名、地名等这样的方法可以追溯到《魏志·倭人传》，中国史臣

第四章 出神入化：汉物给日本精神上影响

不知道卑弥呼为何意，只能用字音表记。在中国这种方法也非常多见，对外国人名、地名，基本上都使用这种方法，在佛经的翻译中也常使用这种方法翻译中国没有的概念。从出土资料来看，在日本这种方法一直使用到6世纪，但随着对汉字、汉文掌握程度的不断提高，日本逐步改变这种方法，而开始用汉字的字意但保留日语读音的方法来指称人名地名。7世纪下半叶铸成的法隆寺金堂药师如来像（国宝）的铭文就是一则典型事例。

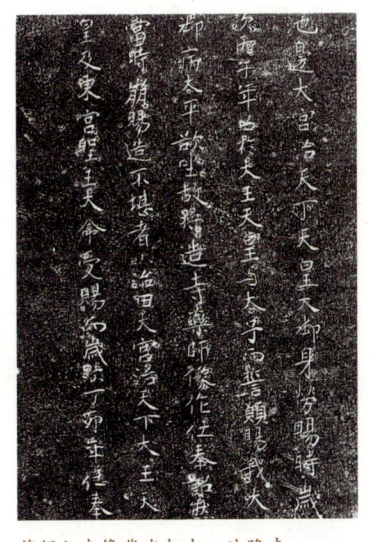

药师如来像背光拓本，法隆寺

> 池边大宫治天下天皇大御身劳赐时岁次丙午年召于大王天皇与太子而誓愿赐我大御病太平欲坐故将造寺药师像作仕奉诏然当时崩赐造不堪者小治田大宫治天下大王天皇及东宫圣王大命受赐而岁次丁卯年仕奉

这段铭文在很长时间里被认为是日文表记从汉文中脱胎换骨的初步表现，但是，"池边大宫治天下天皇"这句看起来是汉文，但读起来的时候不用汉字字音，而是用日语来读的。也就是说，这个时候，日本已经开始用汉字的字意来表记日语的专有名称了。

经过不断努力，在法隆寺金堂药师如来像铸成不久之后编纂的《日本书纪》采用纯熟的汉文也就是水到渠成的事了。虽然在《日本书纪》很成熟的汉文里还残存了一些日语特殊的表现形式，也就是还有很多倭臭（日本味道），但这也不能阻止日本进一步掌握汉文。天平胜宝三年（751年）的《怀风藻》里出现文武天皇的谥号，则进一步说明日本已经完全掌握并接受的汉文。

可以说，从最晚在西汉时期接触到汉字的日本，经过近千年的消化吸收，早已能灵活自如地运用汉文了。但是，这段汉字汉文传播史充满了曲折，留下了不少的千古之谜，解开这些谜也是解读日本古代史的关键。

2. 写经的意义

千分之一的残存概率

在1000多年前，一次性发行1000卷读物应该不算是量少的，但经不起千年岁月的流逝，能保持到现在的都是弥足珍贵的。京都国立博物馆里保存的一卷《千手千眼陀罗尼经》残卷就是这样残存率只有千分之一的写经经卷。

写经就是抄写佛经，在印刷术还没有发明的时候，书籍的传播主要就是靠抄写。而抄写佛经更具有做功德的含义。这卷《千手千眼陀罗尼经》是东大寺僧正玄昉和尚在741年的盂兰盆节会上发愿要敬写的1000卷中残存下来的，距今有1300年之久。

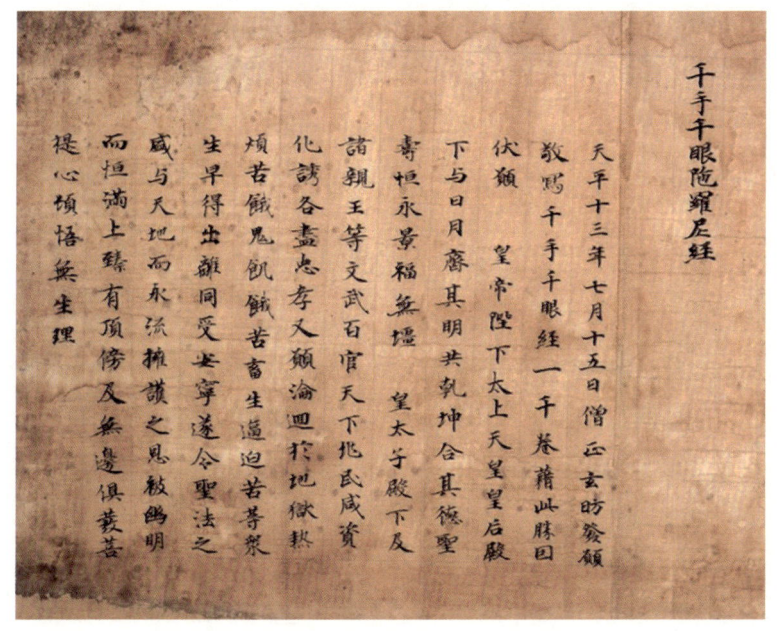

第四章 出神入化：汉物给日本精神上影响

《千手千眼陀罗尼经》残卷，京都国立博物馆

东大寺本来就是由圣武天皇和光明皇后为超度夭折的皇子建造的寺庙，这里的和尚发愿写经也是一种报答。在《东大寺要录》第一卷天平十三年条目里有："七月十五日、玄昉僧正发愿，书写供养千手经一千卷。"不过，要抄写1000卷不是玄昉和尚一个人力所能及的事，需要多人相助。实际上在当时，抄写佛经有一个专用的名称叫作"写经"，有专门从事抄写的写经生。很多人为了实现一些愿望而发愿写经，以求佛祖菩萨的保佑。发愿写经并不意味着发愿者必须亲自抄写，可以请人

代为抄写。《元史·吴澄传》："英宗即位,先是,有旨集善书者。粉黄金为泥,写浮屠《藏经》。帝在上都,使左丞速诏澄为序,澄曰:'主上写经,为民祈福,甚盛举也。'"这则记载很清楚地说明发愿人和抄写人是不同的,而无论是谁抄写,写经都属于发愿人。这样的做法也随着佛教的传入而传到日本。实际上,就是玄昉和尚在735年回日本时,携带了佛教经论5000余卷,被立刻送到写经所让写经生抄写。可见当时在日本设有专门的写经所,抄写经典,广为流传。玄昉和尚这次发愿"书写供养千手经一千卷"当然很多也是由写经生抄写完成的。

玄昉和尚这次发愿抄写了1000卷佛经,数量并不算少,但这也经不起在此以后1000多年岁月流逝。这些佛经到现在几乎看不到了,京都国立博物馆里保存的一卷《千手千眼陀罗尼经》,大概是唯一流传下来的残卷。在1952年,该卷残卷被指定为国宝。

保存在京都国立博物馆里的这卷残卷是独立行政法人国立文化机构所拥有,传承并不清楚,缺少了卷首部分,只剩下经文109行。这本残卷的书法具有非常高的水平,行文有力而流畅、典雅而温和,具有早期中国写经体的风格,应该是接受过专门训练的优秀写经生书写的。另外,卷中有平安时代后期用朱墨加上的,用日语读汉文所需要的"乎己止点"和声点等训读符号,这在日本对汉文的训读历史中也是重要的史料。

第四章　出神入化：汉物给日本精神上影响

百分之百保存下来的奇迹

玄昉和尚这次发愿所抄写的《千手千眼陀罗尼经》并不是日本保存下来的最古老的写经经卷。现存最古老的写经经卷是686年教化僧宝林发愿所写的《金刚场陀罗尼经》，同时，这也是书写在纸上而保留下来的日本最古老的一批文献资料，仅次于被认为是圣德太子所写的《法华义疏》。不过，从《日本书纪》的记录来看，日本最早的写经是673年川原寺抄写的"一切经"，但也没有《法华义疏》早。《法华义疏》据传是615年圣德太子亲笔所写的草稿本，《法华义疏》所用的纸是中国生产的纸，而贴在后面的是日本的纸，本来就是一件国宝，但是这本经卷在1878年被法隆寺献给了明治皇室，从而不在日本文化厅指定国宝的范围内。

教化僧宝林发愿所写的《金刚场陀罗尼经》上面有"法隆寺一切经"的印章，本来也属于法隆寺。不过，这本经卷没有被献给皇室，而是流落到民间。2005年，日本文化厅以5.4亿日元的价格从私人手中购得这本经卷，从而使这本经卷变为国家所有，也使得更多的观众有了亲眼目睹的机会。这本经卷曾经在2019年东京国立博物馆举办的颜真卿书法特别展上展出过。

《金刚场陀罗尼经》是北天竺三藏法师阇那崛多入隋后译成汉语的，在不到百年的时间里，日本已经开始抄写这部佛经了，说明这部佛经流传得非常快。而且，该卷的书法明显地呈现了欧阳询和欧阳通父子的书法风格，日本书法史研究专家鱼住和晃对该卷的字形分析后指出，

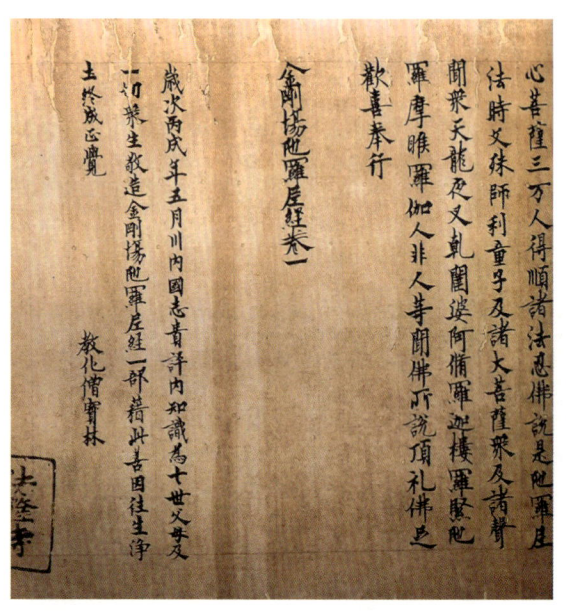

金刚场陀罗尼经，日本文化厅

这本经卷的书法并不是早期流行的写经体，而是初唐的欧阳询字体。也就是说，在686年宝林抄写这部佛经的时候，拿到的是刚刚在唐朝流行的欧阳父子书法风格的范本，可以说是引领当时风尚的范本。

此卷全长7.12米，宽26.1厘米，是用15张料纸黏合而成的。经卷上面有淡墨划线，一行17字。卷中抄写了《金刚场陀罗尼经》的经文，卷末有愿书如下：

岁次丙戌年五月川内国志贵评内知识为七世父母及一切众生

第四章　出神入化：汉物给日本精神上影响

> 敬造金刚场陀罗经一部藉此善因往生净土终成正觉教化僧宝林

丙戌年可以是686年，也可以是746年，但由于愿书写了志贵评而不是志贵郡这样的地名，说明是日本实施律令制度以前的写经，即应该是686年发愿抄写的。同时，愿书中明确写敬造佛经一部，说明当时仅抄写了一部。686年也是朱乌元年，是天武天皇的时代。当时天武更喜欢阴阳五行，这也使得发愿写经的规模不可能太大，抄写一部，也是足以了却心愿的。

然而，神奇的是，这仅有的一部写经，经历了1300多年的风风雨雨竟然完好地保存到现在，不能不说是一个奇迹。所以，这卷《金刚场陀罗尼经》写经经卷早在1951年就已经被指定为国宝。

写经的意义

写经本来是僧侣崇敬佛法、传播佛法的一种方式。佛教传到中国以后，逐步形成了一套写经制度，到南北朝时代大致定型。全面接受中国文化的日本，也吸收了这样的写经制度。尤其是圣武天皇时代，为了克服他不是天武天皇世系的自卑，所以，圣武放弃了天武崇尚阴阳五行的做法，而特别推崇佛教，并设立了官办的写经所，也使得写经成为一项重要的国家大事。上行下效，一些权贵也在各自领地上开设了写经所，积极推动写经活动，为后世留下了不少资料。东京国立博物馆收藏的国宝扇面古写经，据考证为12世纪中叶的作品，这从一个侧面反映了平安时代写经的盛况。

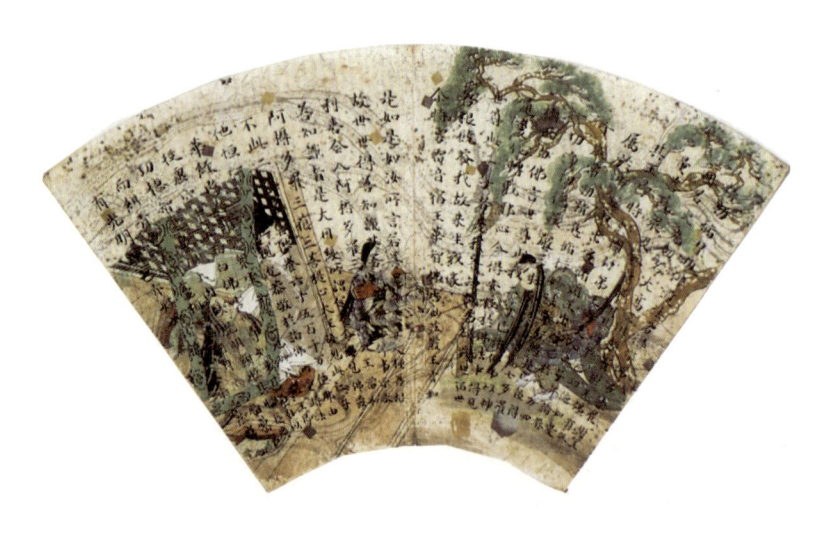

扇面古写经，东京国立博物馆

根据美国福格艺术博物馆保存的8世纪的《写经所食□帐断简》，可以知道写经所有经师、装潢、校生、舍人、仕丁、案主等不同职务的担当者，机构相当完整。从《正仓院文书》中可以得知，当时写经生每抄写一页（425个字）可得报酬5文钱，但是，如抄错5个字或者脱落1个字要扣1文钱，如果抄漏了一行字，那么就要罚20文钱。所以，抄写者必须打起精神，全神贯注，一丝不苟地去抄写。

实际上，写经并不是写经生的专有权利，和尚发愿写经的时候，普通人也可以参加写经。现在日本的很多寺庙都有写经的功德安排。虽然各国寺庙写经的内容不同，但在格式上都有一定的规矩，比如一行17个

第四章　出神入化：汉物给日本精神上影响

字，写错时不能涂抹掉，等等。不过，写经主要是重在参与，所谓心诚则灵。笔者的祖母生前虔心向佛，她虽然一字不识，但也坚持用她的方式写经，就是一边念经一边用红笔在黄表纸上点红点，一个红点代表一个汉字，纸上的红点，代表着写经的文字。这样，不识字也能写经，从而能使佛教的传播更加有效。

按照当时的教育水平，抄写佛经的写经生恐怕也不能完全读懂所写佛经的内容，更不用说一般的日本人了。而写经也并不是把汉字转化成日语过程中的必需的步骤，因为写经传播的还是汉语佛经，学的还是汉文。如果读不懂汉文，那也不要紧，只要对汉字顶礼膜拜就可以了。崇拜汉字，正如笔者祖母对红点的崇敬一样，可以说是对神灵崇拜的一种表现。长谷川宏在《日本精神史》中指出：这里有在语言中寄宿了不可思议的灵威这样的言灵思想。古代人所信奉的灵是流动的，可以寄宿在任何事物里，所以灵寄宿在语言中也就毫不奇怪。实际上，在中国很早就有敬惜字纸的传统，而这样的传统也是出于对文字的崇敬。《燕京旧俗志》记载："污践字纸，即系污蔑孔圣，罪恶极重，倘敢不惜字纸，几乎与不敬神佛、不孝父母同科罪。"这已经是近代的风俗了，而在千年之前，对文字的崇敬更是有过之而无不及。而在刚刚接触到文字的日本，记载佛教教义的汉字无疑更有一层神圣的光辉，具有一种不可思议的灵威。

作为语言的语音瞬间就消失了，但作为文字却不会消失而一直会留在眼前。这个文字里如果寄宿了灵威的话，这种灵威就具有持久性，反而让文字产生灵威的光辉，并以文字为机缘而形成一种言灵信仰。在线的图形和与其似是而非的形象相结合的时候，相信言灵的共同感性就会被放大并深入这两者之间，从而使汉字成为具有灵性的存在。虽然不清楚到底是汉字吸引了事物的形象，还是事物的形象吸引了汉字，在这两者结合的过程中，灵性信仰的感性和想象力发生作用，从而使得文字进一步具有了神圣性。长谷川宏非常敏锐地指出了古代日本人存在对汉字的崇敬，而这样的崇敬也是日本吸收汉字文化的一种动因。

这样，写经在日本普及佛教经典方面具有不容忽视的贡献，同时也为日本在日语中积极采用汉字打下了坚实的基础。

3. 日本的钟馗信仰

京都的屋顶

古色古香的京都往往让我们流连忘返，不过，有一个细节可能被很多人忽略，那就是京都人家房屋上不可或缺的钟馗像。

瓦片传到日本时，一种安装在屋顶边框上的装饰性瓦片兽面瓦也一起传到了日本。日本人称之为鬼瓦，更相信这种瓦有除魔去厄的作用。不过，钟馗像不属于这样的瓦片，而是单独安置于一楼屋顶上的，形状都十分相似，都是手持利剑、身着官服、长须威风、怒目圆瞪的样子，一般高度在20厘米到30厘米之间，站在街面抬头看上去，不大不小正合适。

为什么京都有屋顶装饰钟馗的习惯呢？传说，以前在京都三条大街上一户人家的主妇不知得了什么怪病，久治不愈，后来发觉那是对

第四章　出神入化：汉物给日本精神上影响

面新开的药店屋顶上非常显眼的鬼瓦作的祟，于是这户人家就让瓦匠做了钟馗像安置在屋顶。结果，主妇的病很快就痊愈了。这样，一传十，十传百，大家都知道了钟馗的神通。于是，都不声不响地在自己家的屋顶上装了钟馗像，祈愿能祛

京都屋顶上的钟馗像

病消灾。这样的风俗一直流传到现在，并且还有专门的名称叫作对面的钟馗。在寺庙周围居民害怕被寺庙的鬼瓦挡在外面的妖魔鬼怪来作祟，也纷纷在自己家的屋顶上安置钟馗瓦，称之为寺庙钟馗。

由于大家都安置这样的钟馗像，所以也产生了一些安置钟馗像的不成文规矩。如果街对面人家安置钟馗像时，不能让两个钟馗像的眼睛对视，需要把钟馗像的身体转动一下。更重要的是，安置钟馗像的时候是不能让他人看到的，因为京都人相信，如果有人看到安置钟馗像的过程，那么这个钟馗像就会失去驱除恶魔的神通了。

在躲过了"二战"时美军轰炸的京都老城区可以看到很多人家都有钟馗像，就是在战后的建筑上也可以看到这样的钟馗像。近年来，日本的建材发生很多变化，一些新建筑不再使用瓦片，但安置钟馗像的习惯依然没有改变，有人还建议如果屋顶上不能安置钟馗像，还可以把钟馗像安置到家门口，这样也是具有驱除恶魔的威力的。而一旦在屋顶上安置钟馗像后就不能拿下来。在京都以外，大阪、奈良、爱知、三重等

文化的嬗变　　093

27个府县也能看到这种安置在屋顶的钟馗像。不过，根据最新的调查研究，现代很多人家安置钟馗像，与其说是祈望钟馗的伏魔除厄的神通，倒不如说是一种文化习俗。伏魔除厄的钟馗信仰本来是中国的一种传统信仰，但在日本已经深入人心，化为京都人的一种传统和民俗，成为日本文化的一部分了。

钟馗的传说

实际上，钟馗的传说很早就传到了日本，1985年被指定为国宝的五幅辟邪古画就是很好的例证。保存在奈良博物馆中的这五幅辟邪古画是平安时代晚期或者镰仓时代初期即12世纪的作品，分别描绘了天刑星、栴檀乾闼婆、神虫、钟馗、毗沙门天捉鬼除厄的形象。这说明大概在我国宋朝的时候，这些传说就已经流传到日本。这五幅古画原来是连在一起的，所以虽然每幅长度各不相同，但宽幅都在26厘米左右，画风当然也是相同的。这属于被称为地狱草纸的一种长卷画，据说都是后白河天皇让日本的画师绘制的。

据传，五幅辟邪古画起初被收纳在莲花王院的宝库里，后来曾被明治时代的实业家益田孝收藏，被称为益田家地狱草纸乙本（益田家本乙卷），"二战"之后，这卷长画被裁切开，分五幅分别装帧，现在都保存在奈良国立博物馆里。

虽然这五幅古画是日本画师绘制的，但不仅内容是中国的，而且绘画表现手法也是参照中国传来的样本。比如，五幅辟邪古画的钟馗画像，

绢本著色辟邪绘，奈良国立博物馆

身着褐衣，领袖风发，怒眉决眦，脚下磐石，左手捉鬼，右手抉眼。这个形象与北宋鉴赏家郭若虚所见到的钟馗画像几乎一模一样。他曾在《图画见闻志》卷六《近事》中这样描写："昔吴道子画钟馗，衣蓝衫，革敦一足，眇一目，腰笏，巾首而蓬发，以左手捉鬼，以右手抉其鬼目。笔迹遒劲，实绘事之绝格也。"再看这幅日本的国宝，其起意构图，运笔用色，处处保留了唐代遗风。推而论之，唐朝传来的原画，应该更加光彩照人。

唐朝的钟馗辟邪画像不仅影响了平安时代的日本画师，而且还给日本社会带来了深远的影响。这幅国宝钟馗画像旁边有钟馗像用作新年镇宅的说明，这也与唐代的记载相吻合。诗人刘禹锡（772—842）也撰写过《为李中丞谢赐钟馗历日表》和《为淮南杜相公谢赐钟馗历日表》的文书，记载了德宗朝颁发和悬挂钟馗画驱邪的年俗。估计朝廷颁发的这种辟邪画像应该也是当时大家争相获取的对象，会有一定的数量流传在外，很有可能一部分辟邪画也随着日本的遣唐使、留学僧等被带回了日本。而钟馗具有捉鬼除厄祛病消灾的神通也成为日本的民间信仰而深入人心。

日本宫崎县是传说中的神武天皇降诞之地，流传着很多日本原始的神话。高千穗神社更是祭祀皇祖神的特别神社。很有意思的是在这个神社里出现了钟馗的雕像。本来日本的传说里有神武天皇之兄三毛入野命驱除鬼八这个鬼的传说，所以，在这个神社里应该雕刻三毛入野命的像，但在这个神社里却找不到三毛入野命的像。不过，现在的高千穗神社却主张钟馗像实际上就是三毛入野命的像。为什么会这样呢？宫崎县另一个神社二上神社的宫司对此作了推测：当时日本可能有三毛入野命驱鬼的传说，但是并不是很明晰，当钟馗信仰传到日本的时候，宫崎县一带的神社就都安置了钟馗像，其中以高千穗神社的钟馗像最为著名。或许受到钟馗信仰的影响，三毛入野命驱鬼的传说也就不断丰满完善，结果高千穗神社就认为神社里的雕像就是三毛入野命的雕像了。实际上二上神社本殿的左侧山墙上也安置了钟馗像，宫司认为这应该就是钟馗像而不是其他神像，因为二上神社在200年以前失火烧毁，后来为了驱除火魔，就安置了钟馗像。宫司还推测，在250年前高千穗神社也曾经毁于火灾，是不是那个时候开始安置钟馗像的呢？如果是那样的话，可以说明高千穗神社安置的是钟馗像。

不管怎样，这个事例说明了钟馗信仰已经深入人心并且还影响了日本的神话传说。

第四章　出神入化：汉物给日本精神上影响

各地的钟馗

不仅在京都、宫崎能看到钟馗信仰的踪迹，就是在现代化城市的东京也能看到钟馗的影子。在笔者东京友人住宅附近的葛西神社里就有一座钟馗石像。这是一个立体雕像，通高1.11米。只见钟馗右手持剑，左手捉住一个小鬼。在石像的光背上刻有"奉造立钟馗为恶魔降伏金町村施主敬白念佛讲结众同行四十一人元禄八乙亥七月十七日"的文字。元禄八年是1695年，还是江户时代早期。可见在江户时代，驱除恶魔的钟馗信仰早已传播到日本很多地方。而现在，也经常有人前来祭拜这座钟馗像。

茨城县的村松山虚空藏堂据说是平安时代空海在东日本创建的一座寺院。在这座寺院的背后有一座钟馗灵神堂，祭祀着钟馗的灵神。建立这座灵神堂的缘由和葛西神社里的钟馗像的建造有着相同的理由。1675年，当地出现了流行病。当地人就祭祀了钟馗灵神，结果疫病流行很快就结束了，这样当地人也就越来越信仰钟馗的神通力了。

日本实际上也经常有天灾人祸，祈求个人健康、社会平安是大家的共同愿望。这从日本的很多传统习俗上也可以看到。

在秋田县能代市的鹤形地区，有一种两米高的钟馗像，身体是用稻草制作的，头部插有木棍显得面目非常狰狞，这或许是捉鬼驱魔的需要吧。有的钟馗像右手持木制大刀，有的手持长枪。最有特点的是男性特征非常明显，以至于有一些老太太还专门找一些衣服来遮住敏感部位。虽然不知道钟馗信仰是什么时候传播到这里的，但是，这里的居民都非常热爱这些钟馗像。

五月端午节的时候，日本很多人家都会悬挂一些旗子，其中最为著名的是鲤鱼旗。不过，最讲究的人家会悬挂鲤鱼旗、武士幌和钟馗旗这三种旗帜。不用说，鲤鱼旗是预祝孩子能长大成才，武士幌显示了尚武的精神，而钟馗旗就是希望这位大仙能保佑自家的孩子健康成长。江户时期的浮世绘也如实地反映了日本这样的风俗习惯。著名的画师葛饰北斋就画过朱色钟馗图帜的钟馗旗，现收藏在波士顿美术馆。

日本，相信赤色也有祛除灾害的功能，所以，日本各地也有用朱墨画钟馗的习俗。在江户时代，不仅有朱色的钟馗旗，还有朱色的钟馗风筝。晚年隐居在新潟县南区圆通庵的有愿和尚曾经画过一幅朱色的钟馗图，具有300年历史的白根风筝大赛所使用的朱色钟馗风筝的原图据说也是有愿和尚的手笔。2020年，为了祈愿新冠病毒感染疫情早日终结，白根风筝大赛再次出现巨大的朱色钟馗风筝，同时也制作了同样大小的蓝色钟馗风筝，以表示对坚持在抗疫前线的医护人员的感谢。

也就是说，钟馗信仰一直到现在还在发挥巨大的作用。

钟馗风筝

第四章　出神入化：汉物给日本精神上影响

4. 阴阳五行说与日本的国家原型

国宝古坟壁画的秘密

奈良县明日香村这样的地名是大有来头的。因为明日香村一带地处奈良盆地南端，古称大和平野，是飞鸟时代中央集权的律令国家的诞生地。而明日香的日语发音与飞鸟的日语发音一模一样，可以说明日香就代表了飞鸟时代。虽然现在这里是一片田园风光，但是在地下埋藏的古迹非常丰富。为了保护这些古迹，日本在1980年还专门出台了一部法律，简称《明日香法》，可见明日香村在日本的地位。

明日香村也不辜负大家如此的宠爱，不断有新的惊喜带给大家。比如，在《明日香法》公布后不久的1983年，日本考古队就用纤维内窥镜在明日香村南部的龟虎古坟里发现了色彩鲜艳的四神壁画，还有非常完整的中国古代的天文星象图。实际上这是日本发现的第二例古坟壁画，而第一例是在明日香村的高松冢古坟里被发现的。1972年，当色彩鲜艳的高松冢古坟壁画被发现时，立刻在日本的考古学、古代史及美术史等关联领域引发了震荡，还给日本社会带来了冲击，不仅形成了日本的古坟壁画热，而且还形成了科学保护古坟壁画的社会推动力。1974年，高松冢古坟壁画在发现后不久就被指定为日本国宝。而龟虎古坟的壁画在1998年正式发掘调查后确认了其历史价值，在2019年也被指定为日本国宝。

高松冢古坟和龟虎古坟相距1000米左右，都是7世纪末到8世纪初营建的遗迹，也有很多相似的地方，而最有价值的也都是古坟壁画。在

高松冢古坟壁画《青龙》，奈良

龟虎古坟壁画里，完整地保存了东方青龙、南方朱雀、西方白虎和北方玄武的四神画像。高松冢古坟壁画也有四神像，但由于盗墓的原因，朱雀画像已经没有了，这也更彰显了龟虎古坟里四神画像的珍贵。龟虎古坟壁画的四神画像下面是兽头人身的十二干支画像，从北壁中央的子画像开始顺时针排列，每面墙配备3幅画像，但已经有残缺，现在可以

第四章　出神入化：汉物给日本精神上影响

辨认的有子、丑、寅、午、戌、亥这6幅画像。高松冢古坟壁画与此不同，画的是4组16个人的男女群像，线条优美，色彩华丽，保存得非常好。虽然有这样的不同，但两处壁画的格局还是一样的，在古墓的天穹上都画了古代的天文星象图。这种四神与星象图结合在一起的壁画在隋唐时期的古墓里时有发现，在一些唐代古墓也出现过十二生肖壁画，甚至还有十二生肖的壁龛或者生肖俑。从高松冢古坟和龟虎古坟的壁画的内容、格局及技法的线条和色彩来看，几乎看到了原汁原味的唐代古墓壁画，不得不让人由衷地感叹日本对唐代制度的模仿是如此的彻底。更为重要的是，这两座古墓的壁画透露了日本的天皇制是如何形成的这一尘封已久的古代日本的秘密。

北斗七星是天上非常显眼的联星，在古代天文星象图上也是必不可少的星座，但是，在高松冢古坟壁画上却没有北斗七星的画像。实际上，高松冢古坟壁画非常精密地描绘了北极星、四辅及周围四方的二十八星宿，唯独缺少北斗星。隋唐古墓的天文星象图都有北斗星，更古老的敦煌全天星图里也有北斗星，就是龟虎古坟里的星象图里也有北斗星，高松冢古坟壁画却没有北斗星，令人匪夷所思。这在如此彻底地模仿唐代制度时代，应该不会发生这种看起来非常低级的错误，所以很多学者都理所当然地认为高松冢古坟壁画上有北斗七星，但实际上就是没有。日本民俗学家吉野裕子可能是唯一注意到这一点的日本学者，她不仅不认为这是古人的失误，而且还认为这是古人娴熟地掌握了中国古代的阴阳五行说的最好证明。

吉野认为，高松冢古坟地处天武天皇陵的西北45度的线上，埋葬的是天武天皇的儿子草壁皇子。天武天皇去世后，皇位本来准备父子相传的，但预定的接班人草壁皇子还没有继位就一命归西了，所以由天武天皇的皇后继承大统，也就是持统天皇。持统天皇十分疼爱她的儿子草壁皇子，在精通阴阳五行说的术士们的建议下，把草壁皇太子的坟墓修建在天文星象图北斗七星对应的位置上，让他在阴间也能掌握大权，享受富贵。《史记·天官书》说："斗为帝车，运于中央，临制四乡。分阴、阳，建四时，均五行，移节度，定诸纪，皆系于斗。"正说明了北斗七星位置的重要性。持统天皇用在太子墓的星象图上不画北斗七星来宣告这个墓葬本身就是北斗七星。

这样看来，飞鸟时代的日本人不仅从形式上模仿了唐朝制度，而且对中国的阴阳五行说掌握得非常娴熟，并能在具体的事件中灵活运用。但是，吉野的这一推断到底正确不正确？答案是肯定的，因为在现代的日本还可以找到这样的活化石，而这个活化石还能回答更多的问题。

伊势神宫体现了阴阳五行思想

如果说龟虎古坟和高松冢古坟壁画是中国的阴阳五行思想流行日本的死标本的话，那么伊势神宫的相关祭祀活动就是这种古代信仰深入日本社会的活化石了。日本的神道被认为是日本传统信仰的综合体，但是，在号称"日本国民的总氏神"的神道最具代表意义的伊势神宫里却充满了大量中国的阴阳五行学说的形式和内容，让人感到有点意外。

伊势神宫最具特色的是式年迁宫，即每二十年就要把旧神宫拆掉另

第四章　出神入化：汉物给日本精神上影响

建新神宫。2013年伊势神宫举办了第62次式年迁宫，而这个活动是从采伐建筑神宫的木料神木开始的，也就是说二十年一次的迁宫，准备周期需要8年时间。第62次的式年迁宫是从2005年举办的采伐神木的御杣始祭开始的。这次迁宫也留下了比较完整的影像资料，在这些资料中可以看到一个非常明显的特征，那就是不见天照大神的文字，却到处可见太一的文字。伐木工人、神职人员，甚至参观的小朋友头上都戴着写着"太一"二字的头巾。在被选为最为重要的神宫心御柱的神木上，会刻上"太一"两个大字。整场活动，到处有太一大旗迎风飘扬。

式年迁宫用神木采伐仪式

既然是祭祀天照大神的神社，为什么只见"太一"的文字呢？而且，太一的文字不仅出现在这种历史性场景，就是在伊势神宫每年举办的祭祀活动中也会出现。每年6月24日，伊势神宫都要举行御田植神事。这个神事特别值得注意的是在神田西侧的畦上竖着一个9米高的大翳。那是用青竹竿做的，在其顶端装着一个巨大的团扇和一把扇子，上面的团扇上画着日月，下面的扇子上画着一条船还有两个大字：太一。大翳非常高，墨书的"太一"格外分明。

文化的嬗变　　103

御田植神事最后的活动是把这个大翳倒到神田里，让大家争抢团扇和扇子的碎片带回家供奉，以祈五谷丰登或者航行安全。伊势神宫祭祀的是天皇的祖先天照大神，大翳被认为就是天照大神，大家抢夺团扇和扇子的碎片，仿佛是基督教的面包代表基督的身体一样，都是天照大神的分身。但是，为什么在看作天照大神的大翳上不写日本传说中的天照大神，而只写中国信仰中的最高天神太一呢？为什么在伊势神宫心御柱上要刻太一两个字呢？这当然不会是一种失误，而是阴阳五行思想对伊势神宫影响的不可动摇的证据。

这样的证据还有不少。比如，伊势神宫的外宫是建在内宫的西北方向，这样的配置绝不是偶然形成的，而是显示了内外宫的关系就是太一和北斗的关系。虽然没有文献资料解释这样的配置关系，但是，内外宫二十年一度迁宫时覆盖在神体上的御被纹样雄辩地说明了这层关系。江户时代编纂的《大神宫仪式解》记载：本宫专重奉屋形纹锦，与此相对，外宫专重刺车纹锦。也就是说，伊势神宫的内宫只用一种上面有中国式房屋纹样的御被，而外宫也只使用一种上面有刺车纹样的御被。根据吉野裕子的研究，内宫的屋形纹锦象征着太一的居所，而太一是中国的天神，所以这个居所是中国式样的房屋而不是日本传统的建筑形式。而外宫的刺车纹锦则象征着太一的用车。如果不是象征了太一和北斗的关系的话，这两种纹锦怎么会出现得如此巧合。

对北斗星的重视从伊势神宫的祭祀上也可以看到。伊势神宫最古老的重要祭祀为旧历九月十七日举行的神尝祭和旧历六月十七日夜半及旧历十二月十七日夜半开始举行的夏冬二季的月次祭，合称三节祭。神尝

第四章　出神入化：汉物给日本精神上影响

屋形纹锦（左）和刺车纹锦，伊势神宫

祭的时候，旧历九月十七日子时是由贵大御膳进贡的核心时间，午时是斋内亲王举行奉币仪式的时间。月次祭的六月十七日及十二月十七日子时是由贵大御膳进贡的核心时间，而这两天的午时是奉币时刻。把三节祭当天的星象图叠放到一张图上，就能发现北斗七星正好处于东西南北相互对称的位置，这当然也不是巧合，而是对北斗星回转的一种敬畏、一种祈愿。

　　仔细观察伊势神宫的祭祀以及祭屋结构，就会发现这些都反映了中国古代天文学，与星座有密切关联，并把中国哲学造型化。然而，伊势神宫被认为是日本神道的代表，为什么会充满了中国神学思想的元素呢？这需要从伊势神宫的创建说起。

天武天皇与阴阳五行思想

关于伊势神宫的创始,在《古事记》和《日本书纪》之外,没有其他更古老的资料保留下来。而《古事记》《日本书纪》说明伊势神宫是天武天皇正式创建的。根据《日本书纪》,天武二年,天皇派大来皇女去天照大神宫斋宫主持。而在此之前,伊势神宫并没有天照大神。天照大神也是由天武创造的。也就是说,天武在创造了天照大神的同时也创建了伊势神宫,为什么天武要这样做呢?简而言之,就是为了通过神化天皇世系来巩固他的统治。为了让神化天皇更具有说服力,天武引进中国的阴阳五行思想,把天皇的祖先天照大神等同于太一,规定了群臣必须像天上的群星围绕着北极星转一样紧紧地围绕在天皇的周围,从而稳定了天皇统治的社会秩序。

天武天皇之所以要这样做,和他个人的性格、大和王权内部的斗争及与其他地方政权的斗争的内外形势有密切关系。

天武虽然开创了一个新时代,但却并不是一个雄才大略的英雄。天武依靠他的聪明而免于在天智天皇临终之际死于非命,然而他智慧有余而勇气不足。就是在天武要求撰写的《日本书纪》里,也是一副不太自信的形象。或许正是这样的不自信,促使了天武更希望采用神化来武装自己。他在夺权后,不仅完全废除了以前的豪族合议制度,而且连一个大臣也不设,什么事都由大王一个人决定。这表面上是形成了空前的独裁体制,实际也说明了他无法相信别人的懦弱内心。这也难怪,因为那个时代,王权往往是通过血腥的争斗来夺取的。

第四章　出神入化：汉物给日本精神上影响

在大和王权的内部，天皇世系也只是在不到30年前的乙巳政变时从苏我氏手里夺得政权的。一般认为，天皇世系一直拥有王权，但是即使从胜利者撰写的史记《日本书纪》的资料来看，也能看到苏我王朝也有上百年的历史，苏我氏掌握了外交权及宗教权，主宰了大和王权的统治。苏我氏不仅拥有《国记》等历史书，而且还拥有完整的祖先祭祀系统，而这两项王权的象征在天皇世系里却不曾拥有，如何能说天皇世系一直拥有王权呢？实际上除了苏我氏之外，大和王权内部还有葛城氏等传统的豪强，都是大王位子的有力争夺者。至少可以说在乙巳政变之前，大和王权内部是属于豪族联合政权，凭实力就可以取得统治权。而这种凭实力夺权的举动即便是天皇世系夺权之后依然可能出现。653年，皇太子中大兄率众叛离孝德天皇，孝德天皇因此饮恨死去，接着孝德天皇之子也被绞死。而天武天皇也是通过血腥的战争从自己的侄儿手里夺得政权的。

而在大和王权外部，至少存在筑紫、吉备、出云、上毛野等具有实力的各地政权。依据《日本书纪》的记载，大和王权就是在这些地方政权之上的政权，但如果将中国史书《宋书》里的倭五王与《日本书纪》里的天皇世系进行对比就显得非常勉强，所以，不能完全依据《日本书纪》来推断大和王权的这种地位。现在根据考古学资料，3世纪以后，日本各地政权之间的关系是由首长之间的关系维持下来的，与律令制国家的以土地所有为基础的领域统治系统有本质上的差异。换句话来说，就是当时各地豪强不断相互征伐，势力此消彼长，完全是凭实力说话。在天皇世系获得统治权之前，日本并没有一股势力能够维持长期的政权。而6世纪以后，地处奈良的大和王权势力突然勃兴，他们击败了筑紫、吉备、出云、上毛野等地方豪强的政权。然而，夺取政权不易，而要守住政权更为不易。所以，如何维持新的统治秩序，是大和王权非常重要的任务。

为了防止其他势力、其他实力人物再来夺取大王的位子，天武天皇开始神化自己。《万叶集》收录的壬申之乱后的第一首和歌就是"大君就是神，能让陷马沼泽变都城"。实际上，在日本历史上想这样做的人还不少，比如织田信长、丰臣秀吉都曾经想通过神化自己来巩固对日本的统治，但是，如果神化得不够系统不够彻底，往往难以见效。《日本书纪》记载天武精通占卜祈祷，所以他在这方面则更能发挥作用。利用非常成熟的中国的阴阳五行思想来神化天皇对天武来说恐怕也属一种必然，事实也证明用此神话来加固他的统治地位非常重要，尤其对还存在出云系完整的神话系统的当时来说显得更为重要。所以难怪在《古事记》里的神话里看到中国道教神话的影子。天武做对了事，不仅让他的统治得到了巩固，而且还让天皇一族长期维持了神权。

中国古人借满天群星都是围绕着北极星转，而北极星自身却岿然不动的这一大家都能看到的天文现象，衍生出一套完整的阴阳五行思想，非常具有说服力。再以天人感应之说，说在天上的北极星就是天帝太一，而在地上对应的就是朝廷的皇帝。以天意不可逆的说辞，形成了稳固的统治秩序。而这套统治理论对通过血腥的争斗夺取大王之位的天武来说是非常有用的。

于是，天武从道教的"天皇大帝"称号中摘出"天皇"二字作为

第四章 出神入化：汉物给日本精神上影响

自己的称号，还比照汉高祖刘邦赤帝子斩白帝子的故事，按照阴阳五行思想，推崇赤色，更是把年号改为赤鸟，否定了长期以来日本人喜欢白色动物的习惯。天武还利用赐姓的方式改造氏族的秩序，八种姓氏中最高等的姓就是真人，取自道教中的称号。现在都认为是天武开始使用日本国号的，而"日本"一词所显示的颜色就是赤色，不熟悉阴阳五行思想，很难想到这个国号。他还在日本历史上首次设立占星台，设立了阴阳家的衙门阴阳寮，这些都为阴阳五行思想的普及提供了方便。天武还把自己的宫殿命名为大（太）极殿，用阴阳五行思想来强调帝王的统治地位。而创建伊势神宫，更是用阴阳五行思想从神话的角度来规定社会的秩序。所以，伊势神宫祭祀的实际上是太一，因为天武就是希望通过对太一的祭祀，把天皇世系提高到最高的等级。所以，不用惊讶伊势神宫充满了阴阳五行思想的影子，可以说伊势神宫是日本神道的代表，其实也是日本最早接受大陆文化的洗礼，受影响最深的地方。

差点被湮没的日本国家原型

为了巩固自己的统治，天武天皇利用中国的阴阳五行思想对日本的国号、年号和君主号都进行了改造，实际上是开启了延续至今的天皇制。诚如熊谷公男所指出的那样，所谓"万世一系"的天皇绝不是从太古以来就君临日本的"神"，而是取得壬申之变胜利的天武天皇的时代造出来的。创造这样的神，是为了巩固天武天皇自己的统治，而创造这样神的理论基础是中国的阴阳五行思想。天武去世后，其皇后继位，称为持统天皇，不仅继承了天武的政策，而且还把这些政策制度化，从而使天武创立的天皇制得以长期维持下来。

然而，在天武、持统时代，阴阳五行思想大为流行，但是在现在的日本却很少能看到这些痕迹，现在去伊势神宫参拜的人几乎没有人会想到这个地方竟然会和中国的阴阳五行思想有深刻的关系。为什么会这样呢？这和恒武天皇改用儒家思想有关。

天武用阴阳五行思想神化天皇之后，他的直系后代在这样的光辉笼罩下也都自认自己是现御神，天然地享有高高在上的统治地位。但是天武的皇统只延续了4代，781年即位的恒武天皇与天武完全没有血缘关系，无法自然地自认为是现御神，而且，恒武母亲来自社会地位偏低的家庭，更让恒武充满了劣等感。于是，恒武另辟蹊径，采用儒教的天命思想作为新的天皇统治的理论武器。

恒武迁都长冈京后，就在长冈南郊筑坛，在日本历史上第一次于冬至日郊祀昊天上帝。这种郊祀本来是中国皇帝宣示正统的一种重要祭祀，配享昊天上帝的是王朝的开祖。恒武配享昊天上帝的是他的父亲光仁天皇，这表示他的皇统已经与天武天皇没有关系了。实际上在恒武即位诏书里也排除了天武天皇创造的天皇神话世系，只是强调继承大统是

伊杂宫的御田植祭

第四章　出神入化：汉物给日本精神上影响

依据天智天皇所指定的法。由于天武以后的政治斗争及制度改革，使得大和王权时代的旧豪族早已没落，氏族神话的意识也早已衰退，日本需要有新的社会秩序来维持天皇的统治，天皇制迎来了新的历史发展阶段。结果，恒武朝引进的儒教思想占据了统治地位，而天武朝提倡的阴阳五行思想很快就被遗忘了。虽然阴阳五行实现让天皇世系得以神格化，使得天皇世系有了神权，而儒教更能建立现实的统治秩序，并且对巩固天皇的神权更具有实际的意义。

由于天皇不再强调阴阳五行说而改用儒家思想，这使得按照阴阳五行说创建的伊势神宫也不得不弱化原来的色彩，而开始强调主祭的神是天照大神，并把外宫改造成丰受大神宫，让世人忘却了外宫所承担的北斗七星的角色。但是，伊势神宫祭祀的一些细节却保留了一些历史的原貌，虽然现代很多人已经不知道太一的原意，但在伊势神宫的各种仪式上，太一的旗帜符号依然到处可见，保留了原始的含义。

虽然时间冲淡了历史的痕迹，但是在明日香村的古坟里，色彩鲜艳的壁画却是明明白白地告诉我们，古代的日本人对阴阳五行思想是多么的熟悉。就拿高松冢古坟壁画来说，可以说没有一处与阴阳五行无关。比如，壁画里的两组妇女人物画，也清楚地显示了当时日本人掌握阴阳五行思想的熟练程度。根据吉野裕子的研究：东西两壁的男女图像便是阴阳的表现，而处在墓室深处的两组妇女图像都是指向南面的墓道出口，寓意了墓主作为胎儿向另一个世界的轮回转生。壁画上两组人物身上鲜艳的服装颜色正象征着五行说的水火金木土，东壁的壁画显示了五行相克，而西壁的壁画则象征着五行相生。这两组壁画都隐去了象征水的墓主。这也寓意人是无法逃避这个宇宙之间的相生相克的法则。

如果没有这样的壁画保留至今,那么,对天武天皇为什么要引进阴阳五行说恐怕就很难弄明白,甚至对他有没有引进阴阳五行说也可能不会注意到。那样的话,对日本历史这一重要的转折点的来龙去脉也就如坠雾中了。

5. 禅林墨迹

崇高地位

禅林墨迹是指禅林高僧所遗留的真迹。这些真迹包括高僧书写的印可状、字号、法语、偈颂[1]、遗偈[2]和尺牍(书信)等。禅林高僧本不是书法家,所以这些高僧的真迹在中国的书法史上并没有得到相应的评价,但在日本却获得了无比崇高的地位,甚至出现了有人拿出相当于一个大名十分之一的年收入去换一幅真迹的事例。

1804年,出云国松江藩第七代藩主松平不昧就以1000两金子(约合现在的1.3亿日元)和每年俸禄米30俵(为1800千克)的代价从祥云寺换取了宋代高僧圆悟克勤的一幅《与虎丘绍隆印可状》。江户时代统治一方的大名其最低门槛为年收入1万石,根据历史学家矶田道史推算,这1万石相当于现在13亿日元。大名需要用这笔收入来满足自己和家庭

---

[1] 偈颂是佛教中一种特定的韵文形式,用于歌颂佛法或表达佛教思想。
[2] 遗偈是指在佛教中,高僧临终时所留下的偈语,通常用来表达对佛法的理解或临终的感悟。

圆悟克勤印可状，东京国立博物馆

的生活及整个藩的运作，可见松平不昧为了换取这幅真迹所付出的代价是不小的。虽然松江藩有约20万石的收入，但也因为家大业大，财政方面一直捉襟见肘，直到松平不昧时代才有缓解，但也经不起藩主的挥霍。到松平不昧晚年的时候，松江藩的财政再次陷入危机之中。不过，这幅印可状被松平家代代相传保存至今，现存于东京国立博物馆，1951年被指定为日本国宝。

珍贵的国宝似乎也应该有珍奇的故事。围绕圆悟克勤的这幅印可状真迹，除了松平不昧千金换取之外，还有很多故事。这幅真迹本来是圆悟克勤写给弟子虎丘绍隆的印可状。而印可状是禅宗老师对已经觉悟的弟子所颁发的认可证明，并不轻易授予。圆悟克勤本是五祖法演的法嗣，地位极高，他的认可自然更具权威性。其弟子虎丘绍隆也不负众望，在临济宗中里创立了虎丘派。不过，虎丘绍隆一生并没有涉足日本，这个印可状又是怎么流传到日本的呢？传说这幅真迹被包在一个桐木盒子里漂流到萨摩的坊津海边，日本在国宝认定时也采信了这种神奇传说，实际上是模糊了这件国宝的来历。虽然这幅真迹如何流传到日本不是很清楚，但是这幅真迹在日本得到如何的推崇却是有据可查的。

山上宗二在《茶器名物集》里记载："右一轴（指圆悟克勤的真迹），昔珠光，一休和尚由被申请候。墨迹之挂始也。"这段日式汉文是说，村田珠光在他的茶室里悬挂了一幅从一休和尚那里借来的《与虎丘绍隆印可状》挂轴，从此开创了茶室里悬挂禅林墨迹的风气。村田开创了日本茶道的先河，他曾经所持有的茶碗被千利休以1000贯文（约合现在的5000万日元）的价格转让给日本战国时期的实权派武将三好实休，可见村田的号召力是多么的巨大。圆悟克勤的真迹在村田的茶室里被创造性地悬挂出来，从而奠定了这幅真迹在日本不可撼动的地位。

这么珍贵的圆悟克勤的真迹自然就有人要惦记了。日本战国时代的武将伊达政宗，绰号"独眼龙政宗"，实力不可小觑。他也觊觎这幅真迹，珍藏着这幅真迹的大德寺住持春屋宗园不得已和千利休的弟子武将兼茶人的古田织部商量后，把这幅真迹一裁为二，把后半段37行给了伊达，现在下落不明。而前半段19行后来传到祥云寺，又经松平家现在流传到东京国立博物馆。

堪称禅林墨迹第一的这幅真迹具有如此的传奇经历其实也是一种历史的必然。这不仅是因为圆悟克勤在禅林中崇高的地位，而且这幅真

第四章　出神入化：汉物给日本精神上影响

迹还是现存最古老的禅林墨迹，其内容也是对禅宗要旨的阐述，加上与日本茶道的传奇结合，其文化价值不可估量。

禅林与墨迹

佛教有以经、律、论为中心的大规模的佛教经典，称为大藏经，又名一切经，超过万卷，可谓浩瀚无比。而念经打坐本是和尚的日课，但是南北朝时达摩祖师创建的禅宗却认为语言、理论所产生的分别智是烦恼之苦的根源，所以提倡通过坐禅修行来觉悟到无分别的智慧，从而达到自身所具有的佛性。达摩祖师留下四句话："不立文字，教外别传，直指人心，见性成佛"，说尽了禅宗的特色。

所以，禅宗不拘泥于文字经典，而以参禅冥想得到觉悟。这也使得禅宗这一派的传承非常严密，师徒关系十分契合。老师常常颁发印可状给弟子，以证明弟子已经觉悟，也常常送给弟子垂示之语、勉励之语，在送别的时候更会赠送钱别的偈颂，这些都是禅林墨迹。而弟子往往会摹写老师的坐像，称为顶相，或者编辑老师的语录，记录老师的行状，这些也往往成为后辈爱读的经典。不过，一直到北宋前期，禅师们的墨迹都没有流传下来，现在最古老的墨迹就是圆悟克勤给弟子虎丘绍隆的印可状。很有意思的是，虽然禅宗自慧能以后分为南岳怀让和青原行思两派，之后又枝叶繁茂地分出更多派系，但是，禅林墨迹却是以临济宗杨岐派的圆悟克勤这一法统占据了绝大多数，而圆悟克勤的真迹也就当之无愧地占据了禅林墨迹的领袖地位。不过，也有不是禅林中人物的书

冯子振墨迹（部分），东京国立博物馆

法作品被当作禅林墨迹保留下来的，比如南宋的张即之和元代的冯子振，他们虽不是僧人，但一心向禅，被称为居士，留下了很多与禅林相关的书法作品，被当作禅林墨迹也是有一定的道理。

圆悟克勤生于北宋，圆寂于南宋。他的法嗣大慧宗杲也是南宋禅宗的大师，曾与师分座说法，而名震京师。其门下聚集了张九成、李邴等居士，其思想还影响了南宋大儒朱熹。绍兴十一年（1141年），对金主战派的张九成被权相秦桧排挤，作为老师的圆悟克勤也受牵连而被流放岭南。岭南地瘴物瘠，不过，他依然能以常道自处，并怡然化度当地民众。大慧宗杲在流放期间于绍兴二十五年（1155年）写的《致无相居士尺牍》就如实地反映了这个时期他的心态。这幅尺牍后来流传到日本为藏家所珍爱，1951年被日本指定为国宝，现在保存在东京国立博物馆里。

圆悟克勤的另一位法嗣虎丘绍隆也是南宋禅宗的一大宗师，他所创的虎丘派人才辈出，影响深远，虎丘绍隆的再传弟子密庵咸杰更是一位对日本也具有深远影响力的禅师。淳熙己亥（1179年）密庵咸杰为璋禅

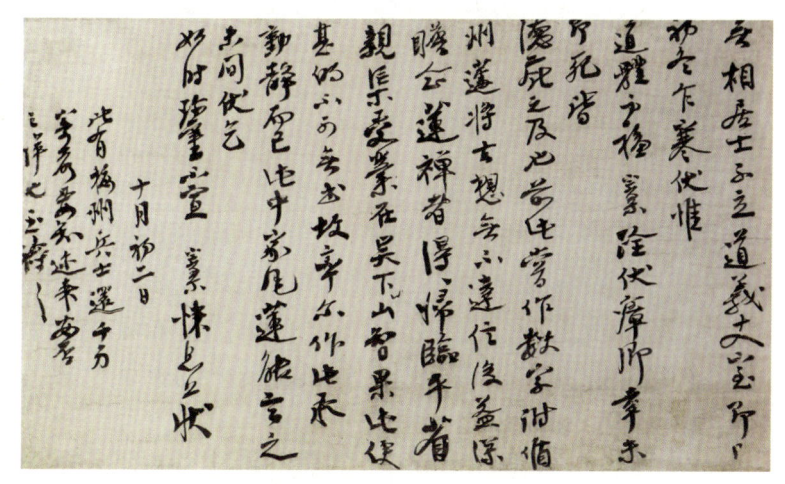

大慧宗杲墨迹,东京国立博物馆

所写的一幅《法语》后来流传到日本,为大德寺塔头龙光院所藏。这幅《法语》有27行290个字,阐述了禅宗的要旨,从内容到形式都极为珍贵。而为了表示珍贵,龙光院特地设一面墙壁悬挂这幅真迹,并称悬挂这幅真迹的壁龛为密庵床,而悬挂这幅真迹的茶室被称为密庵席。虽然龙光院谢绝参观,使这幅《法语》密不示人,但日本早在1951年就指定它为国宝。

密庵咸杰的弟子中有松源崇岳、破庵祖先和曹源道生,即著名的密庵三杰。而三杰的弟子中更是人才济济,松源派有古林清茂、了庵清欲、虚堂智愚、兰溪道隆,还有日本的弟子宗峰妙超、一休宗纯等;破庵派有无准师范、中峰明本、无学祖元、清拙正澄,日本的梦窗疎石等;曹源派有一山一宁,日本雪村友梅等,都是有名的禅师,也都留下了很多墨迹。

宋时,中日虽无官方交流,但民间交流却一直没有间断过。民间贸易给日本带来了丰富的物资,而佛教徒之间的往来,则为禅宗在日本

文化的曙变

117

的流行奠定了基础。当时,有很多日本留学僧到中国拜师求学,而学有成就的,老师就会颁发印可状让他们带回日本。留学僧则更是孜孜以求,求索禅林墨迹也是多多益善。留学僧回日本之后还会保持与中国老师的联系,而中国禅师的尺牍当然也成为禅林墨迹被日本的僧人妥善保存着。

日本"圣一国师"圆尔从1235年开始留学南宋,在中国生活了6年,回国时携带了南宋名噪一时的书法家张即之的书法作品。现在东福寺的"首座""书记""方丈"等匾额大字据传都是张即之的字。圆尔自然也获得了老师无准师范给他的印可状,这张《与圆尔印可状》一直珍藏在京都的东福寺,现如今也成为日本的国宝。无准禅师是临济宗虎丘派破庵祖先的法嗣,也属于圆悟克勤的法系。他是南宋时期最具影响力的禅师,对禅文化带来巨大的影响。圆尔回日本后大力推广禅宗,最后获得了国师的称号。圆尔与老师保持了很长时间的的书信往来,这些书信也是格调极高的禅林墨迹。其中无准师范的《与圆尔尺牍》《山门疏》都被指定为日本国宝,分别收藏在东京国立博物馆和五岛美术馆。

虚堂智愚是接受宋理宗与宋度宗皈依的高僧。他虽然没有去过日本,但是他的日本弟子南浦绍明等人都携带了他的墨迹回日本,所以,虚堂智愚的墨迹在日本尤其是在日本的茶道界非常有影响。东京国立博物馆收藏的《法语》和大德寺收藏的《香语》这两幅虚堂智愚的墨迹被日本指定为国宝。

松源崇岳的再传弟子兰溪道隆是南宋时期从中国渡海去日本的著名高僧。他也曾经在师祖无准师范处学习,1246年33岁的时候率弟子与

第四章　出神入化：汉物给日本精神上影响

留学僧月翁智镜同渡日本。1253年受镰仓幕府的实际掌权人北条时赖的邀请，在镰仓创建建长寺。但此后因为谗言逼迫，兰溪道隆又不得不离开建长寺。经过了一番坎坷，他最后还是回到了建长寺，1278年在那里迁化。次年，镰仓幕府第八代执权北条时宗从南宋邀请无学祖元来日本住持建长寺。无学祖元的指导非常恳切，使日本的武士更加容易接受。而他在元军来袭的时候，他的两句偈语"莫烦恼""蓦直去"成为北条时宗强有力的精神支柱。无学祖元迁化后被追赠佛光国师和圆满常照国师的称号。建长寺现在保存的兰溪道隆的《法语》真迹、相国寺保存的无学祖元的《与长乐寺一翁偈语》真迹都被日本指定为国宝。

　　无学祖元迁化后陆续有中国禅师去日本做住持，传播佛教，禅宗在日本镰仓时代日益隆盛。日本

张即之书东福寺方丈匾，京都

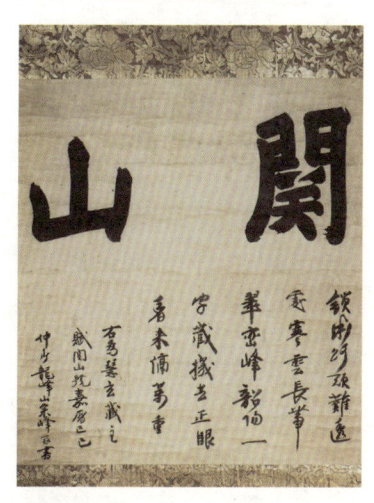

宗峰妙超墨迹（关山字号），妙心寺

的著名僧人也留下了很多墨迹，比如南浦绍明的法嗣宗峰妙超就有多幅真迹保存至今并被指定为日本国宝，其中妙心寺所藏的《关山字号》于1952年被指定为日本国宝。而更多的高僧如一休宗纯等都留下宝贵的墨迹，其中很多被指定为重要文化财。到日本江户时代，中国禅师的墨迹得到日本僧人的薪火相继，发扬光大，从而留下了一大批禅林墨迹。

为什么日本保存了那么多的禅林墨迹

中国禅师的禅林墨迹在中国国内已经很少见到，但在日本却可以见到很多。据日本墨迹研究权威田中方南的不完全统计，在从南宋到元末中日禅林交流的240年间，约有300～400件的中国禅师们的墨迹遗留在日本，如果算上日本禅师留下的墨迹，那么保存到现在的禅林墨迹约有1000件。这还没有把江户时代的黄檗山、大德寺和妙心寺等相关的墨迹包括进来，如果把这些也包括进来的话，保存到现在的禅林墨迹也就浩如烟海了。

日本保存了这么多的禅林墨迹，和这些墨迹与茶道结合在一起是大有关系的。村田珠光在他的四帖半茶室里创造性地悬挂了圆悟克勤的《与虎丘绍隆印可状》真迹，从而使茶禅一味的思想更加具象，而世间也日益看重禅林墨迹，最终形成了茶道具中墨迹第一的认识，而这样的认识通过千利休以身作则的行为更加根深蒂固地根植到日本人的心中。

日本天正十六年（1588年），大德寺住持古溪宗陈得罪丰臣秀吉，被流放九州。临行前，千利休特地为古溪宗陈举办了送别茶会，地点竟

第四章　出神入化：汉物给日本精神上影响

然设在丰臣秀吉的府第聚乐第里的茶室，也就是在丰臣秀吉的眼皮底下，千利休送别了丰臣秀吉所厌恶的人，真是大胆不敌。而且，为了表示隆重，千利休在茶室里悬挂了当时被称为天下第一名物南宋临济宗高僧虚堂智愚的真迹，而这幅被称为"生嶋虚堂"的真迹是丰臣秀吉密不示人的珍爱，为了重新裱装保养才寄放在千利休那里。千利休擅自把这幅真迹挂出来，在丰臣秀吉的眼皮底下饯别丰臣秀吉所厌恶的人，被丰臣秀吉知道后当然是没有好果子吃的。

且不说这幅"生嶋虚堂"与千利休最后切腹自杀有没有关系，但千利休敢摸丰臣秀吉的逆鳞，无疑也进一步显示了虚堂智愚的真迹在日本的崇高地位。以收藏者命名虚堂智愚墨迹的现象实际上也是一种明证。这幅"生嶋虚堂"真迹在大阪城被德川家康攻陷时烧毁，但除此之外，日本还有"安国寺虚堂""大文字屋虚堂"等虚堂墨迹闻名于世。日本现在至少藏有18件虚堂智愚的墨迹，让日本人为之心驰神往。而"大文字屋虚堂"所演绎的悲惨故事更是证明了虚堂智愚真迹的历史地位。这幅墨迹曾经为富商兼茶人的武野绍鸥所珍藏，后来为京都商人大文字屋荣甫所有。1584年，荣甫的儿子大文字屋荣清曾经邀请大阪和京都的豪商开了一次展示虚堂墨迹的茶会。但是到1637年，发生了大文字屋的手下在仓库中把这件墨迹切断，最后自杀的事件。此后，这幅墨迹就有了"破虚堂"的别称。

茶道与墨迹的结合提高了禅林墨迹的社会地位，而禅宗在日本的流行则是这种结合的社会基础。禅宗传入日本的时候，正值日本的镰仓幕府初创时期，武士取代天皇及贵族掌握了日本的统治权，社会价值发生

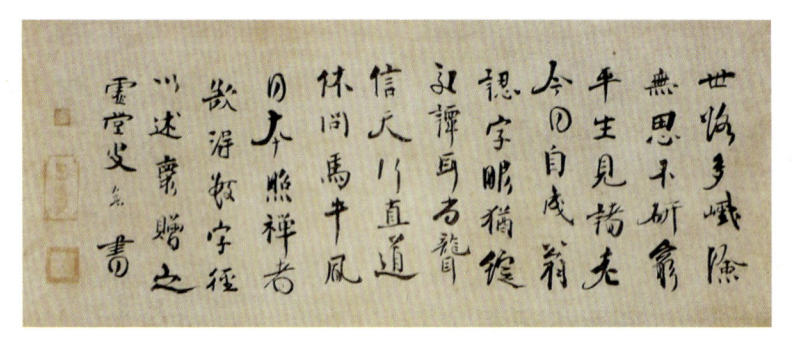

虚堂智愚墨迹，东京国立博物馆

了巨大的变化。为了适应这种变化，传统的佛教也不得不进行改革，诞生了净土宗等新的教派。与传统佛教强调他力本愿不同的是，禅宗强调依靠坐禅的自力，道元禅师提倡只管打坐，荣西禅师提倡边坐禅边公案问答，通过这些修行来达到觉悟的目的。12世纪的大转换时期，社会动乱，连年饥馑，民众似乎感到了末世的到来，于是纷纷求助佛法，念佛和坐禅很容易让民众接受。而对天天在刀口上讨生活的武士来说，禅宗更多的是一种心理疗伤或者净化心灵的去向。所以，禅宗也得到了镰仓幕府在政治上的保护。而荣西禅师从中国带回来的茶树种子在日本生根开花，吃茶的习惯也开始浸透到社会的各个角落，为日本茶道的兴起提供了基础。所以，禅宗在日本的流行，使得禅林墨迹有广泛的社会基础，而茶道的兴起则使得禅林墨迹备受崇拜。

另外，备受崇拜的禅林墨迹也给日本的书法界带来了深刻的影响。对禅师们来说，书法是修行的一部分，但他们并不追求书法的技巧和文字的优美,而是追求独特的风格以表达他们的觉悟。所以,有些墨迹看起来非常古拙,有的看起来又很是破格。他们受到张即之、黄山谷的影响,主要是这些书法家的风格更适合禅师们表达独自的觉悟。禅林墨迹在日本的崇高地位,也影响了日本书法界敢于对中国唐代书法的突破,从而形成自己的特点。

镰仓时代形成的宗教和美学思想具有极强的生命力,其影响广泛而深远,一直延续到现在。

6. 潇湘八景图与日本的八景文化

国宝潇湘八景图

日本传统点心都具有很高的颜值,尤其是著名的三大铭果,更是秀色可餐。而这三大铭果又都有很美的名称,分别是长生殿、山川和越乃雪,都具有数百年的历史,一直为日本国民所喜爱。这三大铭果实际上都属于一种叫作落雁的点心,即把米、豆、荞麦或者栗磨成粉,用糖混合,着色,再用模具压制出来的干点心。制作长生殿和山川的时候是先把这些粉蒸熟再成型,而越乃雪则是先成型后蒸熟,所以,有时候后者也称为白雪糕。实际上,白雪糕是这类点心最早在日本的名称,其源头是从中国传来的软落甘。江户时代的安积澹泊编纂的《朱氏舜水谈绮》就记录了中国的软落甘传到日本。不过,为什么软落甘到日本却变成了落雁了呢?

"落雁"糖果

江户时代的国学者喜多村信节在风俗百科事典《嬉游笑览》指出：《朱氏舜水谈绮》里有软落甘的糕点名称，后来人们把软字省略，称之为落甘，后来便写成落雁。虽然甘和雁在日语中为同音字，但字义完全不同，为什么会有这样的讹变呢？这在江户时代的国学者山冈浚明编写的《类聚名物考》中给出了答案，甜点的落雁是从近江八景中平沙落雁的典故中得来的。一种传统糕点竟然有这样的典故，并且还融合在日常的生活中，让人在品尝甜点的时候油然感到一种文化底蕴，不得不感叹日本人的生活情趣了。

不过，国学者在这里有点失误，近江八景里没有平沙落雁，只有坚田落雁一景，而平沙落雁实际上是潇湘八景之一。其实，近江八景就是比照潇湘八景而命名的，那是16世纪初曾任关白的贵族近卫政家在近江逗留时想起潇湘八景而吟咏了近江地方的八个景点。现在有文献资料说吟咏八景的不是近卫政家，而是他的曾孙近卫信尹。但无论是谁，能在琵琶湖南岸完美地比照洞庭湖以南的潇湘八景，都显示了他们对中国文化的造诣。

或许是因为山冈浚明没有去过中国，所以才把梦想的潇湘和现实的近江混淆起来。其实，吟咏八景的近卫政家或者近卫信尹也都没有去过中国，他们都没有实地见过潇湘八景，他们对潇湘八景的认识很可能来

第四章　出神入化：汉物给日本精神上影响

源于文字，更可能来源于绘画。因为他们的时代是可以看到很多潇湘八景图的，不仅有日本画师绘制的，而且还有从中国传来的水墨潇湘八景图。可以说，这些水墨图画培养了日本文人的潇湘情怀。随着文人的情绪舒展，潇湘情怀也渗透到日本人日常的生活之中了。

对古代日本文人及现在日本国民产生如此深刻影响的这些中国水墨潇湘八景图毫无疑问都应该是国宝级的文物。事实上也的确如此，东京的畠山纪念馆收藏的《烟寺晚钟图》和根津美术馆收藏的《渔村夕照图》都被指定为国宝。

实际上，这两幅水墨画都是属于同一个长卷的潇湘八景图，据传是南宋禅僧牧溪的手笔。同属这个长卷的其他场景还有《远浦归帆图》《平

烟寺晚钟图，畠山纪念馆

渔村夕照图，根津美术馆

沙落雁图》分别为京都国立博物馆和出光美术馆所收藏，并且都被指定为重要文化财，其他还有为个人所收藏的《江天暮雪图》和《潇湘夜雨图》，另外德川美术馆收藏了《洞庭秋月图》。本来属于同一个长卷的潇湘八景图之所以被分藏各地，是因为室町时代的幕府将军足利义满为了炫耀自己的收藏，就把这幅八景图长卷裁切为8幅分别裱装，悬挂展示。后来，室町幕府败落，这八幅八景图也就流离失所而天各一方了。虽然在1728年，江户幕府的将军德川吉宗曾经把这八幅画集中起来欣赏了一次，但还是没能把它们全部保留下来，结果，其中的《山市晴岚图》至今下落不明。

山市晴岚图，玉涧，出光美术馆

第四章　出神入化：汉物给日本精神上影响

流传在日本的潇湘八景图

	牧溪画		玉涧画	
	国家指定	收藏者	国家指定	收藏者
烟寺晚钟图	国宝	畠山纪念馆		不明
渔村夕照图	国宝	根津美术馆		不明
平沙落雁图	重要文化财	出光美术馆		不明
远浦归帆图	重要文化财	京都国立博物馆	重要文化财	德川美术馆
洞庭秋月图	重要文化财	德川美术馆	重要文化财	文化厅
江天暮雪图		个人		不明
潇湘夜雨图		个人		不明
山市晴岚图		不明	重要文化财	出光美术馆

国宝潇湘八景图实际上是一种载体，把古代中国的潇湘情怀传输到日本。而日本也富有接受这种情怀的土壤，使得中国的潇湘情怀在日本生根发芽，促进了日本对山川之美的喜爱。

与中国不同的潇湘情怀

潇湘是中国的腹地，也是古代文人的精神故乡。《山海经》曰："澧沅之风，交潇湘之渊，是在九江之间，出入必以飘风暴雨。"这样的风景正合诗人寄托他们的悲欢离合之情。南宋词人辛弃疾曾作："山前灯火欲黄昏，山头来去云。鹧鸪声里数家村，潇湘逢故人。"似乎把人间的酸甜苦辣都倾诉在"潇湘逢故人"这句话里，不过，"潇湘逢故人"这一句是辛弃疾化自南北朝诗人柳恽的《江南曲》："洞庭有归客，潇湘逢故人。"而稍早的南齐,谢朓也有"洞庭张乐地,潇湘帝子游"的诗句,可见,古代文人很早就把潇湘当作眼泪的符号了。而后来《红楼梦》中的潇湘馆既不乏眼泪也没少让读者掉泪。

中国人的潇湘情怀往往是身世感叹,正如"潇湘逢故人"所表达的那样:老乡见老乡,两眼泪汪汪。不过,渡海之后,日本人的潇湘情怀就没有这层人世忧郁之感了。1688年,京都的和学家宫川道达编辑出版的《潇湘八景诗歌钞》里所吟咏的八景诗歌里,只有在《潇湘夜雨》里出现泪字:

先自空江易断魂,冻云粘雨湿黄昏。
孤灯蓬里听萧瑟,只向竹枝添泪痕。

难为日本的和学家能做这样纯正的汉诗,但这里不仅"添泪痕"没有伤怀的感觉,就是整首诗也不能很好地体现作者的身世,用王国维的话来说,就是非常的"隔"。不过,这还不能怪和学家,因为中国的潇湘情怀传入日本的时候,是被禅宗过滤了一次。北宋禅僧觉范惠洪曾在评论宋迪的八景图时留下这样的诗句:"渐觉危樯隐映来,此时增损凭诗眼",这里说"凭诗眼",显然就"隔"离了诗人的悲欢离合。玉涧和尚的《潇湘夜雨》诗"兰枯蕙死无寻处,短些难招楚客魂",也是把自己"隔"离在外,这些都是日本文人的榜样。宫川等日本文人几乎都是没有实地去过潇湘地区,他们的潇湘情怀大都是从禅僧带来的潇湘八景图上感受而来的。禅宗本来就是要救人脱离苦海的,禅僧带来的水墨画当然也不会让人愤世嫉俗、感慨伤怀的。这样过滤之后,潇湘八景图所

第四章　出神入化：汉物给日本精神上影响

带来的就是山水之美了。日本人看到的潇湘就是水光天色、远山飞鸟的美景，难怪日本僧人、歌人留下的诗句都是赞美山水的诗句了。

　　实际上，日本并不是没有人知道潇湘与眼泪的关系。被奉为学问之神的菅原道真就曾经写过"闻昔潇湘逢故人，在今乐水讵为新"的诗句，并且还留有这样的序言："嗟乎，节过重阳，残菊犹含旧气。心期百岁，老松弥染新青。风月同天，闲忙异地。臣昔是伏奏青琐之职。臣今亦追从绿萝之身。彼一时也，此一时也。形骸之外，言语道断焉。任放之间，纸墨自存矣。"（《菅家文草》卷第六）写这首汉诗的时候，菅原道真还没有被贬流放，所以，他的身世感怀，远不能催人泪下。而被奉为学问之神的菅原道真对潇湘的感受，很可能决定了日本人对潇湘的接受态度。室町幕府第三代将军足利义满在牧溪的潇湘八景图上盖有一方"道有"的印章。道有是足利义满在1395年出家后取的法名，似乎没有人考证其出典。从义满出家后在北山营造金阁寺，汇集公卿、武士赋诗作乐，兴起北山文化的举动来看，很符合"道有所至，而事有所忘"的宗旨。这句话出自天台山高僧孤山智圆（976—1022）的《三笑图赞并序》。三笑图就是虎溪三笑图，也是从室町时代以来日本水墨画的常见画题。足利义满很有可能见过孤山智圆的图赞。"道有"的印章盖在潇湘八景图上，也就把八景作为遣兴的道具了。

　　上有所好，下必甚焉。既然武士总统领的将军提倡"道有所至，而事有所忘"，那么，在和平年代寄情山水也就成为一种风尚。然而，虽然山川秀美，无奈经济条件有限，要踏遍群山并不是谁都能做到的。而用水墨画把大好山水凝缩起来，挂在墙上，不就可以访遍群山了吗？

1486年，颇受足利义政礼遇的临济宗高僧彦龙周兴曾经在潇湘八景图上题写了这样的句子："金主盟玉岩翁命画工绘制潇湘八景，将之挂于素壁，以备寺寓者卧游。"在日本引进了"卧游"一词。"卧游"一词据说出于南北朝时期的隐士宗炳，《宋书》记载宗炳因生病而回江陵时感叹道："老疾俱至，名山恐难遍游，当澄怀观道，卧以游之。"宗炳之所以感叹恐难遍游名山，恐怕与当时谢灵运提倡游山寻求精神上的满足有关。这样的卧游，从而足不出户而饱览山水秀色，自然为经济水平不高的日本所接受，可以满足他们身在室内而心在江湖的愿望。从日本的玉岩翁自"有燕室名曰爱山、投老"，说明他"身居山中，而心在江湖之上"，是热爱山水的性情中人，所以愿意为无力周游各地的人创造卧游的条件。于是，禅僧带来的潇湘八景图不仅成为珍贵的藏品，而且也成了日本画家争相模仿的范本。

日本现存最早的日本画师所画的潇湘八景图应该是思堪的《平沙落雁图》，上面有一山一宁

《平沙落雁图》，思堪，京都个人收藏

130

第四章　出神入化：汉物给日本精神上影响

的画赞。日本最早的障子画潇湘八景图出现在等持院开山之祖梦窗疎石的禅房里，这些都说明了在日本潇湘八景图与禅宗的渊源关系。从此以后，从画僧周文、画僧岳翁、足利将军私属画师相阿弥、画僧雪村、狩野派画师狩野松荣、狩野永纳等，一直到江户时代的画家池大雅，很多著名画师都绘制过水墨潇湘八景图。这些不同时代的潇湘八景图不只是临摹仿制，而且还不断发展，形成了日本水墨画的特色。

日本各地的八景实景

米芾说："湖之南皆可曰潇湘。"可见潇湘的地理范围之广，但画家却只撷取八景来图画表现。之所以可以这样，是源于中国八景文化。八景文化源于先秦，萌芽于魏晋，成熟于两宋，繁荣于明清，是我国历史悠久的一种文化现象。八景一词虽然是道教用语，但也是中国传统文化的体现，既是实数，也是虚数。《周易》中有八卦，《史记》中有八神，传说中有八仙。这些都是具体的实数，但却又代表了无数的事项。所谓风月无边，纸墨有限，画家撷取八景把潇湘情怀具体化、可视化，反映的是广阔无垠的古代文人的精神故乡。

禅僧带来的水墨画潇湘八景图，不仅影响了日本的画坛，而且还对日本人的自然观，以及对山水之美的认识和理解都产生了重要的影响。就在潇湘八景图刚刚传入日本不久，出于对潇湘八景的憧憬，日本人很快就用模拟八景的方式在日本的土地上找到了可以寄托他们向往的地方，模拟山清水秀、风光明媚的潇湘八景来命名各地的风景，当然也博

潇湘八景图，狩野元信，京都东海庵

得了各地居民的欢心。

　　镰仓时代末期的乾元元年（1302年），圣福寺的禅僧铁庵道生把博多湾比作洞庭湖，仿照潇湘八景而歌咏了博多湾周围风光明媚的八个场所。这些汉诗被收录在《纯铁集》里，八景分别是：香椎暮雪、箱崎蚕市、长桥春潮、庄浜泛月、志贺独钓、浦山秋晚、一崎松行、野古归帆。虽然命名与潇湘八景不尽相同，但这被认为是日本最古老的八景，成了日本各地命名八景的先驱。在这以后，八景文化不仅深植在日本的社会生活中，而且命名也日趋接近原版的潇湘八景，江户时代编著的《石城志》所记载的博多八景就是完全按照潇湘八景的用字来命名的：濡衣夜雨、箱崎晴岚、分杉秋月、奈多落雁、博多归帆、横岳晚钟、竈山暮雪、名岛夕照。实际上，分杉即若杉山和竈山并不是博多湾的景色，而是太宰府周围的名山。这说明，当时对八景的命名也从空间概念上接近了原版潇湘八景的空间概念。

　　16世纪初，也就是在室町时代后期，曾任关白的贵族近卫政家在近江逗留时吟咏了近江八景的和歌，歌颂了粟津晴岚、濑田夕照、三井晚

132

第四章　出神入化：汉物给日本精神上影响

钟、唐崎夜雨、矢桥归帆、石山秋月、坚田落雁、比良暮雪等各处美景。不过，他并不是实地踏访，而是待在房间里闭门造车地想象。这既显示了近卫政家的文学功底，却也凸显了日本各地的确有很多的美景值得歌颂。近江八景也因此而成为日本最为著名的八景，并成为浮世绘的常见画题。近江八景也是江户时代著名浮世绘画师歌川广重的代表作。

　　镰仓幕府招募了很多中国来的禅僧，他们对镰仓附近的金泽风景赞叹不已，认为可媲美杭州西湖，实际上反映了他们的思乡之情。后来后北条家的家臣三浦净心在江户时代编写的《名所和歌物语》中仿照潇湘八景体例命名了金泽周围的金泽八景，抒发了怀念旧主的思古之情。之

浮世绘《武阳金泽八胜夜景》歌川广重

后，从明朝来的禅僧心越禅师由于长期离开故土，思乡心切，于是把在金泽能见堂可以眺望的美景按照潇湘八景的编排吟咏了八首诗，分别歌颂了小泉夜雨、称名晚钟、乙舻归帆、洲崎晴岚、濑户秋月、平泻落雁、野岛夕照、内川暮雪八处美景。心越禅师的诗使得金泽八景更加声名远播。歌川广重等江户的浮世绘画师纷纷绘制金泽八景的浮世绘，更是让江户的市井居民也产生了尽快去游览的念头。

　　事实上，八景已经根植于日本社会，日本各地以八景命名的名胜非常多。2007年，日本国立环境研究所的调查显示，日本各地确认了有893个八景名胜，有的还具有700年的历史。而2009年的调查更是显示了日本现有八景超过1000处，而且还确认了本来认为是没有八景的德岛县也有八景的存在，这意味着日本各地都有八景的存在。从镰仓时代末期，日本开始选定八景之后，一直到最近数十年，日本各地的八景地层出不穷，数量不断增加。尤其是从江户时代后期到明治时代，日本的八景急剧增加。这种势头直到最近数十年前才有所扭转。

八景文化处处可见

　　江户时代，世阿弥在《申乐谈仪》中指出："能以色成风情，此需有心得。比如蚁通一出，为创出宫人之风情，就唱'潇湘夜雨频降，古寺钟声难闻'古谣，此为肝要。"这里的"色"其实不是颜色而是明暗。能剧《蚁通神社》这一段描写的是雨中昏暗的神域，漆黑一片什么都看不见，没有灯火，没有人声。世阿弥在解说这段能剧的创作艺术时，却

第四章　出神入化：汉物给日本精神上影响

把潇湘八景中的二景信手拈来，可见潇湘八景图已经成为日本文化生活中的一种符号。

文人写作，账房记账，首先要笔墨伺候。然而，还没有落笔，砚台盒盖上的潇湘八景图就会先映入眼帘。潇湘八景图已经是一种符号，用在任何地方都讨人喜欢。文具盒是可以表现风流的道具，尾形光琳制作的八桥莳绘螺钿砚箱已经成为日本的国宝，而日本刀剑世界财团就收藏了一个用日本的传统工艺莳绘制作的潇湘八景图莳绘砚台盒。这个砚台盒盖上使用银莳绘的手法描绘了浮现在湖上的一轮明月，映照着山上的积雪。水上孤舟一叶，岸边船帆已落，可以听见山间古寺传来的钟声。这已经描绘了洞庭秋月、江天暮雪、远浦帆归、烟寺晚钟等数种景色，实际上这样多景成一景的绘制方法已经是日本潇湘八景图变化发展的一种表现手法。

砚台盒上可以用莳绘来描绘潇湘八景图，茶道具的铁壶上也可以出现铸造的潇湘八景图。1764年前后，京都出现了用蜡型铸造技法铸造铁壶的龙求堂工坊。到明治以后，龙求堂的铁壶更是高级铁壶的代名词，声名鹊起。夏目漱石曾经在《吾辈是猫》里描写道："在这样的时候，听听龙求堂的松风之音，喝喝茶。实在是无上的奢侈。"可见当时龙求堂的知名程度。正是这个龙求堂，也出品过铸有潇湘八景图的八角垂尾铁壶。此铁壶提手上镶银，八个面上分别铸有一种景色，熟悉潇湘八景的日本人自然毫不费力地就能看出上面到底是什么景色。

山口县周南市的汉阳寺创建于1374年的室町时代，属于临济宗大本山南禅寺下属地位比较高的别格寺。日本近现代最负盛名的庭园研究

汉阳寺潇湘八景院，长门市

家、造园师重森三玲于1973年在这个具有悠久历史的寺庙里制作了潇湘八景之庭。重森三玲制作了汉阳寺的7个庭院，被誉为是重森的最高杰作。为了有别于其他庭院，潇湘八景庭院采用市松图案，以白沙、红沙及剪裁得当的映山红绿叶构成了色差强烈的山水图案。潇湘八景入画，也成为工艺品的画题，却绝没有想到，还有著名的造园师将其变为园林的主题，不得不说，日本人爱潇湘八景已经深入骨髓。邀请重森三玲来制作庭院是汉阳寺住持多年的夙愿，而造成的庭院则成为汉阳寺乃至周南市的骄傲。

7. 南宋画师与日本水墨画

龙安寺的油土壁

京都到处是名胜古迹。吸引了日本国内外众多的游客，而龙安寺几乎是游客必去的地方，因为这个寺院里有举世闻名的枯山水庭院。但是，

龙安寺枯山水与油土壁，京都

去龙安寺看枯山水是要挑时间的。

给日本国民带来不少心灵鸡汤的实业家兼思想家森神逍遥就指出：龙安寺方丈庭院，绝不能阴天去看，也不能是烈日当头的时候，而是在阳光充足的白天，只有在这个时候，才能看到枯山水的精髓，那就是古朴围墙上的微妙光影变化所展现出来的真正的侘寂。

所谓的枯山水就是用石头和沙子错落有致地叠放从而表现山水风景，但森神不去说石头和沙子，却偏偏说这枯山水的背后的围墙。这道围墙看起来非常陈旧，实际上，这是龙安寺不惜成本刻意追求的效果。他们用一种干性油涂抹在墙上形成油土壁，既可以抑制潮湿带来的细菌繁殖问题，同时又能呈现古朴斑驳的感觉，使得枯山水更具有禅意。细细想来，如果没有这道油土壁的围墙，龙安寺的枯山水还能有如此之美的意境吗？按照森神的说法，如果千利休在世的话，似乎就应该把这里的枯山水全部去掉，只保留这堵围墙。可以说，这就是禅意之极。

龙安寺的枯山水是室町时代东山文化的精华，而东山文化的特征就是侘寂。都说这种文化是受我国禅宗的影响，但具体是怎样影响的呢？

或许从室町将军的收藏品即东山御物中能找到一些线索。东山御物中的镇馆之宝是宋代绘画，其中梁楷的《雪景山水图》堪称南宋水墨画代表作。此画刻画细腻，在以淡墨渲染的天空映衬下，给人以白雪皑皑之感，整个画面呈现出一种荒凉萧瑟的氛围。而这样的氛围在龙安寺的油土壁上也能看到。梁楷虽说是南宋画院待诏，却也是一个参禅的画家，很擅长禅画。他的《泼墨仙人图》便是神来之笔，充满了禅意。《李白行吟图》同样以寥寥数笔就把一个洒脱放达的诗仙神态表现得淋漓尽致。静坐在龙安寺的枯山水前，能够可以细细品味出这样的禅意。可以说，东山文化的美学起点就是梁楷的山水图。受此影响，移居东山的室町幕府第八代将军足利义政修建了只有四帖半的茶室，构建了禁欲性的茶礼。如果没有梁楷的影响，恐怕日本人也不会把朝鲜不知名的陶工粗制滥造的那个大井户茶碗视若珍宝吧。从那只茶碗上，不难看出与《李白行吟图》一脉相承跌宕豪放的神韵。后来，经过千利休的发扬光大，这种侘寂茶道一直流传到现在，而其中的禅意更是渗透到了日本社会的各个方面。这样看来，到龙安寺去看著名的枯山水还就需要挑好时间，才能更好地领略油土壁光影变化中的深邃侘寂。

日本收藏的梁楷水墨画

东山御物中有三幅梁楷的画，即《雪景山水图》《出山释迦图》和另一幅据传同样是梁楷画的《雪景山水图》。这三幅画上都有室町幕府第三代将军足利义满的"天山"钤印。随着日本社会发生动荡，东山御

第四章 出神入化：汉物给日本精神上影响

雪景山水图，梁楷，东京国立博物馆

出山释迦图，梁楷，东京国立博物馆

物的很多艺术品不知去向，但梁楷的三幅作品被传承完整地保存了下来。这三幅作品先是流传到若狭酒井家，后来《雪景山水图》被三井家收藏，《出山释迦图》和另一幅《雪景山水图》为本愿寺收藏。1948年，先是《雪景山水图》入藏东京国立博物馆；又经过半个世纪，1997年和2004年，《出山释迦图》和另一幅《雪景山水图》也先后入藏东京国立博物馆，这样，东山御物的三幅梁楷的作品又得以重聚。本来，这三幅作品分别被指定为国宝和重要文化财；但2007年，这三幅画被合并指定为一件国宝。梁楷的《李白行吟图》上有元朝阿尼哥的八思巴文鉴赏印，后来流传到日本被出云国松江藩第七代藩主松平治乡收藏，现在作为重要文化财入藏东京国立博物馆。

　　据清代官修的《佩文斋书画谱》《石渠宝笈》及厉鹗汇集的《南宋院画录》统计，梁楷留下来的作品有几十幅，但今天我们能见到的只有10幅左右，而且大都不在国内。东京国立博物馆竟然收藏了4幅梁楷的作品，是一睹梁楷真迹不可多得的去处。

　　东京国立博物馆会不定期地展出这些国宝和重要文化财。如果有机会先去东京国立博物馆一睹梁楷的这些作品，然后再去京都的龙安寺观看那里的枯山水，是不是能更加细腻地品味到悠远传统里的侘寂呢？

水墨画在日本的流传

　　用笔和墨绘画的水墨画技法在唐朝的时候已经成型，而在日本的镰仓时代就已经流传到日本了。对当时的日本人来说，水墨画是全新的画

第四章　出神入化：汉物给日本精神上影响

种，从主题到表现形式、技法都是全新的东西。水墨画只描绘画家的感知、主观地捕捉到对象物本质的东西，而不用光影手法进行写实描绘。接受水墨画，日本也就迎来了一个在思想和表现手法上的新时代。

然而，接受水墨画首先需要日本有接受水墨画的土壤，即日本人喜爱水墨画的理由。古代日本本来对色彩就不是那么敏感，所以，古代日语中表示明暗的词汇多而表示色彩的词汇少。这恐怕不是表现力的问题，而是他们的性格使然。虽然大化改新后，唐朝绚丽的色彩冲击了日本，形成了色彩斑驳的王朝文化，但是，朴素的色彩一直是日本人的偏好。所以，摒弃了色彩，仅以墨色浓淡来描绘山水，表现空气的绘画叩动了日本人的心弦。

而水墨画在镰仓时期开始在日本传播流行，与禅宗在日本的活动也有密切关系。日本最早的水墨画都是与佛画相关联的，而他们推崇的画家很多是禅僧，比如玉涧、牧溪等。禅宗讲究禅意，浓淡枯润水墨是禅意的理想表现形式。日本早期的水墨画也是以佛画师和禅僧为中心开始创作的。

但到镰仓时代中晚期，水墨画已经和禅宗建筑式样一起脱离了宗教关系，被日本社会接受。到室町时代，水墨画在日本进入了一个全盛的时期。画家不再是以顶相、祖师图为中心来绘画，而是开始创作真正的山水图。日本最早的山水图是《平沙落雁图》，上面有元代渡海而来的禅僧一山一宁的题赞。此画不会晚于那个时代，绘画技巧还比较幼稚。但经过在此后近百年的发展，日本的水墨画有了令人刮目相看的成果，出现了雪舟、雪村等著名的画家。雪舟自负甚高，甚至说，自己为了学画而西渡明朝，但那里却已经没有名师了。雪舟应该有资格这样自负，他的水墨《天桥立图》是用他自己的风格表现了日本的题材，成为这一时期日本水墨画的代表作。

雪舟之后，日本水墨画历史上出现的又一座高峰是长谷川等伯。等伯出身佛画师世家，在他成长的过程中，以金碧辉煌为画风的狩野派统治了日本画坛，等伯在这方面也有很高的造诣，所画的金碧障壁画可以与狩野派的代表人物狩野永德分庭抗礼，受到了丰臣秀吉的赏识。不过，等伯更崇拜牧溪、雪舟，在水墨画方面用功甚勤。1591年，千利休被迫切腹自杀，让等伯感到政治的危险性；不久，他的儿子也是佛画传人的长谷川久藏去世，更让等伯感到无限的悲哀。在这样的背景下，他创作了水墨画《松林图屏风》。虽然这幅画明显受到牧溪的影响，但无论是

天桥立图，雪舟，京都国立博物馆

第四章　出神入化：汉物给日本精神上影响

表现和构图都早已超出模仿的领域，完全有等伯自己的风格。所以，这幅屏风画也被认为是日本水墨画真正开始独立的标志。

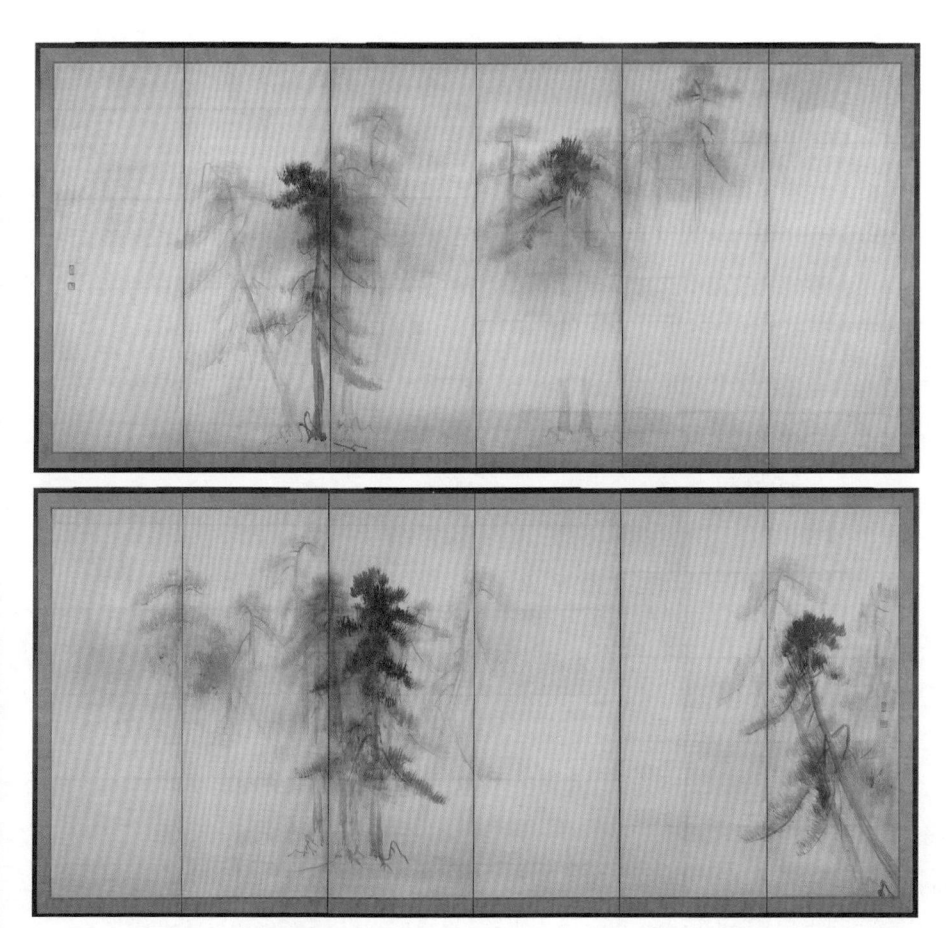

松林图屏风，长谷川等伯，东京国立博物馆

8. 汉籍与日本人的汉文素养

汉籍流传日本

如果没有汉文的话,日本将会是怎样的?这是日本学者加藤彻提出的一个严肃的问题。

日本在告别史前社会的时候,还没有来得及创造自己的文字,就遇到了极为成熟的汉字和汉文。对此,日本无法拒绝,因为日本需要在与中国的交流中获得更多的文明养分,接受汉字和汉文应该是最好的选择。实际上,如果不接受汉文的话,日本将会怎样恐怕谁也无法想象。而日本的大化改新和明治维新的两次飞跃性的历史发展,离不开汉字和汉文所做出的极为重要的贡献。正如奈良国立博物馆名誉馆长山本信吉指出的那样,凝聚了在中国产生并发扬光大的思想和学问的汉籍给日本文化带来了不可磨灭的影响。

汉字和汉文通过不同的途径流传到日本,其中包括一些汉文典籍。这些汉文典籍在日本被称为汉籍,因为非常贵重还曾被作为威信财产,在日本上层社会流通过。在日本还没有自己的文字时,只能借用汉字和汉文来表达和记录,所以,汉籍犹如母语文书,是掌握知识所必需的工具。正因如此,古代日本人对汉籍的需求可谓是如饥似渴。

由于一直到奈良时代,日本都没有文字记载的历史;同时,中国的文献也没有相关的汉籍传播到日本的记载。所以,汉籍到底是何时何地传到日本的就不是很清楚。日本《古事记》和《日本书纪》都记载的

第四章 出神入化：汉物给日本精神上影响

285年有个叫王仁的人进贡了《论语》10卷、《千字文》1卷，这被认为是汉籍流传到日本的最早记录。不过这两部日本古代史记分别是712年和720年编纂的，对以前没有文字记录的历史记载有些混乱，比如，《千字文》是6世纪时梁朝周兴嗣编写的，不可能在3世纪出现。而《日本书纪》也曾记载了日本早就有书记官用文字记载当时发生的事，但是，这样的记录却没有一纸一字被发现。但3世纪传到日本的《论语》在当时还被称为《鲁论》，这倒是反映了汉代的情况。唐代陆德明在其著作《经典释文·序录》中指出："汉兴，传者则有三家，《鲁论语》者，鲁人所传，即今所行篇次是也。"日本把传来的《论语》称为《鲁论》，正是汉代习惯。如此看来，虽然有这样的错乱，但我们并不能否认在日本史前时期已经开始阅读和使用汉字、汉文的事实。

6世纪以后，佛教传到日本，又带来了大量的汉译佛经。日本从8世纪开始用文字记录历史的时候，已经呈现出极高的汉文造诣。在日本早期有文字记录的年代，就有很多留学僧从唐朝带回大量佛教和儒家经典的记载。比如，最澄带回了230部460卷佛经，空海带回了216部461卷佛经记论疏章传，而玄昉更是带回了5000多卷经书典籍。

在奈良时代和平安时代，朝廷和佛教寺庙如法隆寺、东大寺、兴福寺等都是汉籍的主要收藏者。在贵族中还出现了专攻汉籍的大江、菅原、清原和中原等几大博士家族，很有意思的是这几大博士家族似乎都没有派人去中国留过学，可以说是"自学"成才的。这种对汉籍的钟爱、痴迷的风气也影响了逐步在日本政坛崭露头角的武士阶层。而宋代的雕版印刷迅速地扩大了书籍发行数量，并惠及日本，这也给新兴的武士获

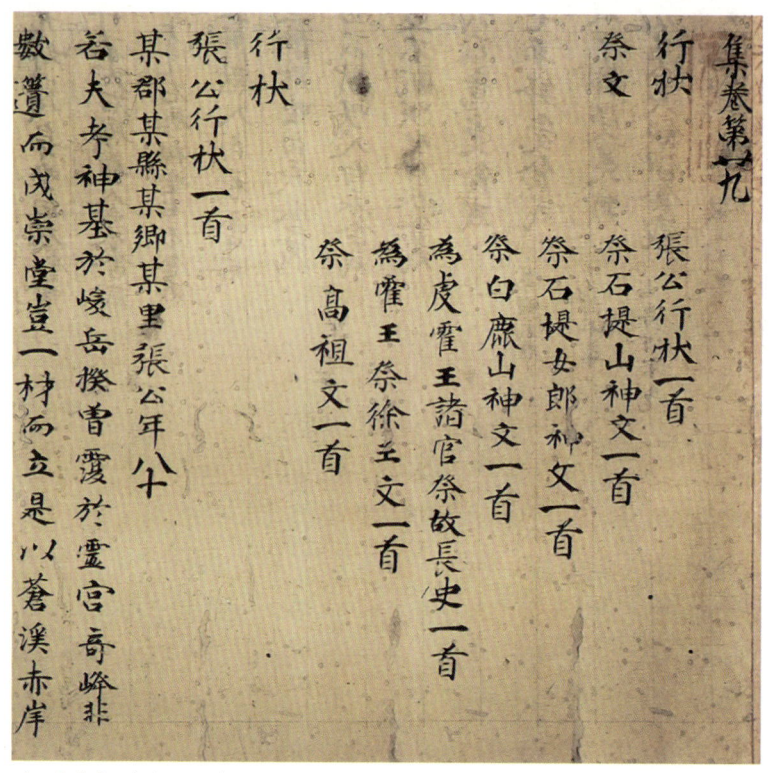

《王勃集》，东京国立博物馆

取汉籍提供了便利。在平安时代末期，权倾一时的平清盛就曾经得到了一套长期被宋朝禁止出口的大型类书《太平御览》，他得意地把这套书献给天皇，借以进一步抬高自己的政治地位。到镰仓时代，汉籍收集的爱好在武士中更加普及，有实力的武士开始建立自己的文库即私人藏书馆，比如北条实时设立了金泽文库，收集了很多贵重的汉籍，进入室町时代，幕府的将军收集了大量汉籍，在所谓的东山御物中占据了一角。而关东的实力派武士上杉宪实扩充了足利学校，因而也留下了数量可观的汉籍。这样，到日本战国时代为止，日本形成了以僧人、贵族和武士

第四章 出神入化：汉物给日本精神上影响

为主的汉籍收集群体，他们大量从中国引进汉籍，其中很多汉籍被保存至今，成为日本的国宝。也有一些汉籍的故乡已经找不到了。

江户时代，日本奉行锁国政策，但并没有中断对汉籍的进口，反而大量地进口了很多明朝刻印的汉籍。这是因为幕府将军德川家康非常重视汉籍文化，从而在进入和平年代的日本掀起了新的藏书热潮。除了旧有的贵族私人藏书馆得到继续的发展之外，新兴权贵的武士也都争相收集善本书，使得中国传来的汉籍行情日益看好。江户幕府将军设有红叶山文库、尾张藩设有尾藩文库、水户藩设有彰考馆文库、纪州藩设有纪州藩文库、与将军家有血缘关系的前田家也设有尊经阁文库。这些文库都保存至今。江户时代有实力的诸侯也纷纷设立自己的藏书馆，成为各个地方汉籍交会的中心。

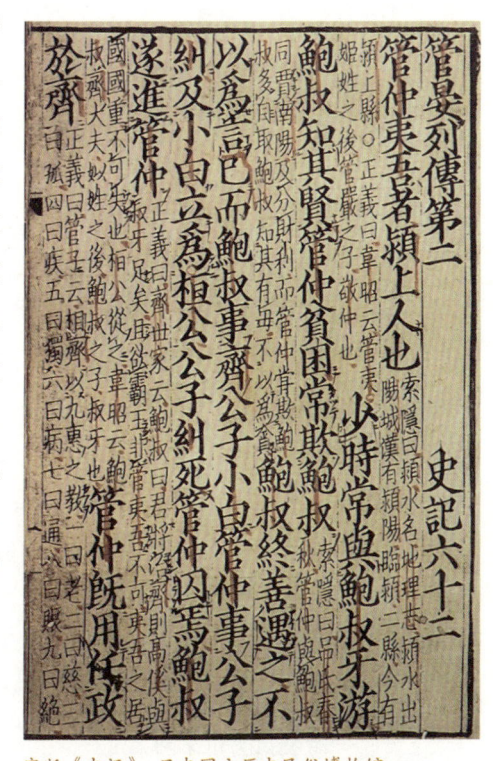

宋版《史记》，日本国立历史民俗博物馆

国宝汉籍的分布

日本保存了很多中国古籍，其中有非常珍贵的北宋版《御注孝经》，现藏日本宫内厅书陵部；还有北宋末年到南宋初年刊刻的《白氏六帖事类集》，本是陆心源皕宋楼旧藏，现在为静嘉堂所藏。另外，有一些南宋刊本，有的是首印的，有的是唯一现存的或者是最早的，都极为珍贵。

日本还保存了一些在中国早已佚失的古籍。比如，名古屋的宝生院藏有747年抄写的《琱玉集》，这是六朝时期收集的民间故事集，对日本的《万叶集》的形成有很大的影响。此书在宋代郑樵编著的《通志·艺文略》中出现过之后在中国长期不见记载，直到清末黎庶昌在日本访得日本抄本，收录在他的《古逸丛书》里，才重新为世人所知晓。

在众多的汉籍中，只有到宋代为止的汉籍才有资格被指定为日本的国宝，元代以下的汉籍只能被指定为重要文化财。收藏在宫内厅的中国古籍属于皇家财产，不属于日本文化厅管辖，所以无法被指定为国宝。被指定为国宝的汉籍分为两个部分：一个部分是抄写本，即雕版印刷还没有普及时代的书籍流传方式，也称卷子，从年代上来说基本上都是宋代以前的版本；另一种就是雕版印刷普及后的刊印本。

《礼记》是儒家最基本的经典之一，在仿造中国实施律令制度的日本大和政权自然也会把《礼记》当作必备的经典。可见《礼记》对律令制度下的日本带来了巨大影响。早稻田大学所收藏的是《礼记·丧服小记》的注疏抄本，1952年被指定为国宝。

《礼记注疏》最为出名的是汉代郑玄注、唐代孔颖达疏、陆德明

《礼记·丧服小记》注疏抄本，早稻田大学

释文的版本，但孔颖达的疏被认为是转抄了南北朝时期梁朝经学家皇侃（488—545）的《礼记义疏》注疏的另一个版本。《隋书》以及新旧《唐书》都记载皇侃著有《礼记义疏》和《礼记讲疏》，日本平安时代初期藤原佐世编著的《日本国见在书目录》等都记载过《礼记注疏》五十卷是皇侃所著，但其弟子陈朝郑灼在其师注疏上加上自己的见解而增注为百卷本并不见记载。而早稻田大学所收藏的抄本上标有"灼案""灼谓""灼又疑"等注记,应该是陈朝郑灼增注本。这个抄本呈卷子形式,宽28.7厘米,全长6.42米,结尾部盖有光明皇后(701—760)所用的"内家私印"朱印。光明皇后是日本奈良时期圣武天皇的皇后,说明这个抄本应该是奈良时代流传到日本,并进献给皇后。从时间上来说,这个抄写本应该是唐朝的抄本。除了卷首有几行残缺之外,这个唐代抄本历时千年依然保存得非常好,也很好地见证了当时皇室和贵族收集汉籍的热忱。

《毛诗正义》是唐贞观十六年(642年)孔颖达等奉唐太宗诏命所作《五经正义》之一,是对《毛诗》正文、毛《传》和郑玄《笺》的疏解,全书四十卷。

武田科学振兴财团杏雨书屋所藏的这套《毛诗正义》是南宋绍兴九年(1139年)在绍兴府翻刻北宋淳化三年(992年)的宋代监本。本书体例是按照唐初体例的单疏本,标注经注起止,再书正义内容。每半页十五行,一行二十三字,左右双边,版心有刻工名字,每卷末记录每卷的字数。卷首卷尾都盖有"金泽文库"和"香山常住"的墨色印章,说明原是相州金泽文库的旧藏本。由于现在已经看不到北宋版的《五经正义》,所以,这套南宋翻刻北宋的监本《毛诗正义》就更加珍贵了。

截至1990年,被指定为日本国宝的从中国传来的汉籍目录(不包括佛教经典)如下表。

汉籍国宝(抄本)

国宝名称	收藏者	保存场所
礼记·丧服小记	早稻田大学	早稻田大学
古文尚书	东洋文库	

第四章　出神入化：汉物给日本精神上影响

宋版《毛诗正义》，武田科学振兴财团杏雨书屋

续表

国宝名称	收藏者	保存场所
古文尚书	国立文化财机构	东京国立博物馆
春秋经传集解卷第二残卷	藤井齐成会	藤井齐成会
毛诗卷第六残卷	东洋文库	
淮南鸿烈兵略间诂	国立文化财机构	东京国立博物馆
汉书扬雄传第五十七	上野淳一	京都国立博物馆
真草千字文	小川广巳	
王勃集卷第二十八	上野淳一	
王勃集	国立文化财产机构	东京国立博物馆
翰林学士诗集	宝生院	
世说新书卷第六残卷	独立行政法人国立文化财机构	东京国立博物馆
世说新书卷第六残卷	国立文化财机构	京都国立博物馆
世说新书卷第六残卷	小西新右卫门	
世说新书卷第六残卷	东京国立博物馆	
说文木部残卷	武田科学振兴财团杏雨书屋	武田科学振兴财团
玉篇卷第九残卷	早稻田大学	早稻田大学
玉篇卷第廿七	高山寺	
玉篇卷第廿七	石山寺	
碣石调幽兰第五	东京国立博物馆	
宋高宗书徽宗文集序	文化厅	

汉籍国宝（刊本）

国宝名称	收藏者	保存场所
宋版周易注疏	足利市	足利学校遗迹图书馆
宋版礼记正义	足利市	足利学校遗迹图书馆
宋版尚书正义	足利市	足利学校遗迹图书馆

第四章　出神入化：汉物给日本精神上影响

续表

国宝名称	收藏者	保存场所
宋版毛诗正义	武田科学振兴财团杏雨书屋	武田科学振兴财团
宋刊本史记集解	武田科学振兴财团杏雨书屋	武田科学振兴财团
宋版史记	人间文化研究机构	日本国立历史民俗博物馆
宋版汉书	人间文化研究机构	日本国立历史民俗博物馆
宋版后汉书	人间文化研究机构	日本国立历史民俗博物馆
宋刊本文选	足利市	足利学校遗迹图书馆
宋版太平御览	东福寺	
宋刊本欧阳文忠公集	天理大学	天理大学附属天理图书馆
宋版刘梦得文集	天理大学	
宋刊本义楚六帖	东福寺	

日本人的汉籍阅读

进入有史阶段，日本首先遇到的就是汉籍。从日本在奈良时代仿制唐朝实施律令制后，儒家经典就成为走向仕途者的必修课。《日本书纪》记载天智天皇十年（671年）就有学识头和大学博士的官职，而这些博士在编纂《日本书纪》时也起到了重要的作用。到701年日本制定大宝律令后，开始设置明经博士，教授《诗经》《尚书》《礼记》《易经》《春秋》等儒家经典。可以说，在这个时代，儒学是各级官员必须具备的基本教养。

在日本的考古发掘中出土了很多木简，反映了当时日本人练习汉字的热情。在文字刚刚传入日本的时代，纸张还非常昂贵，所以，日本

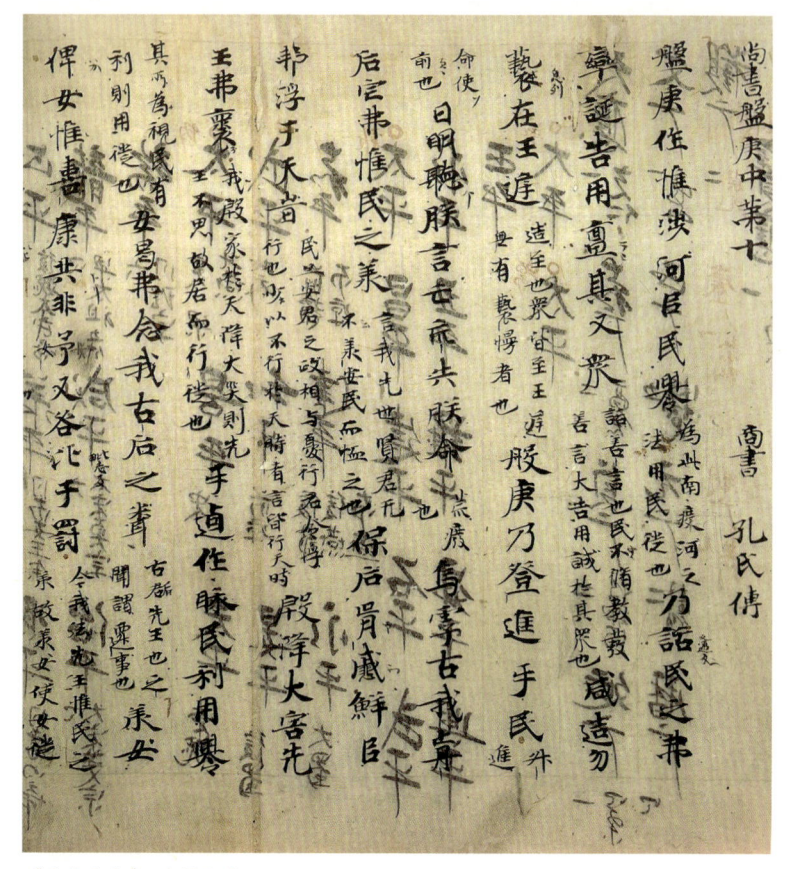

《古文尚书》，东洋文库

人采用了价格便宜而且经久耐用的木片来书写和记录，这就是日本的木简。从20世纪初开始，日本出土了大量的木简，1988年前后，在京都长屋王家遗址周围一下子就出土了约11万片木简。这些木简有文献记录，而更多的是汉字的练习木简。在德岛市的观音寺遗迹中出土了抄写《论语》的汉字练习木简。抄写的字显得很幼稚，而且语句也是前后颠倒，很可能是当时学生的练习木简，从中也可以看出在律令制度下的日本，

第四章 出神入化：汉物给日本精神上影响

不努力认识汉字、学习汉籍的人是难以出仕的。

现在流传下来的当时的记录，也展现了当时日本人阅读汉籍的情况。比如，曾经以左大臣的身份执掌朝廷权柄的藤原赖长博览群书，是平安时代精通儒学的公卿。根据他自己的日记《台记》记述，本来也是一个纨绔子弟的藤原赖长有一次擅自外出时落马差点送命，这让他突然感悟，于是发奋读书。从1136年他17岁到1143年24岁为止，藤原赖长看过的汉籍为1030卷，分经、史、杂家三大类，其中包括《尚书正义》《毛诗正义》《论语》《老子》《经典释文》《史记》《汉书》《千字文》等，很多书他都能读完。藤原赖长的外甥慈圆和尚在《愚管抄》中称赞他为日本第一的学生。经过如此的刻苦学习，藤原赖长在30岁时荣升左大臣，执掌了朝政。藤原赖长并不擅长文学，既不做和歌，也不写汉诗，他读的书以儒家经学为主，并且能学以致用，希望能振兴学术，改革政治。从时代来说，藤原赖长读的都是宋版书或者唐代的抄本。日本保留下来的唐代及唐代以前的抄本和宋版汉籍基本上都被制定为国宝。藤原赖长的读书经历非常完美地体现了汉籍国宝对日本人的影响。

平安时代以后，国风文化盛行，但汉籍作为基础的教养依然没有变化。清少纳言《枕草子》有过这样的描述：独自一人在灯下翻开书，就好像和未曾见面的老友相会，没有什么能够与此相比慰藉人心的。而书是什么呢？当时能称得上书的就是《白氏文集》、《文选》、新赋《史记五帝本纪》原文、表、博士所写的申报文。读书的乐趣溢于言表。虽然是小说家之言，但还是反映了当时社会的实际状况，尤其是把《白氏文集》放在首位，更是当时社会的特写。实际上紫式部在《源氏物语》中不仅描述了去旅行也要携带《白氏文集》等场景，而且她创作《源氏物语》本身也受到了《白氏文集》的影响，这在《源氏物语》里能找到影子。正是因为白居易在日本人气旺盛，影响极大，所以，被誉为日本最高水平的书法家，即所谓的三笔中的两个书法家小野道风和藤原行成也都曾抄写过《白氏文集》，这两件抄本现在都被日本指定为国宝。

日本人的汉文素养

古代的中日交流，其中重要的一部分是人的交流，不仅日本人来中国，也有中国人去日本。在江古田古坟里出土的铁剑上，清楚地标明书者张安，从姓名上来说，是从大陆渡海而来的人。在很多渡海而来的中国人里，有类似张安那样识文断字的人为当时的权贵服务，传说王仁的子孙就成为管理文书的文首，还改成了日本人的姓氏西文氏。作为中日交流的必要工具，汉文也是当时日本权贵应该学习的。《宋书·倭国传》里倭王给刘宋皇帝上的表文是成熟的汉文，这有可能是中国史臣润色的结果，也有可能是类似张安那样的人起草的，如果是日本人起草的话，那么说明日本人的汉文水平已经达到相当高的水准。这个表文到底是谁写的已经很难弄清楚了，但可以肯定的是，随着时间的推移，日本人的汉文水准的确是越来越高了。他们不仅能写出优美的汉文文章，而且和中国的文人一样能熟练地运用各类成语和典故。唐代，日本要求把国名从倭国改成日本，就显示了他们对汉文比较高的造诣。同时，从他们的文章中也可以清楚地看到中国古典文化对他们的影响。

第四章　出神入化：汉物给日本精神上影响

日本圣德太子（574—622）所定的十七条宪法不仅全文都是汉文，而且所用典故非常多。其第一条"以和为贵"就是采用了《论语·学而》中"礼之用，和为贵"。早稻田大学所藏的《礼记》上就有光明皇后的印鉴，说明当时日本人已经读到了《礼记》，圣德太子的引用是完全有可能的。第六条"惩恶劝善"出自《左传·成公十四年》："《春秋》之称：微而显，志而晦……惩恶而劝善。非圣人谁能修之？"第十六条"使民以时"，就是出自《论语·学而》："道千乘之国，敬事而信，节用而爱人，使民以时。"而《论语》也在此前传入日本。除此之外，在十七条宪法里还能看到中国的《周易》《尚书》《左传》《说苑》《昭明文选》等经典的影子。也就是说，在6世纪前后，日本人的汉文已达极高水平。

不过，圣德太子的十七条宪法最早是记录在8世纪编纂的《日本书纪》里的，而这部日本最早的正史是用汉文编纂的，从这部正史在80多种汉籍中引用了很多佳句名言的行文来看，编纂者的汉语水平是非常高的。虽然也有人认为当时的日本人是参考了唐代的《艺文类聚》，而不是直接从这80多种汉籍中引用的，但这也并不能贬低奈良时代日本人的汉语素养。

但是，对日本人来说，汉语毕竟不是日常使用的生活语言，而是一种外语。真正能学会还是比较困难的，常常只有学问高深的人才能掌握汉语。所以在此基础上，日本人又开始创造了一种新汉语读法，即在汉文上加训点从而可以按照日本人语言习惯来阅读，奈良时代末期的《华严刊定记》就保存了日本最古老的训点记录。这样的变通也促使日本开始流行在汉语中加日语口语的变体汉语，这种变体汉语更接近日本社会

夏目漱石晚年书法

的习惯，从而获得了更多的支持。不仅武士和商人都采用这样的变体汉文，就连朝廷的正式文书资料很多也是用这样的变体汉文书写的。而变体汉文一直流行到明治维新之际。

虽然变体汉文很流行，但纯正的汉文依然是最高位阶的语文。哪怕再怎么困难，追求学问的日本人必定努力去学习和掌握汉文。这样孜孜不倦的追求到了明治维新之际再一次发挥出极大的作用。当时的日本人利用汉文词语创造性地翻译了大量西方科学和哲学等各个学科的概念，比如哲学方面有"辩证""自我"，科学方面有"物理""细胞"等，政治方面有"宪法""民主"等，经济方面有"经济""金融"等。这些用汉文翻译的新概念，不仅影响了日本的社会发展，后来也影响了中国的社会发展。明治时代日本精英们的汉文素养还体现在他们基本上放弃了流行很久的变体汉语，而是采用了直译汉文的新文体，并称之为普通文。比如福泽谕吉的《劝学篇》就是采用这种普通文写成的。如果没有一定

第四章 出神入化：汉物给日本精神上影响

的汉文素养的话，是很难写好普通文的。实际上，活跃在明治社会的日本著名人物都具有极高的汉文素养。他们都留下了不少汉诗，如果不读汉籍是无法写出这样的汉诗的。从这里也可以看到汉籍给日本人带来的影响是多么的深远。

9. 到足利学校看国宝

足利学校

  足利学校坐落在栃木县足利市，距离东京约70千米。在江户时代，基本上只能徒步前往，需要两三天的时间。但是，现在坐电车从东京去的话，大概只要一个半小时。从JR两毛线足利车站出来，向北走，步行10分钟左右，就到了近代日本教育遗产群的一个组成部分——足利学校。

  首先映入眼帘的是足利学校第一道门：入德门。这座门本来是1668年建造的，但在1831年被烧毁。到明治时代，把里门移到外面这个位置，让入德门重现光彩，颇让人有今是昨非之感。门匾"入德"为纪伊德川家第十一代藩主德川斋顺所题。进入德门一直向前走就是正门，名称就叫学校门。这是1668年建造并保存至今的门，也是足利学校象征性的门。门匾上"学校"二字，原本是明代书法家蒋龙溪访日时留下的墨宝。不过，现在这块匾是江户国史馆助理教授狛高庸模仿蒋龙溪墨宝题写的。

  要进学校门必须先买票。不过，这里并不出售门票，而是日本最古学校的入学证，这让参观者一下子变成了儒家的学生，不由得产生了敬

足利学校正门

畏之心。穿过学校门再往里走就是杏坛门。这是孔庙的大门，也是1668年建造的，1892年，学校西面的火灾也烧毁了这座门的屋顶和门板，在重建的大门立柱上还可以看到当时火灾的痕迹。门匾"杏坛"为纪伊德川家第十代藩主德川治宝所题。足利学校的孔庙，也称圣庙，大成殿是仿照明代中国圣庙式样于1668年建造的，正门阔12.7米，进深10.9米，建筑面积达138.6平方米。从入德门到大成殿，基本上在一个中轴线上，实际上也只有这条中轴线上的建筑才是保留下来的足利学校的古建筑，其他的建筑到明治时代以后都被毁掉了。现在足利学校东半部的方丈等建筑都是20世纪90年代复建的。

由于足利学校很早就创立了，以致到现在对创建的年代有很多不同的说法，但至少在1432年，上杉宪实成为足利地方领主的时候振兴足利学校是查有实据的事实。为了重新振兴足利学校，上杉不仅从镰仓圆觉寺招聘快元和尚来做庠主即校长，制定了非儒学不教的学规，还捐献了大量的书籍，比如《周易注疏》等南宋刊本。不过，在享禄年间（1528—

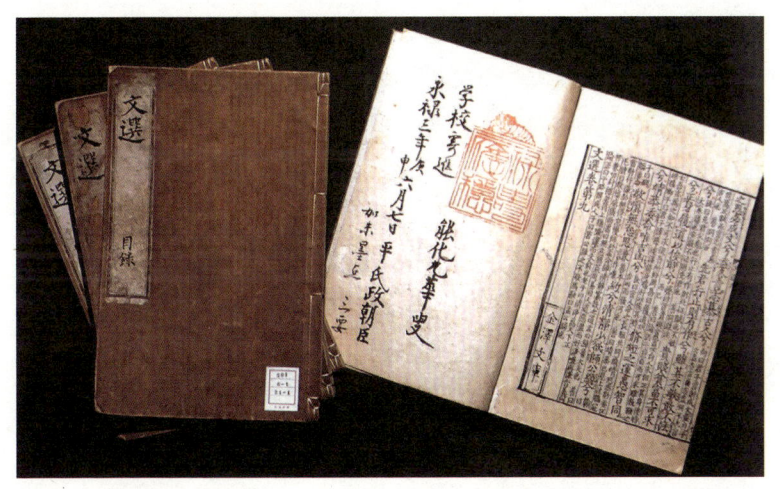

第四章　出神入化：汉物给日本精神上影响

文选，足利学校

1531）发生的火灾烧毁了主要的建筑和大量的书籍。后来在北条氏政和足利长尾家的庇护下，足利学校再次振兴，当时西班牙传教士方济·沙勿略曾称赞其为日本最优秀的学校。然而到1590年以后，随着北条家和足利长尾家的毁灭，足利学校再次进入衰退期，所藏书籍也逐步散佚。

德川家康再次振兴了足利学校。他不仅收集足利学校散佚的书籍，而且捐赠了很多新的书籍，并且还拨给学校100石的俸禄，用来维持运营。在江户幕府历代将军的庇护下，足利学校运营比较稳定，但是到明治维新以后的1872年，足利学校被正式废除，建筑物遭到破坏，书籍也面临再次散佚的危机。在原来足利藩的藩士们的努力下，这些宝贵的古籍才得以比较完整地保存下来，被保存在足利学校遗迹图书馆。只是学校的西半部孔庙维持了原状，而东半部则被枥木县征用改为小学校。到20世纪80年代，随着日本对足利学校的历史意义开始重新认识，东半部的小学校被搬迁到其他地方，足利学校的历史遗迹得到重新恢复。1990年，建筑和庭院复建完成，对外开放。

2015年，日本遗产审查委员会把足利学校和闲谷学校等一起指定为近代日本的教育遗产群。

目睹国宝宋版书

不过，到足利学校最想参观的还是被指定为国宝的宋版古籍。

1432年以后，足利领主上杉宪实曾经捐献了大量的宋版书籍给足利学校。但后来学校几经盛衰，古籍也有聚有散。根据2004年的统计数据，现足利学校遗迹图书馆保存的古籍约有1600种，约17000册。从足利学校历史上编纂的图书目录来看，大约有一半的古籍被保存至今，更值得庆幸的是，贵重的古籍基本上被保存了下来。历史上参与足利学校运营维护和资助捐赠的人都功不可没。

足利学校现存最古书是南宋绍兴七年（1137年）以北宋嘉祐五年（1060年）刊本为底本而刊刻的《新唐书》（当时书名《唐书》），不过，这套书只是被指定为重要文化财，被指定为国宝古籍的都是上杉宪实父子及北条氏政捐献的宋版书。

《尚书正义》是南宋孝宗时期（1163—1189年）刊刻的，属于在浙江刊刻的半叶八行的越刊八行本，是现存《尚书》中最古老的刊本，有

第四章　出神入化：汉物给日本精神上影响

部分为补刻及日本补写，于1955年被指定为国宝。《礼记正义》是南宋绍熙年间（1190—1194年）刊刻的越刊八行本，有部分为补刻以及日本补写，于1955年被指定为国宝。另外，还有被指定为重要文化财的南宋刊本《毛诗注疏》和《春秋左氏传注疏》及上面所述的《唐书》（《新唐书》）。以上五种古籍是上杉宪实捐献给学校的。《尚书正义》等书后有"上杉安房守藤原宪实寄进"的墨书和花押。安房是现在千叶县南部地区，守就是太守，律令制下的官名。上杉家的祖先是藤原家，所以姓藤原，上杉应该为氏，所以签名还是要写藤原这个姓。藤原宪实就是通常所说的上杉宪实。1438年，发生了永享之乱。被卷入其中的上杉宪实兵败做好了兵败自杀的准备。他把珍藏的《尚书正义》《孔子像》等图书都捐献给了足利学校，并订下来《足利学校置五经疏本条目》，规定了"收蓄时固其扃，勿浪与。人若有志批阅者，就舍内看一册，可辄送还，不许将携出外"等条例，并且还在书上题写了"足利学校公用也，此书不许出校门外"等字，殷切希望后代能妥善保存这些古籍。

足利学校收藏汉籍国宝一览

名称	数量	国宝指定日期	收藏所在地
宋刊本《文选》	21册	1952年3月29日	足利学校
宋版《礼记正义》	35册	1955年2月2日	足利学校
宋版《周易注疏》	13册	1955年6月22日	足利学校
宋版《尚书正义》	8册	1955年6月22日	足利学校

被指定为国宝的还有一套《周易注疏》。这套书是南宋绍熙三年（1192年）以前的刊本，也是越刊八行本。本书为八行本最初的刊本，

文化的嬗变·日本国宝中的唐风汉骨

宋版《周易注疏》，足利学校

第四章　出神入化：汉物给日本精神上影响

是唯一完整无缺地保存下来的首印版本。本书应该是陆游家旧藏书，各卷之后有陆游第六子陆子遹自南宋端平元年（1234年）12月到第二年1月为止的亲笔所题的识语。宋版书本来就珍贵，而有宋代人题字的更是珍稀。这套书是上杉宪实的儿子上杉宪忠捐献给足利学校的，在1955年被指定为国宝。

足利学校所藏的另一种国宝是《文选》即《昭明文选》，是南宋明州（宁波）的刊本。这套宋版书盖有北条氏政的红色虎印"禄寿应稳"，本来是镰仓时代金泽文库的收藏本，入藏足利学校也有一段故事。1560年，61岁的足利学校第七代庠主（校长）玉岗瑞玙在回乡途中，路过小田原，应北条氏康和氏政父子的邀请为他们讲解《周易》等。为了挽留玉岗瑞玙继续担任足利学校的庠主，北条氏政就把这套书送给他。玉岗瑞玙欣然接受了，并且把这套书带回了足利学校。这套书里也留下了玉岗瑞玙在北条家教授《周易》的识语，也有第九代庠主闲室元佶的识语。1952年，这套宋版古籍被指定为国宝。

在足利学校的展示厅里常年展示着这些国宝级的宋版古籍，但都是复制品。足利学校会在秋季的特别展上会展出国宝宋版书，但是这种特别展通常只有两个星期，比较短。不过，参观者可能还有一个机会，即在足利学校曝书的时候可以一睹宋版古籍的真容。每年秋季在天气良好的情况下，足利学校都会进行曝书，而一般的参观者也可以参观这样的曝书。

足利学校的秋季曝书是江户时代以来的传统，大概从9月下旬开始，在湿度为40%到70%之间的天气情况下就可以曝书。每年足利学校会从收藏的17654册古籍里选1000册左右拿出来通风检查，这通常需要两

曝书风情

个月左右，到11月中旬结束。曝书的时候，手戴白手套的工作人员把古籍平放在通风的榻榻米上，一页一页翻开检查保存状态，看看有没有新的发霉或者虫蛀现象，并把这些情况记录下来。2021年，国宝《尚书正义》以及其他古籍被拿出来，放在书院的十六帖榻榻米上曝书。2020年，国宝《文选》被拿出来曝书；2019年拿出来通风检查的是国宝《礼记正义》。2018年，国宝《周易注疏》被拿出来曝书。所以，秋天去参观足利学校的话，是有机会目睹到国宝宋版书的，只是足利学校并不预告国宝的曝书时间，能不能遇到，还要看个人的运气了。

第四章　出神入化：汉物给日本精神上影响

足利学校的影响

　　西班牙传教士方济·沙勿略曾称赞足利学校是日本最优秀的学校，可见其影响力是多么的巨大。作为一所学校，足利学校招收了很多学生。长期统治南九州一带的岛津家第七代家长岛津元久在1394年把他的儿子仲翁守邦送入足利学校就学。1528年，后来被尊为日本医圣的曲直濑道三入学。现在能确认姓名出身的学生有139名，来自日本各地，可以说也是当时各藩的精英人才。他们学成回到家乡之后，发挥了应有的作用。

　　足利学校的历代庠主虽然都是僧人出身，但他们会根据学校所藏的儒家经典来讲授儒学思想。听他们讲课的往往是当时的当权者。比如，把《周易》送给第七代庠主玉岗瑞玛的北条氏康和氏政父子。1597年，第九代庠主闲室元佶在京都给德川家康讲解《毛诗》。大概是他讲得非常好，德川家康不仅送给闲室元佶10多万个木活字，让他在京都刊行《标题句解孔子家语》，而且德川家康在建立京都伏见的圆光寺时，还让他出任开山住持。在这里，闲室元佶又用活字刊行了《周易》。1608年，第十代庠主龙派禅珠也曾为宇都宫城主奥平家昌讲授过《论语》。

　　当然，庠主们儒学教授的对象不限于当权者，更多的是学校的学生，还有寺庙的僧侣。历代庠主都会讲授儒家经典，比如，龙派禅珠讲授过《左传》，第十五代庠主天叔元伦讲授过《诗经》。根据足利学校的记载，第十七代庠主千溪元泉在讲授《诗经》的时候，有临济宗的僧人8人、曹洞宗僧人8人，其他宗派僧人6人及非宗教人士11人一起来听讲。僧人对僧人讲解儒家经典，这看起来非常有趣，但实际上显示了足利学校的困境。在江户时代，朱子学成为官方重视的学问，足利学校所教授的易学不再被重视。而在和平时代，易学、兵学没有用武之地，足利学校进一步失去人气，一般的学生远远少于僧人，学校经营也陷入困境，出现了早晚两顿喝粥，只有午饭有干饭的现象。

不过，足利学校所藏的国宝级古籍不仅吸引了现代参观者，其实也吸引了古代的读者。1728年，第八代将军德川吉宗去日光参拜东照宫德川家康墓地，在归途中派遣使者去足利学校视察，并调阅学校的藏书。虽然是不出校门的藏书，但将军要调阅，学校也不得不提供。好在将军虽然喜爱这些古籍，分几次来调阅，但最后还是把这些古籍完璧归赵，而且赏赐了银两。

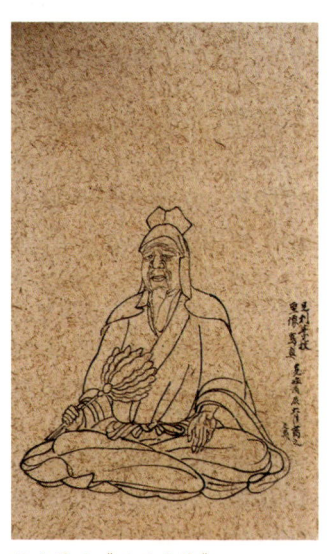

谷文晁画《孔子坐像》

更早的时候，江户朱子学的代表人物林罗山于1653年在他的儿子林守胜、他的学生人见竹洞等人的陪同下，来学校参观过。林守胜的儿子林凤冈被幕府任命为大学头，林家后世代代世袭了这个职位，发扬光大了林罗山的儒学。人见竹洞还曾在朱舜水那里学了最新的中国文化，他也擅长汉诗，后来跟随老师林罗山参与了德川幕府的汉文编年史《本朝通鉴》等的编著。人见竹洞也是江户时期著名的儒学者。江户时代的文人画家谷文晁受白河藩主松平定信之

第四章 出神入化：汉物给日本精神上影响

命编辑木板图录的《集古十种》，为此他于1796年来足利学校调阅古籍。其间，谷文晁为足利学校留下了两幅名作：一幅是《孔子坐像》，墨线白描，把孔子描绘得栩栩如生；一幅是《山水图》，也完美地展示了谷文晁的风格。30年后，谷文晁的弟子也是国宝《鹰见泉石像》的作者渡边华山也来足利学校参观，并在自己的旅游日记《毛武游记》中留下了包括孔子像在内的很多足利学校的速写，还记录了他在孔子像胎内读到的铭文。

虽然在江户时代，足利学校逐步衰落，但依然保持了一定的影响力。幕府末年，明治维新的思想领袖吉田松阴就在1852年来足利学校的孔庙参拜了孔子。在这次旅行中，吉田还到本州岛最北边的津轻观察过往的外国轮船，结果回来后被问罪，武士籍被剥夺，俸禄也被没收。在1860年，也就是吉田松阴被幕府处死之后的第二年，他的学生高杉晋作也毫不畏惧地追寻着老师的踪迹，访问过足利学校。

明治维新以后，足利学校被废除。100年后，随着足利学校的主要建筑重建后，作为史迹足利学校也重新设立庠主一职，由东京大学名誉教授担任；同时也开始了咏读《论语》、抄写《论语》的科目，继续传播儒家的经典，从而也让足利学校再一次成为普及儒学的一个中心。

10. 有形无形的朱子学

朱熹的手稿

朱熹所创建的儒家新体系，即所谓的朱子学统治了江户时代的日本思想领域近300年的时间，其影响之深远，以致到明治维新以后虽然日本全面吸收西洋文化，但在思想深处依然保留了朱子学的影响。

那么，在受朱子学影响如此深刻的日本会不会保存着朱熹的遗物呢？还真有。东京国立博物馆收藏了朱熹手书的《草书尺牍卷》，为纸本墨书卷子，是三封书信的合装卷子：①纵33.7厘米，横51.7厘米；②纵33.7厘米，横51.2厘米；③纵33.7厘米，横52.5厘米。而京都国立博物馆收藏了朱熹的《论语集注草稿》两帖和《论语集注草稿残稿》一帖。

《草书尺牍卷》展现了朱熹行草书法典雅的风格，尤其是第三封信涉及朱熹呕心沥血的著作《资治通鉴纲目》，更是异常珍贵。章太炎曾说："《纲目》本之《资治通鉴》，非晦庵亲著，乃其弟子赵师渊所作。"但在朱熹的书信中明确说明"所编乃通鉴纲目。于十年前草创，今夏再修义例，方定详略"，版权归属应该是十分明了的。所以，此卷也具有十足的史料价值，绝不能等闲视之。此卷曾为实业家高岛菊次郎在20世纪30年代所收藏，后捐赠给东京国立博物馆。

京都国立博物馆所存的《论语集注草稿》和《论语集注草稿残稿》也是难得的珍品。《论语集注草稿》的第一帖有8页，第二帖有29页，都是《颜渊篇》的部分。朱熹用行草分别书写了本文和注释，笔势缓急，

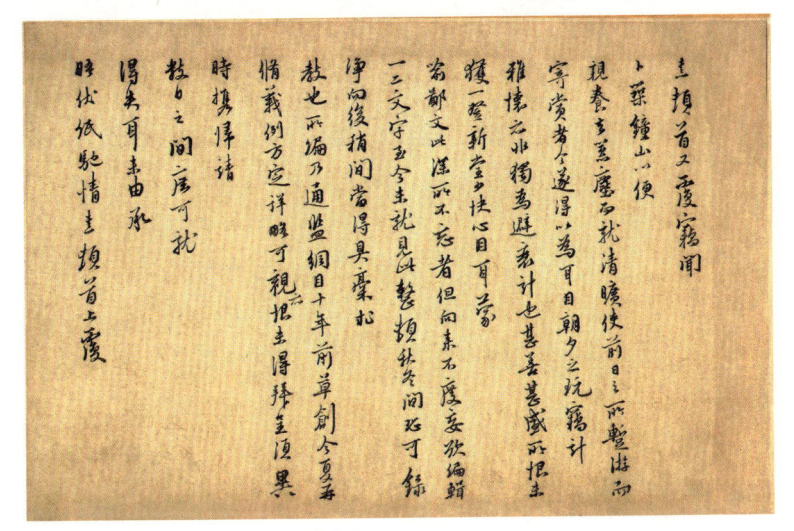

朱熹《草书尺牍卷》，东京国立博物馆

流畅恣意，后人或许可以从中窥测到朱熹当年的心情。此稿最后有清代大书法家沈曾植于宣统己未敬观的题签。宣统本来只有3年，到1911年为止，己未年是1919年，身为清朝遗老的沈曾植只好题写为宣统己未。这也说明此稿是在20世纪20年代以后流传到日本的。《论语集注草稿残稿》有16行，为《子罕篇》的部分。此残稿曾经为淮安程茂（1694—1762）等所收藏，日本长尾甲1914年在北京购得，后来为京都国立博物馆收藏。

或许是入藏日本的博物馆时间不长，抑或是其他原因，总之，这几件朱熹的手稿都没有被日本指定为国宝或者重要文化财。不过，可以相信，日本应该会对这些珍贵的手稿给予合适的评价的。日本曾经把1382年的朱熹《中庸章句》日本抄本和1514年的朱熹《大学章句》清原宣贤抄本指定为重要文化财。这两件收藏在京都大学的朱熹著作的抄本从时间上来说都晚于朱熹的手稿，它们都被指定为重要文化财，应该可以凸显朱熹手稿的价值。

虽然这几件朱熹的手稿在形式上没有被指定为日本的国宝，但是，这也不会有损朱熹在日本的影响力。应该说，朱熹的影响力早已超过手稿的范畴，而作为一种无形的力量，广泛深入地影响着日本社会的方方面面。

离朱子学最近的国宝

实际上，对在日本留下了挥之不去影响的朱熹，日本的确是敬爱有加的。他们特地把曾经传播过朱子学的闲谷学校讲堂指定为国宝，这也是日本唯一获得这项殊荣的学校建筑。

闲谷学校坐落在著名的陶瓷之乡冈山县备前市。从山阳线的吉永站出来，打车去闲谷学校，不用10分钟，就可以看到几幢红瓦屋顶的木建筑散布在葱茏的绿荫中。350年前，冈山藩主池田光政刚来此地时，不由称赞说，此地山水清闲，宜做读书讲学之地，于是决定在这风光明媚的地方修建学校，传播朱子学。池田光政与德川家沾亲带故，从小就受到德川家康的宠爱，还得到了德川家康的一柄宝刀。德川家康决心以朱子学来稳定社会的秩序，巩固幕府的统治，池田光政也就积极响应，在自己的领地办校，用朱子学来教育藩中子弟。经过约30年的建设，1701年，闲谷学校落成。藩主还特拨给学校大批良田用以维持学校的经营。自此以后，闲谷学校几乎原封不动地保存至今，并且运营到现在。这里风景优美，建筑庄严，曾经折服了很多日本人。江户幕府末期的思想家横井小楠也曾经感叹过，除了昌平学校，天下没有比闲谷学校更壮美的

闲谷学校讲堂

学校了。

  在闲谷学校的建筑上也可以看到藩主的苦心和诚意。学校有两座并列修建的庙：一座是孔子庙；另一座是藩主庙。藩主庙比孔子庙要低1米左右，表示哪怕是藩主，也比不上先师至圣的孔夫子。而在用备前烧陶瓦铺盖的恢宏讲堂边，有一个薄板盖顶的小屋，是藩主专用的房子，显得有些不协调，但也并不突兀。这表明了即便藩主再怎么金贵也绝不会亏待学校的老师和苦读的学生的态度。

  被指定为日本国宝的讲堂为歇山顶建筑，内部用榉木大柱分出讲学用的内室和作为走廊的外沿。地板本来是上油漆的，早已被一直到现在还来这里学习的学生摩擦得光滑如镜。讲堂内部没有其他装饰，朴素清楚，庄严肃穆，更突出了墙上悬挂的三块匾：正面一块是第二代藩主手书的学校规定。这块匾已被指定为日本国宝。在这块匾额的旁边配备的是教授朱子学所必备的朱文公学规匾，东面有一块第五代藩主手书的

"克明德"三字额，还是强调了朱子学的宗旨。可见，在这座国宝建筑里满满当当的都是朱子学的气氛。

闲谷学校实际上是日本最早的乡校，也是保存至今最古老的平民可以入学的公立学校。这所学校的教科书就是朱熹编著的《四书集注》，传授朱熹所继承的圣人道统，指导学生在身心、礼仪方面提高修养。自从学校落成以来，在讲堂里正襟危坐地学习《论语》形成了传统，到现在，前来进修的学生们背诵《论语》的琅琅读书声依然回荡在这片山谷之中。这样的教育被认为是日本近代化发展的原动力，并一直流传到今天。为此，日本在2015年把闲谷学校和弘道馆、足利学校等日本战国和江户时代的教育遗址全部指定为近代日本教育遗产群。这实际上就是对闲谷学校一直致力于传播朱子学所给予的有力肯定和褒扬。

朱子学的活学活用

2017年，石川县文化财产保存修复工房为纪念设立20周年，举办了《复活的文化财》专题展览，展示了他们的工作成果。同时，这次展览也是他们向300多年前保护文物的前辈们致敬的一场活动。

该工房是石川县立美术馆的附属设施，主要目的就是修复和保护北陆地区的文化财产。成立20年来，该工房修复保存了一大批文物。实际上，石川县在江户时代属于加贺藩，该藩号称百万石，是当时最富有的藩。东京大学著名的赤门就是加贺藩在江户藩邸的正门，非常气派。拥有如此的经济实力，加贺藩主前田家不仅大量收集文物，而且注重保护

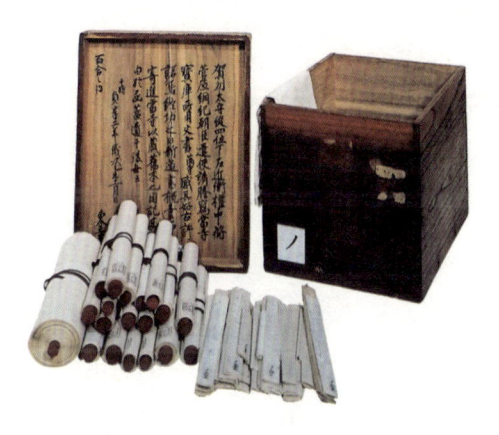

东寺百合文书，京都府立京都学历彩馆

文物。尤其到第五代藩主前田纲纪的时候，在这方面的贡献更为巨大。前田纲纪有体系地收集古籍，对无法购买的古籍就借来让人抄写复制，同时对借来的古籍做精心的保护处理，之后才归还给所有者，对《东寺百合文书》的处理就是著名的事例。

《东寺百合文书》是京都教王护国寺（东寺）从奈良时代以来历年积累下来的寺院的主要文书资料。到江户时代初期，这些资料超过数万卷，已经弄不清头绪了。所以，在江户时代，东寺就开始着手整理，但这样的整理本身就是一种沉重的负担。好在加贺藩主前田纲纪对此很感兴趣，他命令出身京都金工匠人世家的后藤演乘等人抄写整理，修复保护。经过多年的努力，终于完成了抄写整理的工作。1685年，前田纲纪为了感谢东寺允许前田家抄写这批文书，把整理好的文书目录当作谢礼送给了东寺，并特地制作了100个桐木箱子把这些文书妥善地放在里面送回到东寺。所以，这些文书也称为《东寺百合文书》，即装满100个桐木箱的文书。这些文书现存24067通，于1997年被指定为日本国宝。

《东寺百合文书》的主要内容是有关佛事法会、祈祷评定等佛教管理的文书，其次还有寺庙与公卿百官以及武士来往交涉的文书，还有一些朝廷的官方文书，如纶旨院宣、摄政关白所发的命令等，以及镰仓幕府和室町幕府的关系文书，还有东寺长者的教导手谕。各个时代各种文书可谓应有尽有，但与朱子学毫无关系。不过，虽然这批文书本身与朱子学毫无关系，但整理这批文书的前田纲纪却是在朱子学的指导思想之下才完成这项工作的。

根据石川县立美术馆学艺第一科担当科长村濑博春的分析，朱子学所提倡的敬，是具有无限向上心进行学习的原动力，是万物之理的体现，是导向必然秩序、通向圣人的道路。所以，以圣人的观点来看，经年劣化，长期使用所造成损伤的古籍，处于必然秩序崩溃的状态，卷目不齐全的绘卷书籍，可以说也属于同样的无秩序状态。对以敬为主磨砺学问的前田纲纪来说，也有着这样的认识，作为传播人类睿智，通向圣人道标的书籍出现损伤，就是物理性的也是精神性的无秩序，所以，他必须全力以赴，想方设法地修复保存好这些文书。可以说，前田纲纪主持的《东寺百合文书》的整理修复工作，就是朱子学在日本的一种活学活用。

石川县文化财产保存修复工房就是基于这样的认识，策划了那一次20周年纪念展览，以表示对前辈们的崇高敬意。虽然被指定为日本国宝的《东寺百合文书》与朱熹好像没有任何关系，但是从相关的古代前辈和现代的后辈们都充分认识到朱子学的意义，并在实际工作中以朱子学为指导思想的这个事实来看，朱熹应该感到巨大的欣慰吧。有形无形的朱子学到现在还在发挥着有意义的影响。

第五章
润物无声：汉物对日本物质性滋润

文化的嬗变 日本国宝中的唐风汉骨

1. 解谜中平刀

中平刀扑朔迷离的身世

在汉光武帝授予日本"汉委奴国王"金印130多年之后的汉灵帝中平年间，汗流浃背的铁匠在仲夏炽热的阳光下打造了一把铁质大刀，看来非常满意，于是便让金错匠人在刀身上用鎏金工艺镶嵌了铭文："中平□年五月丙午造作文刀百练清刚上应星宿下避不祥。"

金错铭花形饰环头大刀，东京国立博物馆

这段铭文没有按照"物勒工名"制度刻上制刀者的姓名，而是记上了"上应星宿下避不祥"的吉祥文句，仿佛是周代青铜器上常见的"子子孙孙永宝之"铭文。在东汉时期，已经有大量的铁质大刀出现。这把镶嵌了鎏金铭文的大刀显然不是到战场上实际使用的刀，而是一把具有仪式装饰作用的大刀，而且铭文中还特地指出用的是"百练清刚（钢）"的材料，可见是一件宝物。

历史上很多细节都会被时间消磨得无影无踪。本来东汉铁匠打造这

第五章　润物无声：汉物对日本物质性滋润

把中平刀的细节也会湮没在历史的长河里，然而，没有想到，1961年在日本奈良县，这把铁质宝刀从4世纪的古坟中被发掘出来，让这段历史故事重见天日。

出土的时候，这把宝刀虽然锈迹斑斑，已经看不出让人胆颤的杀气，但全长110cm的凌厉刀身依然风采无限，展现了中国古代刀剑的精湛工艺，令人叹为观止。在此刀铭文上，虽然看不清"中平□年"到底是几年，但中平这个汉灵帝的年号是非常清楚的，中平年间相当于公元184—189年，而日本没有其他比这更古老的、有明确时代记录的刀剑。所以，这把刀就显得格外珍贵。2017年，它被指定为日本国宝。然而，孙机等中日学者却在中平刀的铭文里发现了破绽，从而认为这把宝刀不是在中国打造的，而是3世纪在日本打造的。但是，还没有文字记录的3世纪的日本有能力打造这样的铁质大刀吗？这又给中平刀蒙上了一层神秘的面纱。

虽然在我国的古代文献中多次出现百炼成钢的记载，但一直没有发现过实物。目前所见的文物中，1974年在山东苍山出土的大刀上面有"永初六年（112年）五月丙午，造卅湅大刀吉羊宜子孙"的铭文，1978年在江苏徐州铜山出土的一把大刀上有"建初二年（77年），蜀郡西工官王愔造五十湅□□孙剑□"的铭文。这些湅数与百炼钢有没有关系呢？在对这些刀进行金相鉴定后可以知道，湅数和刀剑的分层数基本一致；也就是说，湅数可能是指叠打后的层数。这样，卅湅大刀用的就是三十炼的钢铁，而五十湅大刀用的就是五十炼的钢铁，百湅大刀就应该是百炼钢了。可惜，在国内并没有百湅大刀铭文的刀剑出土。中平刀上面有"百练清刚（钢）"的铭文，似乎填补了这方面的空缺。然而，如果中平刀是用百炼钢打造的，那么，在中国也应该属于国宝级的宝物，为什么却流传到日本去了呢？而且，在历史资料里却找不到一丝线索。

破绽就出现在中平刀上的"百练清刚"这段铭文上。前面所举例的国内出土的大刀铭文所用的都是"湅"字，这个字本来用在铜器上面，从三湅一直到百湅，表示材质的精炼程度。但是在铁器上的"湅"字应该是表示锻打的次数。孙机认为，这个"湅"字就可能是"㶋"字的简写，而"㶋"字在《说文·支部》"㶋，辟㶋铁也"，在《说文通训定声》中对"㶋"的解释亦为"取精铁折叠锻之"。后来，这个"湅"字俗写成现在通行的"炼"字，彻底摆脱了铜器的纠缠。中平刀上的铭文既没有采用"湅"字，也没有采用"炼"字，而是采用了同时期中国铁器铭文上没有出现过的"练"字。而日本出土的刀剑铭文上却常常采用这个"练"字。所以，孙机认为这不是工匠写了错别字，而是透露了中平刀不是在中国打造的机密。但是，这样的推测并没有很确切的证据。

孙机认为，日本出土的古代刀剑上的铭文都使用了"练"字，这说明中平刀的铭文是根据日本的习惯来撰写的，就意味着这把宝刀是在日本打造的。但是，从中平刀打造的时间来看，也有可能是中平刀的铭文用字给日本刀剑的铭文作了榜样。所以，难以用这个理由来断定中平刀是在日本打造的。孙机认为，中平刀铭文制作工艺粗劣，不像是东汉时期成熟的工匠技艺，而且铭文更像铜镜铭文，很可能是汉文水平还比较低的工匠所为。然而，同一时代的刀剑质量并不可能完全一致，所以，这个理由也很难成立。

第五章　润物无声：汉物对日本物质性滋润

而且，要说中平刀是3世纪在日本打造的，还需要说明为什么采用了中平这个汉灵帝的年号。孙机认为，中平年号很可能是太平年号的笔误。太平是三国时代吴国孙亮的年号，在公元256—258年。如果三国时期来到日本的中国工匠打造了这把刀，应该会采用太平这个年号。但是，这个推测并没有任何实物可以证明。对这个问题，日本学者福井卓造认为这是当时日本盛行灵帝信仰所致。当时的日本人认为汉灵帝是汉王朝的中兴之祖，虽然壮志未酬，但非常值得崇敬。有很多日本人都自称是汉灵帝的子孙，《续日本纪》延历四年（784年）就有这样的记录："臣等本是后汉灵帝之曾孙阿智王之后也。"所以，后世之人因怀念灵帝而在中平刀上铸上中平年号也是很有可能的。当然，这也是一种猜测，并不是确切的证据。

不过，虽然中日学者提出的问题没有确切的实证，但也是提出了重要的疑问，让本来应该是很清楚的中平刀的身世变得扑朔迷离。要解开这个谜，还是要看看在3世纪的日本有没有能力打造铁质大刀。

3世纪时，日本有能力打造铁质大刀吗

如果说中平刀是3世纪在日本打造的，那还需要看看当时的日本是不是具备这样的技术条件。

从日本的考古成果来看，日本的炼铁炉最早的考古遗迹是6世纪下半叶的，如果用矿渣化学分析法的话，或可以再上溯100年，但这与3世纪还有很大的时间差距。也就是说，在3世纪的时候，日本还不会炼铁，

这意味着日本列岛还不能出产可以打造铁质刀剑的材料。但是，没有材料也并不意味着不能打造铁刀。从日本的考古所发现的铁质刀剑的考古材料中可以发现，5世纪的时候，日本已经有人打造铁刀了。

1873年熊本县江田船山古坟出土了一把银错铭大刀（国宝），上面的铭文有"作刀者名伊太和、书者张安也"的明确记载，标记了刀匠的名字：伊太和。这个名字怎么看都是日本人的名字，所以，这个刀匠是日本人无疑，这把刀也就是在日本打造出来的。由于铭文并没有纪年，所以只能根据江田船山古坟的性质推断这把铁刀是5世纪打造的。而这一推断在1968年发现另一把金错铭铁剑时得到了印证。从埼玉县稻荷山古坟出土的这把铁剑上有铭文记录了"辛亥年七月"的时间，被推断为471年，同时也记录了为"记吾奉事根原"，大王"令作此百练利刀"，说明了这把铁剑是471年在日本打造的。

但是，在日本还不能炼铁的时候，又如何找到材料打造刀剑呢？根据奈良县立原考古研究所和日立金属安来工厂冶金研究所的研究，当时日本刀匠使用的材料与朝鲜半岛的材料成分一致，

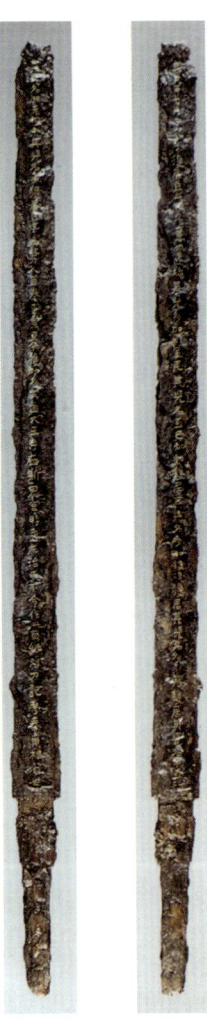

稻荷山古坟铁剑，埼玉县立埼玉史迹博物馆

第五章　润物无声：汉物对日本物质性滋润

应该是从朝鲜半岛进口而来的。这也说明了虽然当时日本并不能炼铁，但是可以从中国或者朝鲜进口炼好的钢铁材料，在日本打造刀剑。《魏志·乌丸鲜卑东夷传》有"（弁辰）国出铁，韩、濊、倭皆从取之"的记载，印证了日本的钢铁材料来自朝鲜半岛的推论。材料问题解决了，那么日本的刀匠又是如何获得打造刀剑的技术呢？由于历史文献资料也没有这方面的记载，尤其是从3世纪后半期到5世纪之间150年时间里，中国的史书对日本没有任何记载，这段时间也被称为空白的4世纪，所以，能证明日本的刀剑打造工艺来自中国的只有看日本有没有相关的考古资料了。

有铭文记载的这两把铁刀都属于5世纪的东西，离3世纪还有很长的时间，到目前为止，还没有发现比这更早的有铭文的刀剑。中平刀本来可以被认为是一件典型的样板，但如果对中平刀的出身地存疑的话，那就不合适了。但是，中平刀还是提供了一个重要线索，即中平刀的刀柄部的环头不是铁质的，而是铜质的。这明显是分别制造，然后再组装起来的。中平刀的环头是用青铜铸造的有花样的环头。

日本也出土了很多从公元前1世纪到3世纪的铁器，其中包括不少铁剑铁刀。从形状及出土范围比较集中在九州地区的情况来看，日本考古学家都认为这些铁剑铁刀的来源主要是中国。这些铁刀很多拥有环头，和刀身一样也都是铁制的。类似中平刀这样的铜质环头却没有被发现过。制作青铜器属于铸造技术，相对制铁的锻打比较容易掌握。制造钢铁刀剑的时候，需要通过加热锻打，使钢铁的组织致密，成分均匀，从而强度增加。但是在反复锻打过程中，钢铁的含碳量也在不断变化，如何保证钢铁刀剑的含碳量处于最合理的状态，往往需要依靠铁匠的经验，并不是锻打的次数越多越好。虽然日本人很早就掌握了铸铜技术，可以铸造出精美的花样，但是锻打的经验还需要长期积累。所以，比较合理的解释是，在得到中平刀后，日本人用他们熟练的铸铜技术为中平刀重铸了环头，使得中平刀显得更加威严富丽。这从另一个侧面反映了当时的日本还没有掌握铁质大刀的锻打技术，也就是说，在3世纪的日本是很难打造出这把铁质宝刀的。

那么，关于中平刀的那些疑问又怎么去解决呢？就目前的资料来看，似乎也无法给出完美的解答。中平刀的身世之谜或许还要假以时日才能得到完美的揭示。

日本刀匠打造铁刀技术的可能历程

日本掌握打造铁刀技术的历程恐怕和他们掌握铜镜制造技术的历程基本相同，即先是完全进口，然后引进中国的工匠，最后由日本工匠接手。这从日本的考古资料中也能得到部分印证。

在九州尤其是在福冈地区的弥生时代晚期（公元前1世纪前后）的墓葬里，出土了数百件素环头小刀和27把素环头大刀，这些素环头大刀被认为是我国战国时期的兵器，被日本直接拿来作为武器。当时日本的铁质大刀都是从中国进口的。当时日本也没有人能打造中大型铁器，只能打造小型的铁镞。直到2世纪或3世纪，日本人也只能用他们掌握的铜器技术来改造从中国传来的铁器。中平刀及同时出土的几把刀的刀身

第五章 润物无声：汉物对日本物质性滋润

被认为是从中国传来的，但环头已经是日本匠人用铜重新铸造再安装上去的。

到4世纪以后，日本的刀匠已经基本掌握了中国的铁质刀剑的打造技术，他们已经可以成功地模仿打造中国的铁质刀剑，江田船山古坟出土的银错铭大刀就是一个证明，而这把大刀铭文对制刀者和铭文书写者的姓名的记录，则透露了从中国大陆来的工匠的消息。另外，奈良时代编纂的《肥前风土记·三根郡汉部乡》记载："昔者，来目皇子为征伐新罗，勒忍海汉人将来居此村，令造兵器，因曰汉部乡。"来目皇子是圣德太子的同胞弟弟，是6世纪末的人，说明在那个时期，日本还是依靠从中国工匠及他们的子孙来打造铁器的。出土文物和传世记录相互印证，说明有中国工匠来到日本打造刀剑，同时也已经有日本人掌握了打造刀剑的技术。

中国在西汉末年就已经发明了炒钢技术，使得刀剑工匠能通过比较简便的工序就能获得高质量的材料。但是，日本一直到6世纪还没有很好地掌握炼铁技术，打造刀剑的材料要么来自大陆，要么是残损的刀剑，这样的材料限制使得日本的刀剑工匠只能更加重视掌握锻打的技术。经过数百年的摸索，日本的刀剑打造终于走上了与中国不同的发展道路。

日本刀成为出口中国的主要物资

日本在引进中国的铁质大刀后，经过千年的吸收消化，终于在平安时代形成了成熟的日本刀的打造技术。现在日本各地博物馆还保存着平安时代的著名大刀，从那以后这种技术就一直流传至今，没有断绝，保存下来的各个时期的日本刀不乏被指定为国宝。东京国立博物馆就保存着19把被指定为国宝的日本刀。实际上，在日本每1000件国宝中，日本刀占据了很大的比例。这也从一个侧面反映了日本刀打造工艺的卓越性。

这样的卓越工艺也很早就得到我国的认同，从而使日本刀成为日本历史上出口中国的比较重要的物品。

在日本室町时代，日本刀就开始出口宋朝。北宋的欧阳修曾经写过一首《日本刀歌》称"宝刀近出日本国，越贾得之沧海东"，明确地记载了这段日本和宋朝的贸易情况。虽然自894年日本的菅原道真提议废除遣唐使，中止了中日之间的官方贸易关系，但民间的贸易并没有中断过。日本和中国的贸易，滋润了日本的经济。平安时代末期，通过与中国的贸易，掌握了巨额财富的平氏家族建立了凌驾天皇的政权而权倾日本。到了室町时代，幕府将军为了滋润幕府的财政，就接受明朝皇帝的册封，正式恢复了日本和中国的官方关系。日本从中国进口的货物从货币、书籍到生活用品等包罗万象应有尽有，而日本可以出口中国的只有铜矿石及扇子等工艺品，其中，最主要的物品就是日本刀。

金铜装环头大刀，小村神社

第五章　润物无声：汉物对日本物质性滋润

七星剑，
四天王寺

太刀铭文来国光，
东京国立博物馆

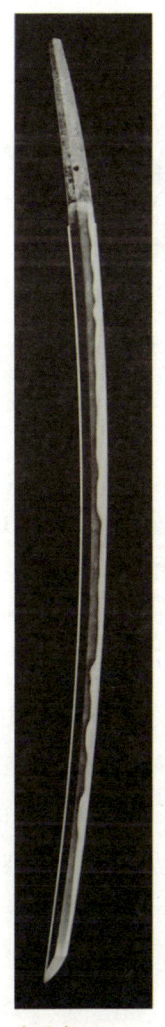

金镶嵌刀，
东京国立博物馆

程宗猷《单刀选法》插图

日本刀是当时日本少有的比较能拿得出手的物品，所以被室町幕府当作贡品献给明朝的皇帝。《善邻国宝记》记载：在建文帝时，室町幕府将军赖朝称臣上书，贡献了太刀100把。在可知的统计数据里，作为贡品的日本刀至少有619把，而用于贸易品的大概超过20万把。

日本人之所以积极与中国贸易，是因为他们在这样的贸易中获利甚厚。瑞溪周凤从宝德度遣明船的咲云瑞诉那里得知，在日本价格为800文或者1贯（等于1000文）的日本刀，到中国就可以卖出5贯的价格来，日本刀剑商人就可以获得四倍多的利益。由于日本刀在中国可以获得暴利，使得日本刀剑商人争先恐后地向中国出口日本刀。为了赶数量，日本刀的制作也越来越粗糙，以致后来遣明船带来的日本刀在中国的售价与最高的时候相比下跌了90%。

对于这些来自日本的刀，中国也留下了相关的记录，比如明《英宗

第五章　润物无声：汉物对日本物质性滋润

实录》中有"太宗皇帝旧制，参为束伍法：一，每队五十七人，队长、副各一人，旗军五十五人，内旗枪三人，牌五人，长刀十人"，这里的长刀就可能是日本传来的。后来戚继光的戚家军也因吃过倭寇大刀的苦，而改造了他们的战法并引进了倭刀。这种倭刀实际上是仿造日本刀的军刀，戚继光他们肯定见过真正的日本刀。1561年，戚继光缴获了一本日本刀谱《爱洲阴之流目录》，就依据此书训练戚家军使用倭刀。后来戚继光在他的兵法书《纪效新书》中也记录了影流（即阴流）刀法。另外，万历四十二年（1614年），程宗猷刊刻了《单刀选法》，其中记载："余故访求其法，有浙师刘云峰者，得倭之真传，不吝授余，颇尽壶奥。"这说明，日本刀已经流传至中国的民间，并有相应的刀法传世。

2. 金铜锡杖头

空海的遗物

从平安时代以来，日本就流行去四国八十八所与弘法大师空海有因缘的寺庙巡礼，简称"四国遍路"。现在四国遍路已经观光化，还被列为日本遗产，来此参拜似乎是镀了一层金。实际上到日本开始高速发展的20世纪50年代之前，四国还属于穷乡僻壤，山高水险，交通十分不便，所以，日本人要踏遍全程1400千米的四国遍路都穿着白色寿衣，做好了在巡礼途中随时倒下的准备。他们都是抱着在弘法大师的指引下脱胎换骨的意念才成行的。

金铜锡杖头,善通寺

　　四国八十八所寺庙中与空海因缘最深的当数第七十五站——善通寺,因为这里是空海的出生地。最早关于善通寺的文献记录是《东寺百合文书》,显示善通寺是京都东寺即教王护国寺序列下的寺庙,而东寺是嵯峨天皇赐给空海做道场的寺庙。所以,虽然善通寺地处四国一隅,却是历史悠久的古刹。空海曾经于803年入唐求法,到唐朝留学,回日本时带了大量的佛教经典及其他汉籍。传说现在日本著名的赞岐乌冬面也是空海从唐朝偷偷带回日本的,不过,关于这个传说并没有实际的证据,但是,空海从中国带回很多宝贵的文献和其他资料却是查有实证的。比如善通寺就收藏着据传是空海从唐朝带回日本的一柄金铜锡杖,不

第五章 润物无声：汉物对日本物质性滋润

过，现在只残存着锡杖头。

锡杖是一种佛教用具，其顶部即锡杖头上装有游环，摇动锡杖会发出清脆的声响，具有清净空间的作用，也有引导修行者破除烦恼、一心向佛的效果。据《梵网经》所记，锡杖属于大乘比丘十八物之一。僧侣或者修行者去山野修行时，摇响锡杖可以驱赶毒虫；在人家门前乞讨时，摇响锡杖可以示意。空海入唐求法的时候，跟随密宗第七祖惠果和尚学法，很快得到认可，还得到了惠果和尚赐予的很多佛典法器。但无论怎样说，空海带回日本的这柄锡杖头绝非凡物，而是青龙寺密宗著名高僧、三朝国师惠果和尚的特赐。这个锡杖头高55厘米，顶部装饰有两对背对背的阿弥陀三尊和四天王，镶型铸造，工艺极其精湛，堪称唐代金铜工艺的杰作。

奈良博物馆收藏的一件平安时代日本铸造的锡杖头，也铸造了三尊佛像，明显是受到善通寺这柄唐代金铜锡杖头的影响。实际上，空海请来的这柄锡杖不仅在佛教器具方面给日本带来了巨大影响，而且还对日本的金铜工艺技术产生了极其深远的影响，意义非凡。1981年6月9日，善通寺所藏唐代锡杖头被指定为日本国宝，其作为文化财产的重要地位得到了认可。

善通寺坐落在香川县善通寺市善通寺町，可以坐JR西日本的山阳新干线到冈山换乘JR特急南风直达善通寺站，徒步20分钟可以抵达。善通寺收藏着两件国宝，除了金铜锡杖头之外，还有一件国宝是《一字一佛法华经序品》的佛教抄本。据传经文是弘法大师空海书写，佛像是其母绘制的。非常难能可贵的是，这件抄本上一个字配一座佛像，显示了抄写者无比的虔诚之心。连同这两件国宝，善通寺的宝物馆共收藏了2万多件佛像、佛经及其他古代文献，常年轮换展示的文物有30件。国宝金铜锡杖头平时只有照片展出，但每年6月13日和14日两天，特别展出国宝实物。

日本的金铜工艺

　　这里所谓的金铜工艺其实就是我们所说的鎏金工艺，即用黄金与汞为原料，配成金汞齐（合金）涂饰器物表面，再用加热法蒸发掉汞，而使黄金紧贴于器物表面的一种镀金工艺。在世界上，中国是最早掌握这种鎏金工艺的国家，战国古墓曾经出土过很多鎏金车马装饰物。到了汉代，鎏金工艺就已经达到炉火纯青的水平，著名的长信宫灯就是中国早期鎏金工艺的珍品。

　　日本在3世纪到6世纪的古坟时代出现了镀金镀银的各种器物，不过，这些加工品都是从中国流传到日本来的。538年，百济的使者向日本的钦明天皇进献了佛教经典和金铜佛像，佛教开始在日本兴起。也就是说到飞鸟时代，中国的佛教经过朝鲜半岛传到了日本，中国或者朝鲜半岛制作的金铜佛像也大量流传到日本。法隆寺就曾经保存了数十座据说是从朝鲜半岛流传来的金铜佛像，现在这些佛像的一部分保存在东京国立博物馆法隆寺宝物馆里常年展示。

　　在空海6岁那年，日本发生了一件神奇的事。平安时代编撰的官方史书《续日本纪》中有这样的记载："宝龟十一年（780年）三月戊辰，

法隆寺佛像，飞鸟时代

出云国言，金铜铸像一龛，白铜香炉一口，并种种器物漂着海浜。"在这一段文字前后没有其他说明，显得突兀又具有一定的重要性。当时，出云地方已经被大和朝廷征服，出云王失去了世俗的权力，但保留了神权，流传至今的出云大社便是明证。每年10月，日本称之为神无月，即日本全国各地的诸神都要到出云大社聚会，可见其神学地位之高。宝龟十一年（780年）的金铜铸像等器物的漂着，应该也是出云具有崇高神权的佐证。那时离空海入唐求法还有24年，日本的鎏金技艺还处于学习模仿阶段，金铜铸像很可能是海外漂流来的。不管是日本铸造的还是海外铸造的，鎏金佛像漂流到出云，正说明此地受到神灵的眷顾。所以，出云国特地向大和朝廷报告，实际上也是一种自夸。

根据现在的研究推断，保存在东京国立博物馆法隆寺宝物馆里的金铜佛像，除了一小部分是从朝鲜半岛流传而来的之外，大部分金铜佛像是7世纪后半期到8世纪前半期在日本铸造的。也就是说，在《续日本纪》记录出云自考神灵眷顾的时代，日本已经能制作金铜佛像了。

而且，随着日本解决了金铜制作所需的原材料来源的问题，日本制作金铜器件获得了更大的自由，工艺水平也得到了进一步的提高。在8世纪以前，日本并不出产铜和金等制作金铜器件的原材料，那些原材料都需要从中国大陆或者朝鲜半岛进口。但是，日本在708年在武藏国（现埼玉县秩父市）发现了铜矿，开始开采铜砂石；749年在睦奥国（现宫城县远田郡涌谷町）发现了砂金，从此之后，日本就可以利用本国出产的金、铜等原材料；而另一个主要原材料汞却是日本很早就开采的材料，在平安时代，汞还曾经是日本对中国出口的主要物资。由于日本解决了原材料来源的问题，金铜器件的制作也得到了进一步的发展。奈良东大寺大佛就是这一时期日本金铜器制作的杰出成果。

东大寺曾经有过的金色大佛

在空海从中国带回那柄金铜锡杖头的50年前，日本已经掌握了金铜铸造技术。实际上，在日本的弥生时代，日本就已经学会了铸铜技术，所以平安时代的金铜铸造也是有一定的历史根基的。为了铸造大佛，奈良的朝廷汇集了从百济亡命而来的匠人技师及日本的匠人共42万多人次参加了铸造，同时还动员了218万人次的杂役参加劳动。奈良大佛本身分八段铸造，高16米以上，宽约12米，重量达112.5吨。安坐在莲花宝座上的大佛全部铸造完工用了4年多时间，然后外表鎏金又用了5年时间，一来是大佛体积巨大，二来也说明当时对鎏金工艺的掌握还欠火候。

根据大佛殿碑文，大佛鎏金是从天平胜宝四年（752年）开始的。

铜造卢舍那佛坐像，东大寺

鎏金用汞溶解了4187两（58.5千克）黄金，涂抹在大佛身上。黄金和水银之比为1∶5，涂抹后加热蒸发汞，使得黄金薄膜紧紧贴在大佛身上。由于蒸发汞，产生了非常有毒的气体，使得在大佛殿里的作业非常危险，有很多工匠中毒染病，工地附近还建有专门的医院。后来，大佛师国中公麻吕认识到工匠的染病是汞中毒，历史上认为这是日本最初的公害。于是就和大家一起开发出类似今天常见的口罩来防止匠人吸入有毒气体，这才降低了工匠的发病率。

不过，非常遗憾的是，东大寺大佛和大佛殿在完成之后，经历了1180年和1576年两次巨大的火灾，大火烧毁了大佛殿，也烧损了大佛。所幸在大火之后，在当局的保护下，都得到了重建。镰仓时代，重新铸造是邀请了宋代工匠陈和卿来主持的。陈和卿带领7名中国工匠，在日本工匠的帮助下，重新铸造了大佛的头部和身体的大部分。奈良时代，铸造了原来大佛只留下右腹部和从两手腕垂下的衣袖，以及大腿部分。所以说，现存的大佛主要是陈和卿他们铸造的。

大佛鎏金曾经使用了58.5千克黄金，镰仓时代，由于财政不足，幕府拿不出那么多的黄金，所以，在重铸后没有再次鎏金。现在，虽然东大寺大佛不再金光闪闪，但在大佛最初的残余部分上还能见到一些金色，让人对金色的大佛产生一些遐想。当然，在看到保存比较完好的金铜锡杖头的时候，可能会增加大家对东大寺金色大佛的想象。

3. 螺钿美饰夜光贝

日本第一号国宝

日本第一号国宝金色堂是奥州藤原氏在1124年所建设的佛堂，因为里外都贴满了金箔，所以称为金色堂。其富丽堂皇的精美，曾经让无数过客惊叹不已。比如，金色堂建成500年后，日本的"俳圣"松尾芭蕉就曾慕名而来，并留下了脍炙人口的俳句。

1689年暮春，松尾芭蕉离开江户的草庐采茶庵，去日本东北探访。这次探访全程近2400千米，除了偶尔坐船，基本上全靠步行。这么艰苦的旅行到底是为了什么，到现在也没有定论。但是芭蕉此行确实给日本留下了不朽的俳句，使得孤高、悲壮而侘寂的神韵也进一步融入日本文化的深层。

面对绝美的松岛美景，芭蕉惊叹大自然的神工鬼斧而迟迟不能落

第五章　润物无声：汉物对日本物质性滋润

笔。但到了平泉，他诗意便按捺不住，一下子就吟咏出两首脍炙人口的俳句。其中一句是"五月梅雨长，偏不落向金色堂"，意思是漫长的梅雨季节很多东西都会发霉腐烂，但金色堂却依然光彩照人，仿佛从来没有淋到梅雨一样。金色堂与后来在京都建设的金阁寺不同，不只是贴金箔，而是在贴金箔的基础上还用夜光贝做装饰，美轮美奂，至今依然光鲜如新。细细想来，也只有用这种反衬的手法，才能描绘日本第一号国宝金色堂的绚丽。芭蕉的艺术造诣真可谓出神入化。

实际上，芭蕉看到的金色堂的确是没有被风吹雨淋过，因为到1288年，镰仓将军惟康亲王下令建造了覆堂，覆盖在金色堂的外面。而这里也有一段骇人的故事。

北条政子有天夜里梦到一个全副武装的法师向她诉苦，说平泉一带一片荒芜，冤魂没有去处。北条政子梦醒后找人说梦，有人说那个法师就是奥州藤原家第三代霸主藤原秀衡。这让她又惊出一身冷汗。因为藤原氏就是被北条政子的丈夫源赖朝剿灭的。1189年，源赖朝率部进入平泉的时候，这一带的很多建筑已经被烧掉，但在残余的建筑里还是找到了很多金银宝贝。源赖朝拿了这些宝贝去讨好京都的贵族，还分给家臣作赏赐，可见在废墟之中所得的金银宝贝为数不少。结果藤原家的冤魂找到了源赖朝的未亡人，在惊恐之下，北条政子下令修缮平泉残存的建筑金色堂。然而，镰仓幕府没有财力而且也不愿意一直为金色堂补修贴金箔，最终就修建了覆堂来保护。

平安时代末期。奥州藤原氏以平泉为中心，在日本的东北部建立地方政权，经历了4代，因为藏匿了后来被神化了的英雄人物源义经得

文化的嬗变 日本国宝中的唐风汉骨

金色堂，中尊寺

第五章　润物无声：汉物对日本物质性滋润

罪源赖朝而被剿灭。奥州藤原氏掌握了涌谷町沙金金矿，具有极强的经济实力，让当时的平泉成为京都之外最大的城市。也正是有这样的经济实力，才能在1124年就建成了极为富丽堂皇的金色堂。而这座金色堂更是充满了谜，比如，日本很少有木乃伊保存下来，但金色堂里却安置着藤原氏四代首领的木乃伊。而关于木乃伊的制成至今众说纷纭。金色堂为了防止堂内木材日后干燥开裂，就全部用漆艺来打底，再用金箔和螺钿来装饰。问题是平泉地处日本东北山坳，而螺钿所用的贝壳材料产自千里之外的海岛，藤原氏是如何获得这些材料，又是如何拥有这种工艺的呢？

螺钿工艺从哪里来

螺钿一词现在可见的最古老资料是日本于756年编写的《国家珍宝帐》，比在中国文献中出现的早。中国最早的资料是南宋时代成书的《尔雅翼》："钿螺光彩，课饰镜背。"在此前后，苏辙之孙苏籀的《栾城先生遗言》中有"公闻以螺钿作茶器者"，说明在南宋时代，螺钿一词已经开始使用，但是在唐代的文献里只能见到宝钿等词，那么，这是不是可以说明日本最早掌握了螺钿工艺呢？答案是否定的。

从出土资料来看，中国殷商时代螺钿工艺就比较发达了。而在同时代，在其他地方基本上没有发现螺钿工艺。不过，在公元前3000年前后的美索不达米亚的神殿发现的石灰岩盆上出现过珍珠贝的镶嵌，与殷商漆木螺钿工艺应该没有直接关系。所以，也可以说螺钿工艺本是中国的独创，并代代相传，到唐朝的时候，螺钿工艺已达到相当成熟的阶段。遗憾的是中国保留的资料并不多，而日本正仓院保留了珍贵的唐代螺钿工艺品，为说明唐代的螺钿工艺提供了宝贵的资料。

正仓院收藏了唐代的螺钿紫檀五弦琵琶。这把琵琶是用紫檀制作的，但腹板的材料是所谓的泽栗木，也就是象蜡这类落叶阔叶乔木类树的木材。在拨面上，先贴了玳瑁，然后用贝壳镶嵌了一个西亚人骑在骆驼上弹琴的图案。骆驼脚步欢快，回首共鸣。背面则用螺钿工艺镶嵌了宝相花、含绶鸟、飞云等传统吉祥纹饰。贝壳是比较厚的夜光贝。整个琵琶被螺钿装饰得雍容富贵，让人低回流连，不愿离开。现在的琵琶都是四弦，而五弦琵琶在盛唐时期曾流行于我国广大中原地区，唐代杜佑《通典》："吹笙、弹琵琶、五弦及歌舞之伎，自文襄以来皆所爱好，至河清以后传习尤盛。"把五弦单列，说明这是一种有别于琵琶的乐器。由于在龟兹和印度的佛教壁画中可以看到五弦琵琶，正仓院认为这种琵琶源自印度，在北魏时期被引进到中国。实际上，琵琶、五弦等都是经过中亚传到中国的乐器，而中国也曾经发明过相关乐器，比如阮咸，这种汉式琵琶被认为是晋代中国的发明，因为竹林七贤之一的阮咸爱用，故称为阮咸。

正仓院也收藏了一把唐代的螺钿紫檀阮咸。这把阮咸的槽（背面）、矶（侧面）、鹿颈、海老尾（头部）、转手等都用紫檀，腹板用泽栗木。圆形腹板以玳瑁镶边，上面有两处螺钿装饰。覆手处在金箔底子上贴玳瑁，并用螺钿和琥珀做成花瓣图案来装饰。中央的捍拨为皮革制，有金箔覆轮，上面描绘一男三女人物背花树而坐，一女正弹着阮咸。除了腹

第五章　润物无声：汉物对日本物质性滋润

螺钿紫檀五弦琵琶，正仓院

板，通体用精美的螺钿工艺装饰。其槽面的中央有含苞欲放的8个唐草纹，上下是惟妙惟肖的两只鹦鹉，嘴里叼着璎珞展翅欲飞。螺钿工艺如此精彩，让人欲罢不能。

这两件唐代乐器的螺钿装饰，不仅显示了中国螺钿工艺令人惊叹的高超，而且也体现了大唐盛世令人向往的繁华。文化必定是从发达地区传向落后地区的。如此之美的螺钿工艺当然也被日本各地积极引进。奥州金色堂的螺钿工艺就是其中的佼佼者。实际上，金色堂的螺钿工艺完全墨守唐代的螺钿工艺，比如，在平安时代，日本缺乏紫檀，就在螺钿的底板上用颜色涂出紫檀的效果再镶嵌贝壳，而金色堂的螺钿就在选用的木料上加上紫檀板材，然后再进行螺钿装饰，一如正仓院所见的唐代螺钿乐器的工艺。金色堂选用的贝壳也和唐代乐器选材一样，都是夜光贝。

金色堂所在的平泉地处日本东北的山坳，而夜光贝都是产自千里之外的琉球及更南方的南洋。这些贝壳材料是通过什么途径送到平泉的呢？最新的研究表明，在1000年前，日本海沿岸远比太平洋沿岸发达，因为日本可以通过日本海直接和中国交易。虽然在太平洋沿岸一带，出现了空海等人从中国引进文化的事迹，但还有很多中国的文化更是促进了日本沿岸及日本东北地区的发展。金色堂所用的夜光贝实际上是和中国的螺钿技术一起流传到日本来的。

螺钿工艺品曾经是日本出口的主力

中国的螺钿工艺在唐代以后得到进一步发展，到元代时，出现了采用比较薄的贝壳来镶嵌的螺钿工艺。到明代嘉靖和万历年间，在近百年的时间里，螺钿工艺出现了空前的繁荣，各种技法都得到了巨大的发展。这样的发展通过朝鲜也影响到了日本，而且，螺钿工艺品很快成为日本非常重要的出口产品。按照欧洲人的喜好用螺钿装饰的衣柜、咖啡杯等成为欧洲人社会身份的标志，大量螺钿工艺品的出口换回了不菲的收入，滋润了极为贫穷的中世纪日本社会，同时也让中国的审美观间接地传到了欧洲。

八桥莳绘螺钿砚箱，东京国立博物馆

第五章　润物无声：汉物对日本物质性滋润

江户时代，日本的生产力水平依然非常低，以致幕府将军不得不发出节俭令来抑制社会资源的浪费。侘寂文化实际上也是顺应这种历史发展的必然结果。好在"一点豪华主义"的思想不仅没有与侘寂相抵触，反而更能显示侘寂的韵味。所以，在江户时代，螺钿工艺得到了进一步的发展。江户时代早期，日本主要还是采用比较厚的贝壳材料，结合日本的莳绘工艺，制作了很多精美的螺钿工艺品。尾形光琳制作的八桥莳绘螺钿砚箱便是这个时代的螺钿工艺代表作。

这个砚箱造型规规矩矩，但装饰非常大胆。表面涂着黑漆，盖子上面及箱身侧面用金莳绘和稍厚的鲍贝绘制了燕子花，又用铅板制作成木板桥，用银板做成桥桩。砚箱内部上下层的底面也以金莳绘描画出波浪纹。用色只有金、银、黑三色，但构图奇葩，简明豪迈，淋漓尽致地体现了光琳纤细的感性和致密的计算而形成的大胆造型，不愧是江户时代螺钿工艺的巅峰之作。1967年，八桥莳绘螺钿砚箱被指定为国宝，现藏于东京国立博物馆。

到江户时代中后期，随着锁国政策的推行，螺钿工艺品的出口受到了限制，日本的螺钿匠人不得不面向日本国内进行深耕，结果，螺钿工艺的各种技法得到了进一步发展，技艺更加精湛。比如小川破笠这一代匠人大胆地混合使用陶器、堆朱、牙角、金属等材料，展现了独特的螺钿表现技艺。富山藩第二代大名前田正甫从京都招聘螺钿匠人杣田清辅开创了富山青贝螺钿工艺。而长崎的螺钿匠人则采用极薄的贝壳材料，背面上色，制作了富丽堂皇的螺钿工艺品，很受欢迎。

现代，螺钿工艺作为一种传统工艺受到了保护，并得到新的发展。

京都的匠人还开发出采用贝壳进行真丝纺织螺钿织，这种材料成为时尚女装包的独特材料。从这里也可以看到，源自中国古代的螺钿工艺具有非常强大的生命力。

4. 四骑狮子狩纹锦

四骑狮子狩纹锦的惊艳重现

法隆寺东院的正堂梦殿是纪念圣德太子而建的，自739年建成[1]以来，除了修缮之外，保存梦殿本尊救世观世音菩萨像的佛龛就一直没有打开过，从而使这里的菩萨像成为密佛中的密佛，几乎没有人知道观音的真容。

1880年，受明治政府委派，冈仓天心和美国的东亚美术史家恩内斯特·费诺罗萨等人一起来到法隆寺调查文物，要求该寺打开梦殿的佛龛。但是，法隆寺和尚说，数百年来，这个佛龛是一直不打开的，明治初年，曾经试图打开佛龛，不料当时电闪雷鸣，大家吓得不敢再开。所以，这个佛龛是万万不可以打开的。冈仓好说歹说，还说如果雷劈下来就自己顶着。和尚不得已打开了佛龛，然后四下逃散。冈仓后来很得意地回忆，这次打开梦殿的佛龛是人生最大的快事。连费诺罗萨也说当长期没有使用的生锈的锁在沉闷的声音中被打开时我们的兴奋那是绝不会忘记的。这都不是本来持重学者的夸张，而确是有其道理，因为这次佛龛的打开，

---

[1] 根据《法隆寺东院缘起》记载，但日本史学界对此存疑。

四骑狮子狩纹锦，法隆寺

可以说就是平安时代国宝重现于世的分列式展开的过程。

把佛龛中包裹着佛像的白布解开后，近2米高的观世音菩萨像金光闪闪，熠熠生辉，惊呆了一干人等。在观音像旁边是在天平年间为复兴法隆寺寺院而鞠躬尽瘁的大僧都行信和尚的木刻像。行信是东院建设的功劳者，这尊木像与唐招提寺的鉴真像被认为是天平肖像的双璧，具有极高的文物价值。在这些造像的旁边，还有一卷丝织物，这就是四骑狮子狩纹锦。

这段纹锦全长2.5米，在红底丝绸上织有连珠圆形，大圆里4个头顶皇冠的武士骑着带翅膀的天马，张弓搭箭，准备射杀后面的狮子，这样的射箭被称为安息回马箭。大圆外面还有唐草花纹。图案纹样非常复杂，细腻而不琐碎，流畅而不紊乱，显示了巧夺天工的高超编织技艺。它被指定为日本国宝是毫不勉强的。这样的大圆并列有3个，使得这段纹锦的宽幅达1.34米。而且，现存的这段纹锦只有一边，另一边是裁剪过的，这意味着这段纹锦的布幅可能更宽。在奈良时代，日本虽然能制作精美的观音菩萨像，以及木刻像，但以当时日本人掌握的技术来看，是不可能纺织四骑狮子狩纹锦的。这样，这段纹锦的来历就吸引了大家的注意。

费诺罗萨认为，从连珠圆形中配以左右相称的狮子狩猎的独特纹样，加上人物的容貌和头冠的形状，显然是波斯萨珊王朝时代的纹样，后来日本学者还从波斯的银盘上找到了这些图案在波斯的原型，铸有萨珊王朝霍斯劳二世狩猎形象的银盘图案与四骑狮子狩纹锦上骑士的图案如出一辙，似乎这段纹锦应该是在波斯纺织出来的。问题是，日本和波斯相隔千山万水，波斯的纹锦是什么时候又是怎样流传到法隆寺的呢？对这种流传的遐想同样会让人感到兴奋不已。

丝绸之路与四骑狮子狩纹锦的时代

四骑狮子狩纹锦的重现，也再次向世人展现了古代丝绸之路的繁荣以及向东西两端延伸的历史画卷。这幅纹锦的纹样充满了浓郁的西域色彩，又完全是中国的工艺，最后流转到日本，不由让人感到神奇和浪漫。

梦殿的观音菩萨像据说是按照圣德太子的面相塑造的，在这尊菩萨像的周围自然也是和圣德太子有因缘的事物，四骑狮子狩纹锦自然也不

第五章　润物无声：汉物对日本物质性滋润

绀地牡丹唐草纹样纹锦，东京国立博物馆

例外。所以，法隆寺还传说这段纹锦曾作为圣德太子的军旗。实际上，保存至今的这段纹锦有折痕和消耗的痕迹，看来的确在什么地方使用过，至于是不是圣德太子的军旗就无从查考了。尽管如此，这段纹锦应该是在圣德太子那个时代流传到日本的。

在那个时代，中国正处于隋唐统一中国后的强盛和开放的时代。通过丝绸之路，中国加深了与中亚地区的交流。大量的物资从中国输往西方，而西方的物产也不断运到中国。丝绸之路彼方的波斯那时正处于萨珊王朝，其统治者霍斯劳二世大举扩张，差点让拜占庭帝国屈服。萨珊王朝的很多文物及文化艺术也随着丝绸之路流传到唐朝，加深了东西方文化的交流。不过，四骑狮子狩纹锦是不可能出自波斯的，因为当时萨珊王朝还不会织锦，很难织出四骑狮子狩纹锦。从织锦技法来看，四骑狮子狩纹锦是采用了纵横两种织法相结合的技法，更是波斯等西域地区还没有掌握的技术。而且，纹锦纹样中马的臀部绣有清晰的"吉"和"山"字样，不可能是波斯匠人织出的图案纹样。尽管如此，萨珊王朝的文化对这幅纹锦的影响却不容否认，因为铸有萨珊王朝霍斯劳二世狩猎形象的银盘图案与四骑狮子狩纹锦上骑士的图案如出一辙，而联珠纹也是西域的风格。所以，日本有学者认为四骑狮子狩纹锦很有可能是萨珊王朝带着自己的图案向唐朝定制的货物，更重要的是波斯不久就被伊斯兰教占领，任何人物偶像都被否定，也就不会有人定制带有人物图案的纹锦了。这就显得四骑狮子狩纹锦难能可贵。

殊不知，虽然联珠纹属于西域风格，但早已经传入中国。在北齐徐显秀墓的壁画中就有了联珠纹。库车出土的盛放舍利子的容器上，就有西方常见的忍冬唐草纹样。这都说明，随着丝绸之路的繁荣，文化的交流和相互吸收应该是非常自然的事。可以确定四骑狮子狩纹锦是中国的产品，但是不是萨珊王朝定制的纹锦恐怕还不能超出是一种推论的范畴。但可以肯定的是，波斯伊斯兰化后，人物偶像图案不再受欢迎，应该就不会有人来定制这种有偶像图案的纹锦。但这并不能否定中国继续生产带有这种图案纹样的丝绸。因为西域的纹样和佛教相结合之后，更容易融入隋唐社会里。四骑狮子狩纹锦这类纹锦应该会在中国继续流传，其中会有一些随着丝绸之路的东延流传到日本。已经接受了佛教的日本对这种西域的纹样和佛教相结合的纹锦自然也会非常珍重。

第五章　润物无声：汉物对日本物质性滋润

日本的丝绸和纹锦

四骑狮子狩纹锦在法隆寺梦殿里出现，只是历史上的一个小插曲。因为纹锦不仅在日本的历史上早已经出现过，而且还是日本一直在追赶中国的历史见证。

《魏志·倭人传》记载倭国238年第一次的进贡除了男女人口之外只有"班布二匹二丈"，而魏明帝则赏赐了"绛地交龙锦五匹、绛地绉粟罽十张、蒨绛五十匹、绀青五十匹以及绀地句纹锦三匹、细班华罽五张、白绢五十匹"。但是到243年，倭国就进贡了"倭锦、绛青缣、绵衣、帛布"等丝织品，说明在那个时代倭国已经能够纺织倭锦等丝织品了。

这些丝织品无论是流传到倭国的中国匠人纺织的还是倭国人纺织的，都说明倭国已经掌握了丝绸的纺织。不过，从考古资料中，在弥生时代早期的遗迹中，发现了一些丝织品的附着物，似乎可以把日本生产丝绸的上限提高数百年。

根据日本学者的研究，弥生时代初期，日本的养蚕技术主要是江苏和浙江传来的，中期以后，变成乐浪的养蚕技术，之后又变成马王堆与乐浪的中间技术。从古代遗迹出土的痕迹中可以看到蚕宝宝的品种发生了系统性的变化。从中日出土丝织品样片的对比研究中可以看到，日本的丝织品技术还是远远落后于中国的，并且到古坟时代，日本的丝织品品质更加低下，日本学者认为这可能是日本的气候带来的影响。虽然有所退化，但根据《日本书纪》记载，3世纪到5世纪的时候，从中国吴国来了一批丝绸技工，从朝鲜半岛也来了一批丝绸技工，给日本带来了先

大牡丹唐草纹样金地金襕，东京国立博物馆

进的丝绸技术。

  不过，日本的丝绸技术似乎一直没有跟上中国丝绸技术的发展。根据日本学者的调查，室町时代以后，日本生产的丝绸织物的断面积为65.1平方μ，已经比镰仓时代的59.14平方μ明显增大，但与明代的平均值104.8平方μ相比，差距非常大。从日本室町时代开始，从中国明代进口的丝绸再一次成为抢手货。所谓的名物裂就是指从中国甚至是更加靠南的印度运到日本的丝绸制品，主要是用金箔或者金泥制作的印金，以及用金丝制作纹样的金襕，还有用不同的经丝和纬丝制作的不同纹样的缎子等。由于当时中国对这些丝绸有很多的实际需求，消耗极大，以致这类丝绸很少有流传下来的。而当时的日本茶人对这些舶来的先进丝绸更是刮目相看，纷纷用作茶道具的包装，以及书画的裱装。实际上，名物裂这一名称就是出自松平不昧的《古今名物类聚》（1791年）。由于

第五章　润物无声：汉物对日本物质性滋润

很多茶人机械地看待茶道的侘寂，所以，他们并不喜欢崭新的金襕、缎子，而是喜好已经有人用过的旧金襕、旧缎子。1688年刊行的西鹤的《日本永代藏》里就记载了一段商人菊屋用新的户帐换取寺庙的旧户帐（挂在佛龛上的丝织品，中国进口品），从而赚了巨额财富的故事。这使得早期进口的金襕、缎子在17世纪就逐步被称为"名物裂"而受到追捧。

到江户时代，传统被格式化，当时茶人使用丝绸时也需要遵守一定的规格要求而不敢僭越，这样的格式延绵至今。随着时间的推移，中国明代的金襕等丝绸也就越来越珍贵。对中国金襕、缎子的需求也催生了日本本地的相关生产。早在日本的天正年间（1573—1592年），金襕技法传到大阪附近的港口城市堺，不久传到京都。在15世纪应仁之乱后，终于开花结果，形成了西阵织。日本传统剧目的能剧常常使用金襕来制作表演行头，而寺庙的和尚也喜爱金襕做的袈裟。在江户时代，西阵织一直得到幕府的培植和保护，从而维持了比较高的水准。但是，到江户时代晚期，关东地方的桐生、足利的织锦业迅速崛起，形成了东西对抗的局面。到1868年，日本迁都东京，西阵织遭到毁灭性打击，只是仰赖皇室的下赐金勉强维持生存。不过，在"二战"时期，西阵织免遭战火之祸，得以在"二战"后重新恢复起来。

尽管在历史上，日本虽然一直在追赶中国的丝绸，但却始终没有能够超越。但是，历史终于给了日本赶超中国的机会。19世纪中晚期，战乱席卷了大半个中国，使得苏湖一带的丝绸生产遭到极大的破坏。而在明治政府鼓励政策的推动下，日本的丝绸业得到迅速发展，终于在1909年，日本的生丝出口量超过了中国。

5. 从巫术的红到化妆的白

高松冢古坟的世纪发现

　　1972年3月21日正午刚过，高松冢古坟出现了历史性的时刻，色彩极为鲜艳的壁画在日本第一次被发现，这在考古学和文化史方面都具有重要意义。这个被誉为日本战后最大的考古发现还引起了日本全国性的考古热。高松冢古坟很快就被指定为飞鸟时代的特殊历史遗迹，而其中的壁画更是在1974年被指定为国宝。

　　高松冢古坟壁画有东、西、北三面加上天花板一共四面，是在切割开来的石板上涂上石灰后绘制的，题材有男女人物、日月星辰及青龙白虎的四方神。壁画中男女人物各分为两组，共16人。他们有的手持如意、团扇，有的拿着毯杖、华盖，神态自若，意气洋洋。尤其是西面女子群像的色彩极为惊艳，人物造型雍容富贵，被称为飞鸟美人而迷倒了一大批现代的日本人。实际上这幅壁画还有一个惊艳的秘密，那就是证实了日本人的化妆发生了历史性的变化。

　　说起脸上身体上用红色涂抹一些图案而载歌载舞的人，恐怕大家马上会想到非洲或者美洲的原住民，其实在上古时期，这也是日本人的写照。日本人出现在中国史书的时候，就是以黥面文身的姿态出现的。《魏志·倭人传》指出：倭"男子无大小皆黥面文身"，并给倭人文身找到了理由："夏后少康之子封于会稽，断发文身以避蛟龙之害，今倭水人好沉没捕鱼蛤，文身亦以厌大鱼水禽，后稍以为饰。诸国文身各异，或

高松冢古坟壁画，奈良

左或右，或大或小，尊卑有差。"而且除了文身，还会化妆，"以朱丹徐其身体，如中国用粉也"。中国史书的记载得到了日本出土文物的印证。

　　日本的古坟时代，出现了一种特有的素陶器：埴轮。这是属于陪葬的明器，有房屋造型、器材造型、动物造型和人物造型，通过对造型埴轮的研究，可以复原古坟时期的衣服、发型、武器、农具及建筑等的样式。所以，埴轮是在日本还没有文字记载时代的非常珍贵的历史资料。当时的日本人在埴轮上喜欢涂上红色涂料，所以，有大量的身体和脸部都涂了红色的人形埴轮的出土。而这些出土文物反映了当时的社会风貌，也证明了中国史书上关于倭人"以朱丹涂其身体"的记录。

　　那么，为什么古坟时代以前的日本人喜欢用红色来化妆呢？有人认为红色代表了太阳、血，可以让人联想到生命的跃动。在对死亡充满恐惧的时代，红色被认为具有巫术的诅咒力可以包含使用红色的人。染织文化研究者上村六郎则比较科学地指出：古代使用红色涂抹在脸上身上应该具有药物作用，而这一作用引发了古人在三个方面的需求，首先是诅咒，其次是识别，最后是装饰。从这里可以看到，上古时期日本人采用红色来化妆只是巫术诅咒或者是权威象征的副产品。

化妆的埴轮，东京国立博物馆

然而，在1000多年前，日本人放弃了这种红色的化妆，开始追求美白。高松冢古坟壁画中的女性都是面容皎白、眉清目秀、绛唇似珠。这座古坟在刚刚发掘时被认为修建于7世纪末8世纪初，2005年再一次发掘调查后，确定为694年到710年之间，属于飞鸟时代。可以说从那时候开始，日本女性就再也没有放弃过对美白的追求，一直到现代也是如此。但是，是什么原因让日本的女性化妆发生了这样翻天覆地的变化呢？答案也非常清楚，那就是中国文化的影响。

唐朝化妆的大流行

杨贵妃在中国被列为四大美女之一，在日本却和埃及艳后、日本小野小町并列被誉为世界三大美女，让日本从平安时代到现在都仰慕不已。这也难怪，杨贵妃一出场就惊艳得使六宫粉黛无颜色。粉黛是妇女

第五章　润物无声：汉物对日本物质性滋润

用于化妆的白粉和青黑色颜料，在这里专指化妆后的美女，白居易在《长恨歌》里说后宫里众多美女即便是再怎么浓妆艳抹，也比不上杨贵妃，绝世美人真正是天生丽质难自弃。

唐朝人很能化妆。首先头发上就有高髻、云鬟各种新样妆，其次有用粉黛的黛来画眉深浅不同的式样，然后是用粉黛的粉不仅把脸涂白为胭脂垫底，更衬托樱桃小嘴的朱唇，恰如古人所说"白雪凝琼貌，明珠点绛唇"。唐朝人还大面积地把白粉抹在胸前，让诗人不禁留下了"粉胸半掩疑晴雪"的赞美诗句。

在日本圣德太子主导下，日本全面地学习引进了隋唐文化，从政治制度到生活习惯，都是一片隋唐化。法隆寺保存下来的《圣德太子图像》呈现的就完全是唐朝人物装束，而且，这幅画像中间的太子人物高大，左面侍立的是山背大兄王，右面侍立的是太子的弟弟殖栗王，都比较矮小。这种构图与唐代著名画家阎立本所作的《历代帝王图》非常相似。所以，也有人说这是中国来的画家所画的唐朝人物图像。但是，高松冢壁画的发现，可以证明日本应该也能画出这样的画像。尤其是太子图像中的红、绿、胭脂、黄等鲜艳颜色，与高松冢壁画中的鲜艳色彩有异曲同工之妙，图像的涂银手法与壁画中的银箔手法也有相似之处。《圣德太子图像》于1878年被法隆寺献给皇室，从而失去了被指定为国宝的可能，不过，从1930年到1984年日本当时的最高额纸币所采用的圣德太子像就是取材于这幅图像。

其实，日本也有很多史料证明奈良时代开始流行中国隋唐的化妆。比如，1951年被指定为日本国宝的药师寺秘藏《麻布著色吉祥天像》就是很好的例证。这幅画像画于8世纪的奈良时代,具有盛唐风格。人物的眉毛粗壮,是尽情地使用了粉黛的黛,眼睛细长清秀,脸庞丰腴尽涂白粉,也是用足了粉黛的粉,从而突出了微翘的朱唇。人物的形体也十分雍容华贵,微微左倾,姿态十分优雅,缠衣风靡,步步莲花,完全是典型的唐代美人。吉祥天像本来是药师寺吉祥会的本尊,但这幅画像与其说像神佛不如说更像凡人。

正仓院所藏的《鸟毛立女屏风图》也是充满了盛唐的氛围。这组屏风一共有六扇,分别描绘了伫立在树下的6个美女人物,所以也称为《树下美人图》。当时的画师在粉色的纸上以流畅的墨线描绘了人物、树木和奇石芳草,但是在人物的脸上和手上却施以淡淡的胭脂色,樱桃小嘴点上浓浓的朱红。蛾眉粗壮,粉妆艳丽。在绘制的时候,人物的衣物上都贴满了鸟的羽毛,这也是唐中宗之女安乐公主所好,并是唐朝大为流行的装饰。所以,这组屏风画无论是从表现形式还是表现内

鸟毛立女屏风(局部),奈良时代,正仓院

第五章　润物无声：汉物对日本物质性滋润

容来看，都是盛唐风格。不过，日本山阶鸟类研究所曾经对这组屏风画里的羽毛进行过调查，确认都是日本的野鸡或者山鸟的羽毛。所以，这组屏风画的确是在日本绘制的。同时也说明，隋唐的化妆已经在奈良时代的日本大为流行，而日本人的生活也已经发生了巨大的变化。

粉黛化妆的普及

在日本用朱丹涂在身体上的时候，中国早已经用粉来化妆了，且不用说《墨子》曰"禹作粉"，《博物志》云"纣烧铅锡作粉"，就是中日交流有明确记录的曹魏时代，曹植就在《洛神赋》里描述了芳泽无加、铅华弗御的女神。日本不会不了解中国用粉的化妆，但为什么一直到隋唐时期，日本才放弃用朱丹涂抹身体而改用粉黛来化妆呢？对这个问题相关的研究非常少，至今还没有弄清楚。这主要的原因是当时日本没有文字记载，而化妆并不涉及政治，所以，到有文献记录的时候也缺乏相应的记载。但是，从当时的历史环境来看，还是可以看到一些端倪。

首先，现在的研究基本上都认为日本人之所以用朱丹涂抹脸部和身体，是因为朱丹有一定的药物作用，可以防腐，能够消毒，被古代日本人认为具有驱除恶魔的效应，所以，用朱丹涂抹身体也就是一种具有魔咒的表现。但是，在中国的古典文献传入日本后，这种原始的对世界的认识也就逐步退化了。《论语》中的"子不语怪力乱神"这样的教诲对日本也有很大的启蒙作用。在奈良县出土的日本最古老的木简里，就有

文化的嬗变 ···　217

学生抄写《论语》的残简，说明《论语》是奈良时期的基本教科书。而孔子对鬼神的认识态度自然也会影响到当时日本的主流阶层，使他们不再盲目地迷信。反映到化妆方面，就是淡化了巫术的含义或者权威的象征，而开始追求美和时尚了。或者说，那时候在日本的女性之间产生了把自己打扮得更漂亮的审美意识。

其次，社会生产力的发展也给日本摆脱原始信仰与原始的化妆提供了条件。"仓廪实而知礼节，衣食足而知荣辱"正是这样的写照。从中国传来的建筑技术使得奈良时期的日本人开始告别了竖穴式房屋，贵族们住进了宽敞的木结构建筑。房子越大，里面越黑，住在里面的贵族妇女也就更希望用白粉来化妆，凸显自己的存在。这就逐步形成了一白遮百丑的观念。在朝廷努力吸收和推广隋唐文化的时候，在宫廷里的女性更容易从来往中日之间的使者那里得到隋唐最新的衣服、发型和化妆的时尚信息，她们也有能力入手所需要的化妆品。在她们的推动下，隋唐风格的粉黛化妆在日本得到了推广。

更有甚者，粉黛化妆并不局限于贵族的妇女之间，而且还波及贵族武士之间。《和名抄》记载："黛，和名万由须美，画眉之墨也。"好一个万由须美，日文这样的解释使得铮铮男儿的贵族武士也不得不把眉毛剃掉，再用青黑色颜料画上眉毛。这样的点眉在《平家物语》里的武士之间就已经出现，实际上一直到明治维新时期，贵族的点眉才被政府正式明令废止。

692年，中国渡来僧观成和尚在日本成功地制成白粉，他把这种化妆品献给当时的持统天皇，博得了欢心。持统天皇是女性天皇，更注重

护良亲王出阵图，室町时代

化妆，"美其所造铅粉"，为了嘉奖观成和尚，就赐给他"绝十五匹、绵卅屯、布五十端"。观成和尚得到这样的嘉奖是当之无愧的，因为在此之前，日本所需的化妆用白粉都是从中国进口的，是昂贵而难以入手的奢侈品。观成和尚用中国传来的方法，在日本试制铅白粉获得成功，这给日本社会流行隋唐粉黛的化妆提供了物质基础。从平安时代《荣华物语》中可以看到，连社会地位比较低下的女性在外出的时候也要在脸上涂上白粉，可见在平安时代，粉黛化妆已经是多么的普及。

6. 五重塔为什么不会倒

最古老的五重塔

沿着一条静怡的松林大道走到底，就是法隆寺的南大门。据说在法隆寺创立时，这个南大门就紧挨着中门建立的，到长元年间（1028—1037年）才移到现在的位置，不过，原来的南大门在1435年毁于一场大火，现在这个面阔三间的大门是在大火之后的1438年重建的，其建筑样式是典型的室町时代的建筑。

穿过南大门往北走，很快就到了中门，这就意味着到了日本最古老的建筑群的入口了。法隆寺的中门面阔四间，进深三间，重檐歇山顶，立柱粗壮，云斗高栏，显示了强有力的飞鸟时代的建筑特征。中门边上的两间陈列了和铜四年（711年）塑造的金刚力士像。中门正面有5根柱子，这在寺院建筑中非常少见。据说为了便于按照中国古代礼制从中间柱子的右边进而从左边出，也有说是为了不让圣德太子的冤魂从里面出来，这样特殊的式样自然会有很多特殊的解释，不过，现在此门已经不用作出入口了。

如果没有注意到中门有几根柱子的话，那么走进中门内的由回廊围成的一个封闭空间时，会不会发出惊讶之声呢？因为这里的五重塔和金堂竟然是并列的，而这种排列在其他地方很少看见。不过，这里的高约33米的五重塔已经历经1300多年依然耸立不倒是不是更应该让人惊叹呢？

日本是地震多、台风多的国家，地震和台风这样的天灾往往把很多

五重塔

东西毁于一旦，所以，日本人更相信世事无常。日本平安时代以47个不重复的假名组成的《以吕波歌》歌咏的就是"诸行无常是生灭法"的无常观。然而，比这个《以吕波歌》更古老的木结构建筑的法隆寺五重塔依然在自然灾害频发的日本被保存到现在，堪称奇迹。

现存的法隆寺五重塔被认为是建于670年法隆寺大火灾之后不久，其心柱木材的砍伐年代被确定为594年，而塔内的雕像则被确定为711年完成的。佛教传入中国后，佛塔样式也由覆钵式塔转化为亭阁式塔、楼阁式塔，又由楼阁式塔衍生出密檐式塔。但是，日本的佛塔建筑却似乎定格在唐以前的建筑式样上，不仅没有砖塔，就是楼阁式的木塔也和唐代以后的中国佛塔不同。中国的很多佛塔都是可以登临远眺的，但日本的佛塔都是不可以登上去的，法隆寺五重塔也是这种不可登临的楼阁式塔。平面呈方形，房檐的递减率很高，第五重顶层房檐的一边只有底层房檐的一半左右，当然塔身面积也自下而上逐步递减，看上去重檐叠脊、云斗交错，庄严而稳重。也有人形容这座五重塔像展翅飞来的大鹏鸟刚刚落地，翼翮还未来得及收起，让人百看不厌。塔内中心有一个巨大的心柱竖立在地下1.5米处，向上贯穿塔身直到塔顶。心柱下面的心础里安置着佛的舍利子。

　　古往今来的很多建筑都已经灰飞烟灭，不见踪影，而法隆寺飞鸟时代的建筑依然存在。仰望着巍峨的五重塔，思绪越千年。佛塔，又名浮

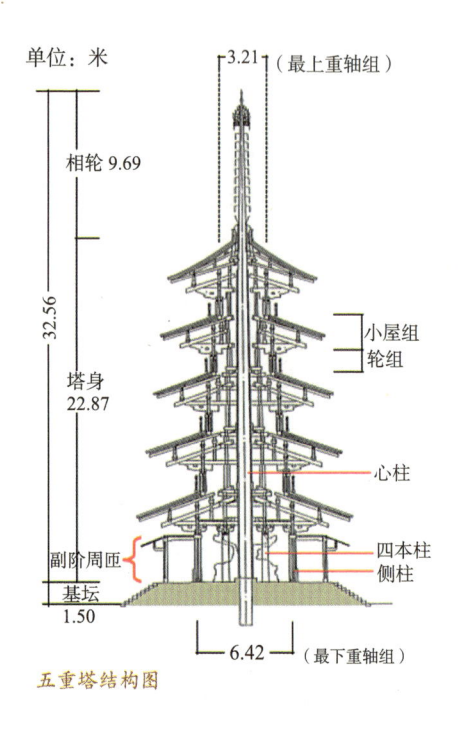

五重塔结构图

第五章　润物无声：汉物对日本物质性滋润

屠，本来是用来供奉舍利、经卷或法物的建筑。难道法隆寺五重塔就是因为供奉了舍利的缘故而千年不倒的吗？

五重塔不倒的原理

关于五重塔千年不倒的问题，很早就有人探讨过。1921年，东京帝国大学大森房吉教授就通过震动测定试验认为不可能出现足以能震倒五重塔的地震，据此，建筑权威东京帝国大学的伊东忠太教授也宣布历史上也没有五重塔被震倒的事例。这样的五重塔不倒神话一直延续到现代。1995年阪神大地震时，江户时代以前建造的木结构古塔都没有受到损伤，反而近年来用水泥建造的新塔有不同程度的损伤。从建材来说，现代建材应该比古代木材更为坚牢，为什么新塔反而没有古塔坚牢呢？这把不倒的古代五重塔进一步神化了。

明治以后，日本引进西方建筑结构力学，因为木材这些缺乏均质性的自然建材很难做力学性的分析，结果对木建筑的原理分析也比较少。所以，长期以来，日本对五重塔为什么不倒的原理也没有深入研究。一般认为是木结构建筑的结合部比较宽松，能够吸收地震的能量，从而最大限度地降低建筑物的变形而避免倒塌。但问题是，为什么在地震时，有很多低层的木建筑会倒塌而五重塔那样的多层建筑不会倒塌呢？

通过对法隆寺五重塔等日本现存的古塔进行实地调查，学者们发现日本的古塔都有一个自下而上贯穿整个佛塔的心柱，而拥有这样心柱的佛塔在日本佛塔的源头之地的中国已经看不到了。这样的心柱是不是日本独创的呢？显然不是，因为在中国的古塔中实际上也有心柱，不过并不是从地面自下而上贯穿整个佛塔的，而是在最上面的几层中出现的。因为心柱的主要作用是保持塔刹的平衡，日光东照宫的五重塔心柱竟然离地面有10多厘米的空间，呈浮游状态，更能说明心柱不是佛塔的承重构件。从建筑源流来看，中国的木结构佛塔最初也应该有从地面自下而上贯穿整个佛塔的心柱的，《洛阳伽蓝记》记载："永熙三年二月，浮图为火所烧，……有火入地寻柱，周年犹有烟气。"可见此塔不仅有心柱而且还非常巨大。但随着中国建筑技术的发展，心柱不断地变短，不再延伸到地面，只出现在最高的几层中。问题是，日本的佛塔建造为什么没有跟进中国的技术发展呢？恐怕和日本地震频发有关。

在历次地震中，很多古代低层建筑基本上都不复存在，但五重塔除了烧毁之外都没有被震倒。这也使得后来的工匠都沿用了日本早期佛塔的建筑方法，所以，自下而上贯穿全塔的心柱也就一直保留了下来。至于其中的原理，并没有人予以明晰地说明。

20世纪90年代，原京都大学教授上田笃组织了一批建筑师、建筑史学者和建筑结构学专家来了一次三堂会审，对五重塔为什么不会倒的问题进行了全面的分析研究。不过这次研究还是无法全面地解释五重塔不倒的问题，但至少还是得出了一个结论，那就是，五重塔如同戴了五顶帽子，在地震的时候，塔身会出现如同蛇舞的摇动，但是塔中心贯穿全塔的心柱起到了抑制这种摇动的作用，从而弱化了整个佛塔的摇动。这样，五重塔就不会因为地震而倒塌了。

第五章　润物无声：汉物对日本物质性滋润

东京晴空塔的最新应用

2012年5月22日，世界最高的电波塔东京晴空塔隆重开业。而远在150千米之外的日光东照宫也选择了这天首次对外开放了五重塔的内部，让游客参观。这并不是巧合，从日光东照宫的介绍来看，他们是有意把这两座塔联系在一起。这是因为最先进的现代建筑东京晴空塔也应用了五重塔的耐震系统，名称为心柱制振。

虽然保留了心柱的佛塔建筑方式一直延续到明治时代，但是，在最现代化的建筑东京晴空塔里也应用了心柱制振系统不免让人十分惊讶，而这样的效果正是日光东照宫希望得到的。

东京晴空塔高634米，地面以上部分的重量达到4万吨，当然，东京晴空塔的心柱制振系统不可能完全照抄五重塔的心柱结构，因为五重塔的耐震系统有很多地方并没有解明，而心柱制振却是在质量附加机构这种现代力学原理上通过电脑做庞大的模拟计算而新开发出来的一种制振系统。所谓的质量附加机构是指一种振动控制系统，即在发生地震等情况下，通过添加与结构主体能发生不同时间振动的附加质量，也就是坠子，使结构主体的振动和坠子的振动相互抵消，从而抑制整个结构的振动。

在经过复杂的模拟计算后，东京晴空塔采用了中心的钢筋水泥圆筒和周围钢铁构架相互脱离的结构，两者之间有1米的空间。同时，让中心圆筒上部利用自身的重量发挥"坠子"的作用，从而形成了新型的制振系统。这实际上是运用了质量附加机构的现代制振原理，在大地震时

五重塔与东京晴空塔，东照宫资料

可以发挥减少40%的应答剪断应力。由于东京晴空塔的中心部分圆筒很像五重塔里的心柱，而中心圆筒和周围钢铁构架相互脱离与五重塔的心柱与其他构架并不关联的结构也十分相似，在地震发生的时候，中心的圆筒与周围钢铁构架可以控制不同方向的振动，从而有效地抵消整座塔的振动，所以，就把这种技术称为心柱制振。也就是说，虽然技术的出发点不尽相同，但是，从结构上来看，古代的五重塔和现代电波塔竟然拥有着相近的心柱。

因为东京晴空塔的制振系统与五重塔的制振系统如此相似，所以，日光东照宫就选择了东京晴空塔开业的时间开放了五重塔的内部。正是利用了这个时点，使得相隔千年的不同的制振系统被有机地联系到一起了。

第五章 润物无声：汉物对日本物质性滋润

7. 日本的佛像

佛教传入

宗教传播往往是从民间开始的，佛教传入日本也应该如此。在日本出土的3世纪和4世纪的中国佛兽镜可能是中国移民带来的，这些移民同时也会把他们的信仰一起带过来。随着他们与土著居民交流的深入，佛教也就开始传入日本社会。因为是民间的传播，加上日本还没有文字的历史，所以，佛教具体传入日本的时间已经无法弄清楚了。

在长崎对马岛上发现了有北魏兴安二年（453年）铭文的金铜佛像，不过，这也不能证明佛教传入日本的具体时间，但可以说明，在佛教早期传入日本的时候，佛像就已经传入了，而且可能比佛经有更大的作用。当时日本人还没有文字，也认不全汉字，看佛经如同天书，但佛像可以直观地给日本人留下非常庄严的印象，从而能更容易地接受佛教。古代日本也曾经用黏土烧制过土偶、埴轮等偶像，都比较写意。当他们看到生动传神的金铜佛像时，应该都会被惊到吧。《日本书纪》记载钦明天皇初见佛像"欢喜踊跃"，说"相貌端严。全未曾有"，应该是非常敬佩的。钦明天皇看到的佛像到底是哪一尊现在也不可考，但从长野观松院的朝鲜三国时代的菩萨半跏像、原法隆寺保存的同一时期的一光三尊佛立像来看，其微妙庄严的造像，激起日本权贵们的崇拜之情应该是不假。

强调普渡众生的佛教很快就成为政治的工具，引发了血雨腥风的权力斗争。《日本书纪》记载，当时百济的圣明王之所以在538年的时候

诸尊佛龛（唐代），高野山金刚峰寺

派人"献释迦佛金铜像一躯、幡盖若干、经论若干卷"，是因为百济正处在朝鲜半岛上的新兴势力新罗的压迫之下，需要解脱。新罗占领了百济原来的都城汉城，百济希望通过传播佛教换取日本的支持，从而准备夺回汉城。没想到这样通过上层路线传来的佛教却引起了日本内部的纷争。表面上是日本要不要接受佛教的纷争，实际上就是争夺统治权的斗争。百济崇佛实际上是和中国南北朝时代的梁朝有关。梁武帝笃信佛教，受梁朝册封的百济自然亦步亦趋，国内佛教盛行。而这个时候，日本已经过了倭五王时代，与中国似乎没有正式关系，正好是一个空当期。对争夺日本王权的人来说，如果能有梁朝这样的靠山，一定会占据有利地

第五章　润物无声：汉物对日本物质性滋润

位。以前，倭五王积极向中国朝贡，要的就是这样的效果。事实也证明了这点，通过接受百济的佛教而间接地与梁朝建立关系的一派，也就是苏我族获得了争斗的胜利，建立了苏我政权。可见，佛教传入日本，本身就具有极强的政治色彩。

不难想象，为了获取政权苏我族曾经许愿将会为佛教广造寺院，重塑金身。所以，在获取胜利之后，苏我氏就修建了飞鸟寺，后来天皇世系的圣德太子推翻了苏俄氏夺得政权，修建了斑鸠寺也就是法隆寺的前身。这样，佛教在日本迎来了一个全盛的新时代。

金铜佛像

然而，苏我氏掌权的时代，大和政权虽有心建造佛教寺院，但是却还没有掌握中国式建筑的建设技术。不得已，苏我氏就派遣使者去百济，索要相关技术人员。百济竟然也如数派遣了相关技术人员来帮助日本建筑佛寺。

在倭五王时代，倭王曾经上书南朝的皇帝，要求册封大将军，并恳求"开府仪同三司"，就是要用与太尉、司徒、司空同等的礼仪来建立将军衙门。所以，有可能南朝的皇帝曾派人去日本按照中国式样修建过将军府，虽然现在还没有得到考古资料的完全确认，但在九州还是留下了一些痕迹。而在京都奈良一带，一直到奈良时代，日本人主要还是居住在半地下式的竖穴建筑里。这也说明，大和政权和倭五王不太可能有直系相传的关系，而大和政权的文明程度远远低于倭五王的政权。而随

文化的嬗变 日本国宝中的唐风汉骨······

释迦三尊像，法隆寺

第五章　润物无声：汉物对日本物质性滋润

着佛教寺院的建设，日本也再次引进中国式的木结构建筑。

有了中国式高大的木结构建筑，就需要有同样高大的佛像。据传，飞鸟寺主要建筑是在596年竣工的，建筑时间只花了3年多，但飞鸟寺的大佛开始铸造是605年，花了4年完成。显然大佛的铸造更加困难。佛典记载释迦牟尼的身高为一丈六尺，所以，飞鸟寺大佛是按照这个高度铸造的，日本通称丈六佛像，大多数佛教寺庙的佛像也是按照这个高度铸造的，所以，飞鸟寺的丈六佛像俨然是日本佛像的样板。

不过，飞鸟寺大佛在1196年的大火灾中严重烧毁，只剩下两眼和鼻子、额头等上半部脸，以及几个螺发和一、二级手指，被有效地保存在后代重铸的大佛像里。当初的风采已经很难看清楚。好在飞鸟寺留下了大佛铸造者的名字：鞍作鸟。因为与法隆寺佛像铭文中的佛师鞍作止利在发音上相同，所以，飞鸟寺大佛的铸造者被认为和法隆寺佛像铸造者是同一人。

根据《日本书纪》等史料，止利是从中国南朝渡海而来的制作马鞍匠人的后代。其祖父司马达等、父亲司马多须奈等也都是为了佛教在日本传播尽心尽力的知名人物。司马达等还向苏我氏的领袖苏我马子进献了佛舍利子。不过，日本也有人认为止利不是个人名，而是鞍作部首领的名称。但一个人还是一群人实际上已经不重要了，重要的是止利给日本留下了风格鲜明的止利派金铜佛像，代表作就是法隆寺金堂中安置的释迦三尊像。

法隆寺金堂里一坐两立，左右对称的三尊像具有明显的面部特征，杏眼微开，脸带古朴的微笑，显得非常神秘。当初的光背还有另外铸造的飞天像，更是蔚为大观。这种非常有特色的止利派佛像融合了中国

铜造佛头，兴福寺

南北朝佛像风格，在各方面都展露了中国佛教的影响。不过，随着日本遣隋使和遣唐使直接与中国加深了交流，隋唐风格也被引进到日本，止利派佛像也就从历史舞台上迅速消失了。

7世纪下半叶，日本正式进入了天皇的时代，而佛寺也出现了初唐风格的佛像。685年完成的山田寺金铜丈六佛像就是这种划时代的杰作。这尊佛像于1187年被兴福寺夺走，又在1411年遭到火灾烧伤了佛像脸部左侧，但从保存比较好的右半面来看，其丰满的脸庞、秀丽的眉线、挺拔的鼻梁和棱线清晰的嘴唇，还有那充满慈悲的半开的眼睛，可以让人充分地感受到青春的朝气。这尊金铜佛像的完成，也显示了在这一时期日本金铜佛像铸造技术又获得了巨大的进步。在此之后，日本铸造了很多丈六金铜佛像，如中宫寺的菩萨半跏像、法隆寺的观音菩萨立像等，后来都被指定为日本国宝。到8世纪初，日本铸造金铜佛像的技术更加成熟，可以使佛像的造型更加写实、神态更加庄严、服饰的表现更加细腻，奈良药师寺的三尊像、圣观音菩萨立像等就是技术成熟的代表作。到743年，圣武天皇发愿铸造东大寺大佛的时候，能够建造如此高大的金铜佛像，更说明日本的金铜铸造技术的成熟。所以在这一时期，一些中下层贵族和官僚也有条件开始为寺庙铸造佛像了。

第五章　润物无声：汉物对日本物质性滋润

木雕佛像

　　木雕佛像的技术也很早就传到了日本。法隆寺梦殿中的观音菩萨立像就是日本现存最古老的木雕佛像。佛像表面涂有白色涂料，外面再贴金箔。佛像造型属于止利派，与法隆寺金堂释迦三尊像在细部造型上非常相似，但更接近中国的造型，制作时间可能会更早。

　　法隆寺金堂中的四天王立像也是飞鸟时代前期的木雕像。四天王直立静谧的造型也属于止利派，与后代的四天王像完全不同，而与圣德太子修建的四天王寺的立像非常相似。其中广目天王像的光背上有"山□大□费"的作者记名，而《日本书纪》白雉元年（650年）记载"是岁，汉山□直大□奉诏刻千佛像"。汉山□直大□和山□大□大概是同一人群，法隆寺的四天王像应该是在此前后制作的。

四天王立像，法隆寺

　　也就是说，早期日本的木雕佛像也和金铜佛像一样，深受中国南北朝时代风格的影响。这从木雕用材方面也能推测出来。木雕本来多用檀木,而檀木都产自印度和东南亚,到中国南朝时开始采用樟木代替檀木,这影响了日本的木雕。日本木雕基本上都是采用樟木来制作的,这本来也是日本没有檀木的限制。到8世纪后半叶,木雕佛像的制作技法出现了很大的变化,开始使用榧木、桧木,同时加上了泥塑混合技法。榧木木材具有一定的密度和黏性,切面平滑,而且在西日本地区经常可以看到,容易获得大型材料,雕刻制作等身大的佛像非常合适。找到这样的木材,使得木雕佛像在日本有了进一步发展的基础,但促成这种变化的契机是鉴真和尚东渡日本。鉴真和尚不仅带来了雕白栴檀千手像,而且还带来了雕檀工匠。这些工匠们留下了很多不朽的佛像作品。

唐招提寺的传药师如来立像、传众宝王菩萨立像、传狮子吼菩萨立像就是天平时代木雕的代表作。这三尊佛像都是用一根榧木雕刻而成的,尤其是传众宝王菩萨立像与山口神福寺十一面观音菩萨立像与从唐朝流转而来的檀木佛像

传众宝王菩萨立像,唐招提寺

第五章　润物无声：汉物对日本物质性滋润

在表现手法上非常相似，说明在当时的日本已经成功地使用榧木代替檀木来制作佛像，从而确立了日本的木雕佛像的工艺。本来檀木雕像可以表现细腻的人物情感，日本成功地使用榧木代替檀木来雕刻佛像，也使得日本的雕塑可以追求更加细腻的表现，为使用柔软材料来塑造佛像的捻塑佛像的发展打通了道路。

到奈良时代前期，日本也有使用木芯和泥土制作佛像的，但随着木雕佛像工艺的成熟，更是让捻塑工艺上了一个台阶，并在8世纪初成为最为流行的佛像制作工艺。

捻塑佛像

从710年的平城迁都到784年的长冈迁都这段时间，被称为天平时代。而天平时代正是日本推行中央集权的律令国家制度，试图使天皇全面统治日本的一个时期。天皇的朝廷不仅进一步引进唐朝制度，并且强化了对佛教的统治，把佛教纳入辅佐天皇朝廷的体制中来。所以，日本大举建造佛寺，并在各地建立国分寺，限制私自发展佛教。著名的东大寺就是在这一时期建造的。

为了汲取更多的唐朝文化，这一时代日本4次派遣了遣唐使，带回了大量的唐代物品和图书典籍。比如735年留学唐朝的玄日方就携带了5000多卷佛经和大量佛像回日本，而鉴真和尚东渡日本，更是带来了相关的工匠，直接参与了寺院的建设和佛像的制作。受这些影响，日本佛像制作很快就确立了用捻塑技法形成的写实风格。所谓的捻塑技法是

文化的嬗变 日本国宝中的唐风汉骨

用柔软的材料进行塑造的一种技法，主要有泥塑和干漆夹苎等。这种技法在8世纪前半叶流行一时，捻塑佛像制作数量超过了木雕佛像。

比如，法隆寺五重塔内部保存的塑像，虽然可以在5世纪的中国文献中找到其渊源，但作为实物却是东亚最古老的。《历代名画记》等文献资料中记录的初唐浮雕也能在这里看到。而这些塑像的制作被认为和704年的遣唐使带回的唐代风格佛像也有密切关系。

干漆夹苎是一种古代的中国传统工艺，最早的文献记载为东晋戴逵所造的夹苎像。因这种造像非常轻巧便于携运，所以，佛教常用这种造像巡回宣教。这种技法很快也传到日本，在天平时代非常流行。奈良当麻寺金堂中的四天王立像，被认为是日本最

十一面观音立像，圣林寺

236

第五章　润物无声：汉物对日本物质性滋润

古老的干漆夹苎佛像。而东大寺、兴福寺、唐招提寺保存的干漆夹苎佛像很多都是日本雕刻史上著名的作品，也被日本指定为国宝。

奈良圣林寺保存的十一面观音立像被近代日本哲学家和辻哲郎誉为天平雕刻的最高杰作，实际上就是木心干漆造像。佛像高209.1厘米。右手下垂，中指和无名指微微内曲。左手持水瓶置于胸前。佛像以木材制作内芯，外面涂干漆，平均厚度约1厘米。天衣的游离部分用铁丝麻布作芯涂以干漆整形，外层贴有金箔。佛像面容丰润，细目丰唇；体态比例和谐，清雅端丽；上身袒露，巾帛绕肩斜扎于胸前；腰束羊肠大裙，衣纹自然，线条流畅；佛像头顶部有菩萨面、牙上出相面、愤怒相面各3面及大笑面1面，和观音菩萨面加起来共十一面。不过，其中菩萨面、牙上出相面及大笑面各有1面已经遗失。这尊佛像原来是大神神社神宫寺之一的大御轮寺的本尊，在明治政府发布神佛分离令后被转移到圣林寺。于1952年被指定为日本国宝。

鉴真东渡时也带来会制作干漆夹苎像的弟子。唐招提寺金堂里的卢舍那坐像就是干漆夹苎像。这座佛像比一般的丈六佛像大一点，表情也更加庄严沉郁。衣纹显得自由凌乱，与光背上层层排列的千尊小佛像相得益彰，显示制作者对自己的技艺充满了自信。

在鉴真圆寂之际，其弟子思

鉴真和尚坐像，唐招提寺

托制作了鉴真的干漆夹苎坐像，一直供奉在唐招提寺里。鉴真像也是日本最古老的人物肖像雕塑，造型逼真，一如生前模样，十分传神地表现了鉴真和尚愿意排除万难，东渡日本，普渡众生的精神。

虽然干漆夹苎可以更加传神地塑造佛像，但由于干漆材料比较昂贵等问题，进入8世纪后制作数量急剧减少，铜铸和木雕佛像又重新成为日本佛像的主要制作手法，并且得到了进一步的发展。到9世纪以后，融合了日本自然文化要素的佛像也开始缓慢地出现了。

8. 茶·茶道·茶碗

吃茶的开始

中国古人喝茶不叫喝，而叫吃茶。这倒不是因为那个时候的茶有点像粥，而是因为古代的喝字并没有饮的意思，而是声音嘶哑的意思。比如《后汉书·张酺传》："被矢贯咽，音声流喝。"现在表示饮用的喝字实际上是一个借词，大概从元代人开始借用的，元曲《冻苏秦》第三折："哇，你敢也走将来喝点汤，喝点汤。"在此以前，大家都说吃，比如吃茶、吃酒，唐代赵州禅师从谂就留下了"吃茶去"的著名禅宗公案，那个时期来中国留学的日本僧俗人等也学会了吃茶，并把吃茶的习惯连同吃茶的名称一起带回了日本。入宋僧人荣西就写了一本《吃茶养生记》流行日本。

日本最早的吃茶记录出现在840年完成的当代史记《日本后纪》里，

第五章　润物无声：汉物对日本物质性滋润

那是在815年4月嵯峨天皇巡幸崇福寺时的一条记录："幸近江国滋贺韩埼便过崇福寺，大僧都永忠，护命法师等，率众僧奉迎于门外，……大僧都永忠手自煎茶奉御。"大僧都是日本仿制唐朝而实施的律令制度下管理僧侣的高级僧官，由资深和尚充任。永忠曾经留学唐朝30年左右，学习了佛教，也学会了吃茶。805年永忠和最澄等回日本，并带回了茶树的种子，在日本种植了茶树，10年后充任大僧都的永忠奉茶献给天皇，说明日本社会对茶已经不陌生了。实际上嵯峨天皇非常憧憬中国，他曾做过这样的汉诗："吟诗不厌捣香茗，乘兴偏宜听雅弹。"

不过，天皇的表率既没能在日本普及吃茶的习惯，也没能在上层社会的贵族生活中树立吃茶的规范。虽然菅原道真也写过"烦憃结胸肠，起饮茶一盏"的诗句，说明贵族们也经常吃茶，但吃茶从没有成为贵族社交生活中的主角。现在日本通常把镰仓初期的大和尚明菴荣西当作茶祖，因为他不仅从中国带回了茶树的种子和树苗，而且还带回了南宋禅寺的抹茶饮用方法。新兴掌权阶层的武士们生活在刀口上，今天不知明天的死活，所以都愿意从禅宗那里寻找安慰和解脱，并仿照禅僧开始吃茶。唐朝的高僧百丈怀海就曾制定过《百丈清规》，可惜已经失传。圣一国师圆尔回日本的时候带回来一卷宋代慈觉禅师宗赜编辑的《禅苑清规》，成为东福寺的清规戒律的基础。这样的禅寺清规不仅规定了寺院的生活戒律，而且还把吃饭吃茶的规矩当作寺院的共同礼仪。但武士们却不太愿意接受这样的束缚，他们更愿意把这样的吃茶当作社交活动。新兴的武士没有贵族们那么多的社交活动，贵族的社交活动文的有吟诗奏琴，武的有弓箭蹴鞠。早期的武士都是一些粗人，不懂琴棋书画，而

文化的嬗变　　239

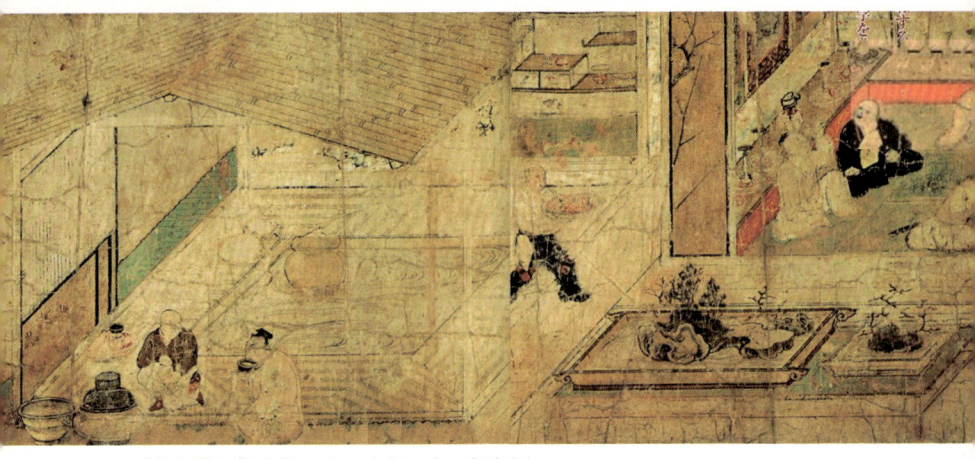

《祭礼草纸》局部、室町时代，前田育德会

武术都是真刀真枪，所以，武士们非常缺少社交的手段，禅宗的吃茶就成了武士们难得的社交活动。从后来织田信长、丰臣秀吉等权倾天下的人都那么热衷吃茶也可以看出吃茶的社交功效。而且，织田信长还赋予了吃茶政治意涵，被称为"御茶汤御政道"。

《红楼梦》里妙玉曾指出：一杯为品，二杯即是解渴的蠢物，三杯便为饮牛饮骡罢了。但是在镰仓时代这样风雅的人非常少，吃茶还是一种游戏，或者是一种炫耀。《二条河原落书》中记载了在天皇及贵族之间，斗茶游戏非常盛行，市井社会也起而跟风。《太平记》卷三十三《公家武家荣枯易地事》中就有这样的描述：在京的大名聚集吃茶时，虽然以禅院茶礼分宾主而坐，但更主要的是往往摆上从异国他乡收集来的珍宝，互相炫耀。高级武士阶层不仅崇拜汉物，讲究排场，而且还专门有人负责布置装饰，安排点茶。这样的茶会也就慢慢摆脱了禅寺茶礼的影响。室町幕府将军府里经常召集这样炫耀自己收藏的、熙熙攘攘的茶会。但是斗茶的争斗毕竟为武士社会所忌讳，很快被武士的法典《建武式目》

第五章　润物无声：汉物对日本物质性滋润

禁止，而豪华的茶会也在应仁之乱和文明之乱的社会动荡中很难召开。在茶道必须找到新方向的时候，村田珠光所提倡的禁止在茶会上赌博饮酒，注重主客精神交流的侘茶开始受到瞩目。到日本战国时代，群雄并起，战乱不断。茶道更受武士们的器重，进入了大发展的鼎盛时期。结果，在当时掌权的武士们的庇护和拥戴下，从村田珠光到千利休，这些茶人把摆脱了禅院茶礼的茶道重新赋予禅意，从而在形式和内容上指明了日本的吃茶方向。但现在为大家所熟悉的日本茶道实际上是在江户初期才最终形成的，因为在那个时代，吃茶已经失去了"御茶汤御政道"的政治意涵而成为市井文化的一种。千利休的传人们忧虑侘茶的衰退，于是在大德寺禅僧的帮助下，仿照宋代禅宗语录《碧岩录》中的"七事随身"而制定了吃茶的流程仪式，即所谓的"七事式"，从而确立了强调仪式感、注重形式的吃茶方式，也就是现在流行的日本茶道。

天目茶碗

日本留下记录的最早茶会大概是建仁寺四头茶会。据该寺说明，这个茶会起源于中国南宋，被荣西禅师传到日本，至今不绝，还在2011年被京都市定为无形民俗文化财。保存了古代色彩的建仁寺四头茶会的吃茶做法与一般的茶道有很大的不同。其中尤为突出的是茶会每个参加者都会发一只建盏，日本称为天目茶碗。茶会的组织者事前在天目碗里都放上一些抹茶，参加者双手捧着碗，等待倒水的僧人左手持瓶右手拿着茶筅——为他们点茶。

曜变天目茶碗，静嘉堂文库美术馆

这意味着早期的茶会需要大量的茶碗，但是在平安时代，日本只能烧制不上釉的陶器，即便是到了镰仓时代，日本也只有濑户地区能烧制上釉的陶瓷，所以，当时"唐物崇拜"是必然的现象，吃茶尤其是茶会所需要的茶碗都要从中国进口，在这些茶碗中夹杂了日后被指定为国宝的曜变天目、油滴天目等茶碗。宋代祝穆著《方舆胜览》载："茶色白，入黑盏，水痕易验，兔毫盏之所以为贵也。"说明当时贵重的茶碗是以容易检验汤色水痕为上的，但是在物资比较匮乏的日本，茶碗本身更具重要性，往往具有与一国一城相匹敌的价值。日本因此而"诞生"了很多名碗，曜变茶碗以其巧夺天工的绚丽更成为名碗中的名碗。室町时代著名鉴赏家能阿弥毫不吝啬地称赞说：曜变，建盏之无上神品，乃世上罕见之物。能阿弥在《君台（观）左右帐记》中的记录也说明了曜变、油滴等茶碗都被纳入室町时代最优秀的收藏东山御物中。在室町幕府瓦解的过程中，东山御物也四下散佚。其中有一只曜变茶碗为织田信长所获，但却在本能寺的大火中被毁。让后人感叹不已。

不过，很多重要的茶碗都被保存了下来。现在日本在这些茶碗里指定了8只茶碗为国宝，还有47只茶碗为重要文化财。在8只国宝茶碗里，中国烧制的有5只，其中3只是曜变天目，1只是油滴天目，还有1只是玳

第五章　润物无声：汉物对日本物质性滋润

玻天目。

这些天目茶碗本来都叫作建盏，是南宋时代在福建建窑烧制出来的茶碗，最初日本也是使用建盏这个名称，但从1335年之后，留学天目山的日本僧人开始把建盏称为天目，以后日本就更流行天目这个称呼。

曜变天目早变成了传说中的传说，因为现如今只有日本保存着3只完好的曜变天目茶碗，分别被收藏在东京的静嘉堂文库美术馆、大阪的藤田美术馆和京都大德寺塔头龙光院。其中斑纹最为光鲜的是保存在静嘉堂文库美术馆的那一只。这只茶碗高6.8厘米，口径12厘米。漆黑的茶碗内侧散落着星星般的斑纹，闪烁着蓝色和青色的光彩，在不同的角度上还可以看到彩虹般的辉煌，从而被认为在这只茶碗里可以看到宇宙的深奥。

这只曜变天目本来是德川将军家所藏的柳营御物，1643年，第三代将军德川家光的奶妈春日局生病时，将军将这只茶碗随药物一起赐给了春日局。这样，春日局的后裔淀藩主稻叶就代代传承了这只珍贵的茶碗。所以，这只茶碗也称为稻叶天目。明治维新之后，旧时的权贵武士阶层失去原有的经济来源，不得不变卖祖产。1918年，稻叶家把这只茶碗卖给三井财阀的下野哲郎。1934年，三菱财富的掌门人岩崎小弥太购入这只茶碗，但是一次也没有使用过。最终这只茶碗被保存在静嘉堂文库美术馆。

大阪的藤田美术馆保存的是大阪的藤田财阀3代掌门人收集的古代文物。虽然在"二战"前，藤田家曾经3次拍卖藏品，但到现在，藤田美术馆还保存有9件国宝、53件重要文化财，可见其收藏的规模有多大。在现存的9件国宝中有一只曜变天目茶碗，是1918年，藤田财阀第二代掌门人藤田平太郎从德川将军的御三家之一的水户德川家购入的。这只茶碗虽不如稻叶天目那样的炫目，但其斑纹分布均匀，大有沉稳之美。茶碗的口沿扣银，而尤为难得的在茶碗的外部也能看到曜变的现象，这是3只茶碗中仅有的。

龙光院所藏的曜变天目的传承最为简单，从安土桃山时代这只茶碗就一直保存在龙光院。在传世的3只国宝曜变天目茶碗中虽然色彩变化最少，但却独有幽玄之趣。因为是寺院所藏，这只茶碗没有必须展出的义务，所以，在这3只茶碗中恐怕是最难一睹真容的茶碗。不过，这只茶碗也是仅有的现在还在茶会中使用的茶碗，如有因缘的话，不仅可以看到这只茶碗，甚至还能用一次这只国宝茶碗。

在日本指定的国宝茶碗中，中国烧制的天目茶碗就有5只，而日本烧制的只有2只，而且除了这几只被指定为国宝的天目茶碗之外，还有8只宋元时期的天目茶碗被指定为日本的重要文化财，可见中国的天目茶碗在日本茶道中的地位之高，同时也说明了日本对汉物崇拜的深度和广度。

仿造与创造

到了镰仓时代末期，吃茶习惯在日本更加普及，天目茶碗的需求量也日益增加。这样的需求使得日本开始仿制天目茶碗。由于当时只有濑户窑有上釉的技术，所以，上黑釉的天目茶碗也只有濑户窑能够仿制。经过不断的摸索，濑户窑的仿制也越来越像。大概是日本人喜欢比较薄

第五章 润物无声：汉物对日本物质性滋润

的碗口，所以，濑户窑的仿制天目碗都是薄碗口的。但总体来说，日本的窑工是尽可能地模仿中国的式样。比如濑户窑周围的黏土中含铁量比福建建窑周围的黏土含量少，所以，烧出来的茶碗底部不上釉的部分会变得比较白，于是日本的窑工就在这个部分涂上含有铁矿物的粉末，使得烧制出来的茶碗更像福建的建盏。这也从一个侧面反映了当时的日本人对中国的天目茶碗是多么的向往和憧憬。

限于当时的技术水平，日本的窑工基本上没有可能仿制曜变天目茶碗。虽然说窑变是一种非人工控制的化学变化，但没有一定的技术水平，调制不出技术含量比较高的釉彩，是不可能烧出那样的窑变的。事实上，日本一直到现代才有人比较成功地挑战了仿制曜变天目。

随着村田珠光、千利休等对日本茶道的不断完善，日本开始使用日本烧制的茶道具。这也是因为在室町时代有一些陶工从中国大陆渡海而来带来了新的烧陶技术。比如，从福建来的陶工饴也（阿米也）带来华南三彩技术在日本烧陶，不过一开始主要是烧制瓦片。饴也的儿子长次郎继承了其父的手艺继续烧瓦，但是在邂逅千利休之后，在千利休的熏陶下，长次郎在天正十四年（1586年）以后开始烧制千利休推崇的茶碗，烧瓦本来不用辘轳，长次郎就用捏黏土成形来烧制体现千利休侘寂思想的茶碗。当时长次郎是在聚乐第烧的，所以茶碗也称为"聚乐烧"，之后拜领到"乐"字印，此后称为"乐烧"。乐烧茶碗的黑色是涂上黑石捻制的铁釉后在1000℃的高温下烧制，然后出窑急速冷却，从而形成的非常厚重的黑色。红色乐烧是用含有丰富氧化铁的黏土烧制后涂上透明的釉，然后用800℃的高温烧制而成的。这说明日本的陶瓷烧制技术有

乐烧白片身变茶碗 铭文"不二山"，
Sunritz服部美术馆

了明显的进步。

不过，很有意思的是，乐家代代烧制茶碗，却没有出过一只被评为国宝的茶碗，而一个资深"票友"在乐窑里烧出的一只白片茶碗却成了日本烧制的最高峰。那就是乐烧白片身变茶碗，铭文"不二山"，1952年被指定为日本国宝。

这只茶碗的制作者是本阿弥光悦，他与乐家第三代传人道入过从甚密，近朱者赤，近墨者黑，光悦也能制一手好陶，并且很受欢迎，一碗难求。他从乐家拿了陶土，自己用手捏成茶碗形状后，又拿去乐窑烧制。可以说，这只茶碗就是真正的乐烧，只不过不是乐家传人烧制的而已。当然，这也情有所原。本阿弥光悦烧制的这只茶碗不是乐烧常见的黑乐烧和赤乐烧，而是一只非常罕见的白乐烧。那是用白土捏成，浇上白釉再去烧制的。结果，在烧制过程中，虽然茶碗的上半部烧出了制作者希望的颜色，但下半部分炭化发黑，并不是制作者预想的结果。但是，大家在这里似乎看到了千利休所珍爱的青瓷鯱耳花瓶的影子，对这次窑变都击节称赞，认为是旷世奇物。于是光悦就把这只茶碗用振袖即结婚前少女穿的和服包起来给女儿做了嫁妆，所以，历史上又称其为振袖茶碗。

千利休死后，其弟子古田织部成为茶道界新的领袖。古田织部本是

第五章　润物无声：汉物对日本物质性滋润

一名战国时代的武将，曾经跟随织田信长、丰臣秀吉东西征战，后来论功行赏成为一个地方小诸侯。不过，古田织部在历史上留下更为重要的功绩是对茶道的推广。他的织部流茶道在当时的朝廷、贵族、寺庙神社及市井商人之间都很流行，影响很大。他本人被丰臣秀吉提拔为茶堂，也被德川第二代将军聘为茶道的指南。

1599年，博多的大商人神屋宗湛在他的日记《宗湛日记》里留下对织部茶碗的崭新奇葩的设计惊倒的记载。实际上这就是织部所提倡的破调之美的体现，他曾经认为一只大井户茶碗太大，就把这只茶碗十字切开，磨去一部分后再用漆粘上，这样就在一种破坏上产生了新的美。当然，他也不是经常把茶碗故意弄坏再粘起来。和千利休一样，古田织部也指导陶工为他烧陶，烧制出来的陶器造型奇特，以绿色为特色，称为织部烧。著名陶艺家兼陶瓷史研究家加藤唐九郎评价说："利休欣赏自然的美但不会去创造它，织部则是将美创造出来的人。茶器成为艺术品乃是始于织部。"

织部烧在广义上属于美浓烧的一个组成部分，美浓烧是日本岐阜县土岐市、多治见市、瑞浪市、可儿市等古称美浓的地方生产的陶瓷器的统称。美浓地区很早就开始烧制不上釉的陶器，在16世纪的时候，在织田信长的鼓励下，该地区的陶器生产发展迅速，出现了著名的志野烧。实际上志野烧起源于室町时期茶人志野宗信，他要求美浓的陶工为他仿制中国的白天目，所以陶工就选用含铁量低的白土，涂上用长石制成的釉，在1300℃左右的高温下烧制。烧制出来的陶器有独特的肌理，在釉厚的地方呈白色，釉薄的地方呈红色。虽然不像中国的白瓷，但也风味无穷。被指定为国宝的日本茶碗只有2只，其中一只就是志野茶碗，被称为卯花墙。之所以有这样风流的名称，是因为当时的陶工在这只茶碗上破天荒地用铁釉画了几根线，让这只茶碗成为日本陶瓷史上第一个釉下绘的陶瓷，而江户时代的武将茶人片桐石州更是从这个线条简单的纹样中看出一片隐藏在白釉中的卯花开在竹子围墙上。这样禅意的眼光使得卯花墙茶碗更加名贵。

之后随着烧窑技术的不断发展，也是有茶人指导的织部烧异军突起，烧制出很多优质的陶器。这样，美浓地区的陶器业走过了从仿造到创造的历程，数百年来争奇斗艳而长盛不衰，现在已是日本最大的陶瓷器生产基地。在日本陶瓷餐具市场上，美浓烧的比例超过60%，可见这个传统陶瓷在日本陶瓷界的地位。

第六章 威信财产：历史事件中的国宝

文化的嬗变 日本国宝中的唐风汉骨

1. 铜镜与古代王权

日本神话中八咫镜的原型

金银错狩猎纹镜，永青文库

福冈县平原方形周沟墓出土品，伊都国历史博物馆

2021年冬，在东京文京区胸突坂上的永青文库展出了被指定为国宝的中国铜镜。永青文库实际上收藏了两件来自中国的国宝：一件是战国时代的铜镜；另一件是西汉时代的铜盘，但它们并没有在同一展览会上一起拿出来，而是分前后期分别展出，吊足了观众的胃口，也更凸显了这两件国宝的珍贵。

有永青文库这种"小气"，就会有人十分大方，九州的伊都国历史博物馆就一下展出过40枚国宝铜镜，令人咋舌。为什么日本九州的一个地方博物馆竟能拥有如此之多的国宝铜镜呢？实际上从这家博物馆的名称上可以看出端倪。伊都国是一个古代国家的名称，曾经出现在中国的史书《魏

第六章 威信财产：历史事件中的国宝

志·倭人传》上，距今有1800年之久。1965年，当地的地主在种植橘子树的时候挖出了很多铜镜的残片，后经专业发掘，发现是日本弥生时代末期的一个大墓葬，陪葬了大量的文物。其中出土的铜镜有40面之多，为这一时期最多的墓葬，其中有5面铜镜的直径达46.5厘米，是日本发现的最大的铜镜。2006年，这批铜镜及其他文物以福冈县平原方形周沟墓出土品的名称一起被指定为日本国宝。

当然，也难怪永青文库的"小气"，因为在2006年以前，日本指定的国宝铜镜也只有10面（其中3面线刻镜像），而且，除了永青文库的这面战国铜镜和一面日本古坟时代的铜镜之外，其他都是唐代或者日本平安时代以后的铜镜。而2006年增加的40多面国宝铜镜，反而使得永青文库所藏的战国铜镜更具有不可多得的珍贵性。

2006年以前日本指定的国宝铜镜

名称	时期	尺寸（cm）	持有者
金银错狩猎纹镜	中国·战国	径 17.5	永青文库
海兽葡萄镜	中国·唐	径 29.5　缘厚 2.0	香取神宫
海矶镜 2 面	中国·唐	（1）径 46.5　缘厚 1.5　缘幅 1.8　钮高 3　钮径 6.8 （2）径 46.2　缘厚 1.5　缘幅 1.8　钮高 3　钮径 6.3	国立文化财机构（法隆寺进贡品）
禽兽葡萄镜	中国·唐	径 26.8　缘厚 1.7	大山祇神社
人物画像镜	日本·古坟	径 20	隅田八幡神社
伯牙弹琴镜	日本·平安	径 14.5	道明寺天满宫
线刻阿弥陀五佛镜像	日本·平安	径 11.2	个人

文化的嬗变

续表

名称	时期	尺寸（cm）	持有者
线刻释迦三尊等镜像	日本·平安	径 15.1　缘厚 1.2	泉屋博古馆
线刻千手观音等镜像	日本·平安	径 13.9　厚 0.6	秋田县水神社

从平原遗迹的1号墓中出土了直径为46.5厘米的大型青铜镜。此铜镜镜背没有铭文，只有花纹。发掘整理者原田大六据此命名此铜镜为"内行花文八叶镜"。此镜子的尺寸用汉代的尺寸来测量的话，正好是2尺。古代日本把直径1尺的周长算为4咫，咫是周长的意思，所以，直径2尺的铜镜的周长就为8咫，这样大小的铜镜就被称为八咫镜，而八咫镜是日本天皇所专有的三种神器之一。镰仓时代编写的《神道五部书》所描绘的八咫镜及平安时代编纂的律令实施细则《延喜式》及《皇太神宫仪式账》所描绘的铜镜在尺寸上与平原遗迹出土的大型铜镜基本一致，据此，原田大六认为平原遗迹出土的大型铜镜应该是和八咫镜同属类型的。本来八咫镜属于神话范畴，日本《古事记》有"集常世长鸣鸟令鸣而取天安河之河上之天坚石取天金山之铁而求锻人天津麻罗而科伊斯许理度卖命令作镜科"的叙述，到底是什么材料当然不得而知，如果原田大六的推断不错，那么，三种神器的来源似乎也能知道个大概了；同时，也就说明了汉魏铜镜在日本神话起源上所起到的具有历史意义的作用。

现在，日本指定的日本制造的国宝铜镜的尺寸都很小，要比同时期中国铜镜小得多。这也可以看出在更古的时候，大型铜镜对日本来说其珍贵的程度，而这样难得的大型铜镜作为威信财产也是非常合适的。

第六章　威信财产：历史事件中的国宝

威信财产的分配系统

"夫以铜为镜，可以正衣冠；以古为镜，可以知兴替；以人为镜，可以明得失。"这是唐代史学家吴兢在《贞观政要》中记录的唐太宗感言。不过，如果唐太宗知道日本从汉魏铜镜中引申出三种神器中的八咫镜，恐怕这番感言要另外措辞了。

实际上，在八咫镜传说形成之前的数百年时间里，中国传来的铜镜也是日本社会的一种威信财产，并且在古代日本国家制度形成过程中发挥重要的作用。所谓的威信财产本是文化人类学的术语，是指古代社会中象征权力的物资。这种物资往往比较难以入手同时又是大家所喜爱的。能够分配这种大家喜爱却难以入手的物资的人自然会拥有足够的权威，从而成为一个领袖。威信财产的系统是古代社会非常重要的系统，对这个系统的研究有助于对史前社会的认知。

虽然8世纪以前的日本历史在中国的正史中有所保存，但并不清晰完整。所以，考察日本史前史，还需要考古资料和对威信财产系统的研究。而铜镜在日本的出现从一开始就具有了威信财产的功能。《魏志·倭人传》中魏明帝的诏书说得很清楚："特赐汝：绀地句纹锦三匹、细班华罽五张、白绢五十匹、金八两、五尺刀二口、铜镜百枚、真珠、铅丹各五十斤……悉可以示汝国中人，使知国家哀汝，故郑重赐汝好物也。"也就是说，拿从中国来的东西可以向国中人显示统治者有足够硬的后台。在这些赐予物里，更适合拿来再分配的威信财产应该是铜镜，因为铜镜有一定的数量，而且可以长期保存。

实际上，在魏明帝之前，日本已经从中国获得了一定数量的铜镜，并作为威信财产发挥了作用。从日本的考古出土文物状况来看，公元前后四百年间，有大量的汉代铜镜流传到日本，而流传的核心地带为九州北部。

考古学家冈村秀典根据九州北部随葬铜镜的大小、多少，把这些墓葬分为A、B、C三种类型。A型墓葬中随葬着大型汉代铜镜，B型墓葬中随葬2面以上的中小型汉代铜镜，C型墓葬中只有1面汉代铜镜的随葬。拥有大型铜镜的墓葬即三云南小路遗迹1号墓及须玖冈本D墓葬都属于A型墓葬，其墓葬主应该是当时统治链最上层的人物，而其他墓葬中随葬的铜镜多少也是当时社会等级的一种反映。从这里也可以看到，当时铜镜是威信财产分配系统的概略。

这样的威信财产的分配系统随着时间的推移，其地理范围也在扩大。在日本弥生时代早期的九州北部墓葬中出土了完整的西汉铜镜，而在北部九州之外，只有在山口县的极少数墓葬中可以看到西汉铜镜，说明当时的威信财产的分配系统涉及的地理范围非常狭小。或许是用铜镜陪葬的习俗还没有向其他地方扩展的缘故，或者就是北部九州的统治势力还局限在本地，总之，这个时代，统治者是可以用完整的铜镜来做威信财产的。但是到了弥生时代晚期，墓葬中的铜镜基本上都是破碎的，而且，很多墓葬中的破镜并不能复原，而只是残片。据日本学者推测，当时采用铜镜作为威信财产的地域已经有所扩大，而从中国流传过来的铜镜数量有限，在当作威信财产使用时出现了捉襟见肘的情况，所以不得已采用了分割铜镜的方法，用铜镜的碎片继续充当威信财产。而这样

第六章 威信财产：历史事件中的国宝

的威信财产的使用，也使得这个时代的墓葬都喜欢用破镜来随葬，形成了弥生时代末期墓葬中基本上只有破碎铜镜随葬的局面。

在墓葬以外的遗迹中也出土了不少的破碎铜镜，显然这是在某种仪式上使用后被丢弃的。这进一步说明了铜镜在当时的统治者中具有重要的意义。能大量拥有铜镜，实际上也就是权力的象征。

到200年以后的阶段，也就是魏明帝下诏赐予铜镜百枚以后的时代，九州北部开始失去中国铜镜流传的核心地带的地位。但这并不意味着铜镜失去作为威信财产的作用，考古资料显示，铜镜的分配系统是逐步转移到现在的奈良京都一带，在很长的时期里继续发挥着威信财产的作用。

伊都国折射的古代日本

出土了大量铜镜的平原遗迹所在地被认定是属于古代的伊都国，而伊都国出现在《魏志·倭人传》中："东南陆行五百里至伊都国。官曰尔支，副曰泄谟觚·柄渠觚。有千余户，世有王，皆统属女王国。郡使往来常所驻。"这里的女王国应该是邪马台国，那么，如此大量的铜镜不应该首先要献给女王国吗？到目前为止，并没有在九州发现邪马台国的遗址，而平原遗迹1号墓的墓主人被认定为女性，所以，在日本也出现了平原遗迹实际上就是邪马台国的说法。但有学者认为，由于看不出平原遗迹的铜镜有分配给其他地方的痕迹，虽然该地的铜镜数量和尺寸都很突出，但还是不能认为这里的统治者比其他地区的统治者地位更高。也就是说，平原遗迹的原统治者并没有使用铜镜作为威信财产，所以，也就不太可能是这一地区的最高统治者。也就是说，平原遗迹不可能是邪马台国。

然而，如果伊都国只是邪马台国的附属，没有不把所拥有的大量铜镜献给邪马台国的道理。因为当时作为威信财产的铜镜在数量上还是远远不够的。平原遗迹也就是伊都国作为女王国的附属国为什么能拥有如此多的铜镜呢？

实际上，伊都国是一个比较特别的地方。《魏志·倭人传》中"郡使往来常所驻"。也就是说，中国的乐浪带方郡的使者常到这个地方。而且，女王国"特置一大率，检察诸国，诸国畏惮之。常治伊都国"，这等于中国的刺史，属于地方一级大员。也就是说，伊都国既是女王国的封疆大吏治所，也是中国使者的驻地，可以概括地说，伊都国是女王国对中国的一个窗口。女王国与中国交流的物资往往要通过伊都国，这也让伊都国拥有如此大量的铜镜有了可能。但即便如此，伊都国也不应该把如此多的铜镜陪葬。这个谜应该如何解呢？

伊都国保留了大量铜镜而不上交女王国，有一个可能是这个时候女王国发生了巨大的变化。《魏志·倭人传》记载在卑弥呼女王生前身后都发生了大乱，而且与其邻国狗奴国男王卑弥弓呼素来不和，所以，在内外夹击之下，王权的更迭也不是不可能的。那么，新国王统治稳定后，应该会向伊都国索要铜镜的。但这个时候，有可能新国王并没有能继承女王国的全部权力，所以，没有必要使用铜镜作为威信财产。但也有可能的是，容易接收到中国最新消息的九州地区，已经不再流行铜镜的威

第六章　威信财产：历史事件中的国宝

信财产了。中国从东汉开始，已经有大量的铁镜出现，铜镜的生产逐步减少。其实，这也是弥生时代晚期作为威信财产的铜镜在日本出现不足状况的根源。九州在日本是最接近中国的地方，这个时候，也开始利用铁器。文献和考古资料都显示，九州地区比日本其他地区更会使用铁镞，还有铁刀。在兵器方面

金银错嵌珠龙纹铁镜，东京国立博物馆

具有一定的优越性。所以，新国王可能放弃用铜镜作为威信财产，而改用铁镜作为威信财产。

　　1933年，在九州的大分县日田市发现了一面东汉的铁镜，这样，用铁镜作为威信财产似乎就有了可能。铁镜虽然由于锈化而剥落严重，但依然堪称在铁基上镶嵌有金银线及绿松石等宝石的难得一见的佳作。镜子提纽为半球形，镶嵌有金线。提纽座为变形的四叶座，即蝙蝠座，金线与银线的蝙蝠纹镶边中间，以金银线绘涡云纹，中心镶嵌1颗玻璃珠。蝙蝠纹之间以镶金手法刻有"长""宜""□""孙"的文字，无法清晰识别的一个文字也许是"子"。提纽周围有许多以镶金手法表现的细身龙纹，眼睛与体节处镶嵌有绿松石和红色宝石。边缘以镶金手法绘有涡云纹。如此华丽装饰、做工精致的镜子极为罕见，体现出当时高超的工艺技术水平。

　　东京国立博物馆称此器何时传入日本不明，但是经过流传之后，于

6世纪左右作为随葬物品下葬。这面镜子即便在中国也属于最高级的珍品，而能够获得这面镜子并将其作为随葬物品的墓主人到底为何许人也，确实颇具意味。

不过，现在还没有足够多的证据显示当时日本采用了铁镜作为威信财产。但可以确定的是，三国时代之后，九州已经不是中国铜镜流传的核心地带。也就是说，伊都国经过千难万险得到那批铜镜的时候，九州已经不再需要使用铜镜作为威信财产了。所以，伊都国王也就不需要把这批铜镜上交女王国，但自己也没有足够的地位使用威信财产，最后只能按照当时使用破镜的习俗，把这批铜镜全部敲碎，安置在国王的墓葬里。

2.《太平御览》的妙用

威信财产的利用

在日本还没有开采铜矿的时代，不易入手的铜镜作为威信财产在长达千年的历史中，在日本国家形成过程中起到了不可替代的凝聚作用。但是，进入有史阶段后，铜镜不再是威信财产，取而代之的是汉籍。作为威信财产的汉籍同样需要具有难以入手、可以分配的威信财产的特征。比如宋代编纂的《太平御览》因为一直被宋朝禁止出口，所以在日本就很难入手。

日本平安时代末期的公卿中山忠亲担任过内大臣，是朝廷中仅次于

第六章　威信财产：历史事件中的国宝

左右大臣的中枢高官，所以他留下的日记《山槐记》是极具史料价值的。在治承三年（1179年）2月13日，中山忠亲留下了这样的日记：

> 辛丑。天阴。算博士行衡来云：入道大相国（六波罗）可被献唐书于内云云，其名《太平御览》云，二百六十帖也。入道书留之，可被献折本于内里云云。此书未被渡本朝也。

这段日记记载了平清盛得到了《太平御览》（总数有300册）。他命人抄写了一套副本留下来，并把其中的二百六十册原本献给了天皇。此段文字看起来似乎很平常，但其实包含了一段惊心动魄的故事。

在千方百计地得到了一套《太平御览》后，权臣平清盛把这套书当作威信财产，演绎了一段惊心动魄的政变故事。

平安时代实际上也是天皇逐步失去实际权力的时代。奈良时代仿制中国的律令制已经不能有效地统治全国的人民，朝廷只能把统治权移交给各地豪族，事实上放弃了地方统治。同时，大概出于忌讳当家的人在任上去世，所以，包括天皇在内，日本的统治者都喜欢早早让位给接班人，自己去过太上天皇（简称上皇或者法皇）这种有地位没有责任的生活。据统计，日本有59位天皇当过上皇，这意味着接近半数的天皇都是在生前退位的。问题是很多上皇依然精力充沛，而且经验丰富，自然就会把权力牢牢地抓在自己的手里，这种状态被称为院政，实际上造成了朝廷内部的混乱。朝廷内部争权夺利愈演愈烈，各派势力便培植武士来抗争，不料后来武士阶层迅速发展，逐步掌握了实际的统治权。然而，觊觎这种统治权的武士为数不少，所以，武士之间也就一直钩心斗角，

《平治物语绘卷》(局部) 镰仓时代，东京国立博物馆

相互攻击。最早在武士集团中崭露头角的平氏家族，获得了政权并盛极一时，以致当时有非平氏之人不得称为人的说法，但同时平氏也四面树敌，危机四伏。

治承三年（1179年），相国平清盛的嫡长子平重盛病死后，已经出家10年退居二线的他只能重返第一线指挥。这个时候平氏政权已经过了全盛期而进入摇摇欲坠的时期。为了挽回颓势，平清盛发动政变，以武力逼迫当时的后白河上皇停止院政，并大量任用平氏一族，在中央和地方都强化了平氏的统治权。平清盛在治承三年向天皇进贡《太平御览》是煞费苦心的一个行为。因为当时上皇的实际地位比天皇高，所以，平清盛想通过把超级贵重的《太平御览》献给当时的天皇，表示抬高天皇而架空上皇的意思。

同年十二月，平清盛为了炫耀自己的地位，还安排了他的外甥即其女儿和高仓天皇所生的太子来他的府第浩浩荡荡巡游。对此，中山忠亲

第六章　威信财产：历史事件中的国宝

在他的日记《山槐记》里这样记录："十六日乙亥。天晴。今晓东宫行启于外祖父入道太政大臣八条亭（八条坊门南，栉笥西）……"太子出访当然声势浩大，这一天中山忠亲是任职以来首次参与，兴奋不已，所以记录非常详细。在这天的记录中《太平御览》被当作献礼之物而再次登场："有御送物，折本《太平御览》。（此书总数三百卷也。卷三帖裹之，不入笘。自大宋国送禅门，未渡本朝也。……）裹苏芳村浓浮线绫，以玉付银松枝。"用苏木染成的红色绫罗配以白玉加银制松枝的装饰包裹起来的《太平御览》，更显得豪华珍贵。平清盛这样的做法当然不是一时的心血来潮，而是颇有心计的。第二年，他就让当时的天皇退位，让他的外甥继承了皇位，当上了安德天皇。通过拥立天皇，平氏获得了指挥朝廷内外的权力，这也意味着平氏建立了名副其实的武家政权。

然而，时来天地皆同力，运去英雄不自由。由于平氏政权的基础不稳固，那种凌驾于天皇之上的作风四面受敌，结果很快就衰亡了。而平清盛的外甥即安德天皇不仅短命，而且还是日本历史上唯一一死于战乱的天皇。如果平清盛止步于用《太平御览》表面上巴结天皇的话，或许日本的历史会有另一番景象。

《太平御览》在日本的流传

《太平御览》是北宋的名相李昉等奉敕编纂的类书。始修于北宋太平兴国二年（977年）三月，成书于太平兴国八年（983年）十月。凡分五十五部五百五十门而编为千卷，所以初名为《太平总类》，根据宋人

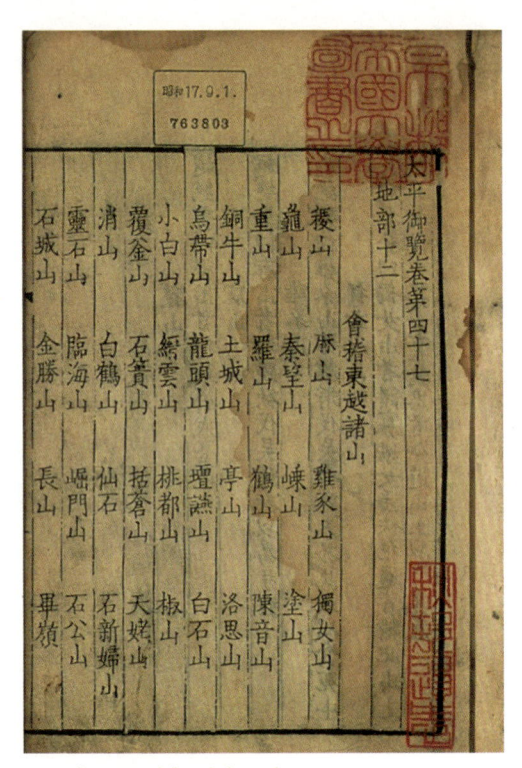

宋版《太平御览》，京都大学

王辟之《渑水燕谈录》所记，宋太宗曰："此书千卷，朕欲一年读遍。"命人日进三卷，备"乙夜之览"，太宗叹曰："开卷有益，朕不以为劳也。"所以又更名为《太平御览》。此书与同时期编纂的《太平广记》《册府元龟》和《文苑英华》合称四大书。

在宋朝第四个皇帝宋仁宗的时候，《太平御览》开始得到刊刻发行。但由于此书包括了宋朝很多信息，所以一直被列为禁品禁止输出国外。当时奉宋朝为正朔的高丽处处仿照宋朝，也渴望得到一套《太平御览》，屡次申请都没有如愿。直到宋徽宗登基，高丽使者说尽好话才终于得到一套1000卷的《太平御览》。日本与宋朝没有官方关系，更是无处可以

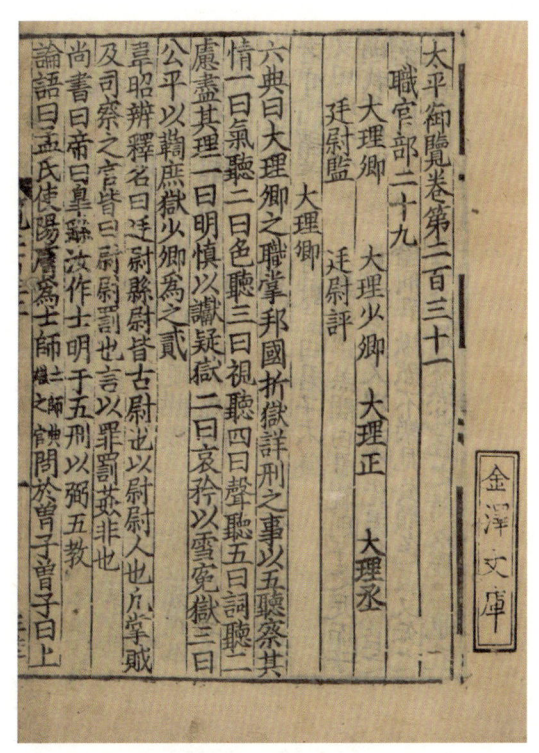

宋版《太平御览》，宫内厅书陵部

得到这套珍贵的类书。不过，对汉物极为崇拜的日本上下都在想方设法地获得这套书。

  1150年，当时宋朝商人刘文冲带来20多卷汉籍，献给了左大臣藤原赖长，想通过这个礼物得到与日本人同等的待遇。没想到藤原赖长收到这些汉籍后，反而送给刘文冲30两沙金，让他以后多带一些汉籍来。可见，当时的日本对一般的汉籍都是如此的渴望，更不用说是禁止出口的《太平御览》了。平氏家族实际上掌握了濑户内海和九州地区的贸易大权，并因此获得了巨额利益。虽然他们有机会也有能力获得他们希望得到的汉籍，但无奈宋朝禁运，要得到一套1000卷的《太平御览》还是如登天梯。所以，好不容易宋朝商人于1179年带来一套完整的《太平御览》（三百册），就被平清盛不由分说地全部纳入囊中。同年，平清盛在抄录好副本后，把260册原本献给了天皇，后来又把3册原本赠与了当时的太子。就这样，最早运到日本的这批《太平御览》基本上都进入了天皇的书库。

在现代日本皇宫的宫内厅书陵部保存着一套《太平御览》。不过，这套书好像不是平清盛献给天皇的那套，因为现存的这套《太平御览》上盖有金泽文库的藏书印。金泽文库是日本镰仓时代中期北条实时设立的私人图书馆，收集了北条家族所需的典籍和各种记录文书，还有很多汉籍和日本著作。北条实时的子孙也在先祖收集的基础上继续扩大收集，但是改朝换代后的室町时代，金泽文库也日趋衰败，所藏图书被后北条氏、德川家康及前田纲纪等人夺去，金泽文库的这套《太平御览》也流失了，最后被宫内厅书陵部收藏。历史上并没有资料显示天皇曾经把《太平御览》赏赐给他人，所以，这套《太平御览》与平清盛应该没有关系。

日本静嘉堂文库收藏了3种《太平御览》，分别为1000卷（96册）、1000卷（103册）以及残存366卷（76册），与平清盛得到的刊本并不一样。其中一种是原清朝大藏书家陆心源皕宋楼所藏的"南宋闽刊本"，日本称庆元刊本，是现存最古老的版本。陆心源死后，日本三菱财阀设法得到了皕宋楼藏书，这套《太平御览》也随之归于岩崎家族设立的静嘉堂文库。看来，这3种《太平御览》与平清盛也没有关系。

在平清盛献书给天皇的日本京都，现在一套《太平御览》保存在东福寺内。此套《太平御览》共有103册，其中3册为目录，其余100册为

第六章　威信财产：历史事件中的国宝

正文，每册收有10卷，共计1000卷，说明是一卷也不缺少的完整的《太平御览》。这套书高30厘米，宽20.3厘米。卷头为李昉等人的序文，接着是庆元所刊的刊行记。因为这套《太平御览》是103册装订的完整无缺的一套，而平清盛得到的是300册装订的，是不是完整的一套还不清楚，所以，两者之间应该没有关系。而根据东福寺的传承，这套《太平御览》可能是1241年从宋朝回来的圣一国师圆尔带回来的。

虽然以上保存下来的几套《太平御览》与权倾一时的平清盛没有关系，但是，如果有机会参观这些宋代刻本的时候，想一想平安时代末期动荡的社会变化，是不是能读到更深的历史内容呢？

宋版《太平御览》，东福寺

3. 悲歌一曲华原磬

渡尽劫波

日本人对唐代文化无限向往，对唐皇的后妃更是出奇钟爱。他们不仅把杨贵妃和埃及艳后、日本的小野小町并列为世界三大美女，还说杨贵妃没有在马嵬坡被勒死而是流落到了日本，山口县还保存着杨贵妃的墓。日本人对武则天那更是无比崇拜，流传的故事就更加离奇了。

据日本古老的能剧《海士》描述，奈良时代的权贵淡海公藤原不比等把自己的妹妹嫁给了唐高宗，并成了皇后。我们知道高宗有两位皇后，王皇后出身名门大族，而武则天出身低微，来历不明，是不是藤原之妹似乎可以商榷。唐朝是泱泱大国，便赐予日本三大宝贝，即华原磬、泗滨石和面向不背珠。前两个宝贝顺利地被送到日本，但面向不背珠却被龙王劫持到龙宫去了。所谓的面向不背就是从任何一个角度看里面的佛像都会面对观看的人，这自然是惊人的旷世珍宝。藤原不比等就赶到海边，以娶采集鲍鱼的海女为条件，要求海女去龙宫夺回宝珠。海女潜入龙宫，以念佛为利器，夺得了宝珠，却被龙王手下团团围住。海女为了保住宝珠，就切开乳房把宝珠藏进去。而龙宫被鲜血所染，让龙王及虾兵蟹将忙乱一团。海女乘机逃出包围圈，把宝珠送到藤原手里，自己也因失血过多而去世。

《海士》演绎了悲欢离合的故事，但这似乎并不仅仅是一个故事，因为还有实证的存在，且不说藤原不比等就是真实的人物，只说《海士》中提到的3件宝物中有2件是确确实实存在的，其中一件华原磬至今还保存在奈良的兴福寺里，让这段使得古往今来无数日本人为之流泪的故事有了几分真实性。

这个华原磬铸造得非常精美，一头铜铸狮子匍匐在底座上，神态安详而不失威严。狮子背上有一根六角形柱子，两条龙尾巴缠绕其上，身体在空中围成一个圆圈，再相交其首，张牙舞爪，威风凛凛，栩栩如生。毫无疑问，这个华原磬是显示唐代最高工艺水平的作品，1951年被指定

华原磬，兴福寺

为日本国宝，现藏在奈良的兴福寺。

华原磬是一种古代的乐器。本来中国传统乐师采用的是泗滨石，此种石敲之有"金声玉振"之感。然而经数千年开采，此种石越来越罕见，到唐代天宝年间，朝廷就"废泗滨石，而以华原石代之"。也就是说，华原磬应该和武则天是没有任何关系的，但是和杨贵妃可能有关联。唐朝改用华原磬的时候，正是杨贵妃风华正茂的时候。接下来的就是安史之乱时期。白居易曾经作诗讽刺时政，表面讽刺乐工非其人，实际上是讽刺唐王朝君心遂忘封疆臣。诗中有"磬襄入海去不归，长安市儿为乐师"。这是引用了《论语·微子》的典故，但非常热爱白居易的苏东坡明确指出，"闻道磬襄东入海，遗声恐在海山间"。磬襄东入海似乎有去日本的含义。不过，兴福寺的华原磬和磬襄有没有关系，大概是没有机会考证出来的。

从时间上来说，兴福寺的华原磬最早可能是天宝十一年（752年）日本第12次遣唐使带回日本的，而历经艰辛的鉴真和尚也是乘坐这次遣唐使的船终于抵达日本的。本来鉴真和尚是要乘遣唐使1号船的，但当时官府不允许鉴真成行，鉴真只能从1号船下来，趁官府不注意上了2号船。1号船后来失事，漂流到越南。而2号船到了日本。如果鉴真和尚不被赶下1号船的话，那么这次东渡就又要失败了。华原磬到日本的旅程应该就比较顺利了，既不像鉴真和尚那样几次渡海都没有成功，也不像《海士》中的宝珠那样中途被劫。兴福寺是奈良初期的权臣藤原家的家庙，藤原家又是大和地区的领主，藤原不比等获得了《海士》的宝珠，兴福寺成为华原磬的最终归宿地也是顺理成章的事。

怒烧南都

然而，如此精美的华原磬虽然没有被龙王劫持而被顺利地送到日本，但在位极人臣的震怒下遭到了致命的破坏，留下了另一段悲壮的故事。

现存兴福寺的华原磬上面并没有磬石，而是一面铜鼓。被认为是12世纪编辑的《兴福寺流记》有"金铜金鼓一基"的记载，现代认为就是指这个华原磬。那么，为什么金鼓变成了华原磬，或者说为什么华原磬变成金鼓了呢？这可能和《兴福寺流记》成书之前发生的平氏怒烧南都

第六章 威信财产：历史事件中的国宝

有关联。在华原磬被送到日本后，在兴福寺度过了三四百年的平静岁月后不料又遭遇到万劫不复的命运。

在天武天皇创立天皇制度之后，天皇获得了不容撼动的神权，并确保了天皇家族世代相袭的特权。但实际的统治权很快就被权臣掌握，只是鉴于天皇的神权，得势掌权的人不敢轻易地尝试废除天皇，而是以摄政关白的地位推行所谓的摄关政治，进行实际的统治。而权贵内部的激烈斗争使得武士阶层坐大。到了平安时代末期，平氏家族利用朝廷内部的斗争成功地获得了实权。

当时日本的统治中心已经迁移到京都，而奈良一带被称为南都。平氏利用掌握的权力，开始对地处奈良的大和国进行土地测量，准备收取租税。这引起了历代天皇拜佛的东大寺和长期独占摄政关白官位的藤原家族的家庙兴福寺等南都寺院的反抗。1179年发生的治承三年政变，后白河法皇（太上皇）和关白松殿基房都受到了平清盛的处罚，更增加了南都寺院对平氏家族的恐惧，他们先后参加了1180年以仁王的举兵反叛。这次反叛被平氏镇压后，平氏对参加反叛的寺院做出了严厉的处罚，禁止他们参加朝廷的法会，罢免了相关寺院的僧纲（寺院主管）并没收了寺院的领地。对这样的处罚，寺院方面当然拼命抵抗。根据《平家物语》，平清盛一开始只派遣了500名官兵去南都，希望能稳妥地处理好这个问题。没想到南都寺院的僧兵捕杀了60多名平清盛派去的官兵，引起平清盛的震怒。于是，平清盛下决心要抓捕恶徒、烧毁房舍、消灭南都寺院势力。他以儿子平重衡为大将，外甥平通盛为副将，集结4万军士，要扫平南都。

1180年，平氏大军出发进攻南都。虽然南都寺院的僧兵奋力抵抗，还是不敌平氏大军。12月28日，突破南都寺院僧兵防线的平氏大军放火点燃了南都的各处寺院，大火燃烧的范围东起东大寺和兴福寺，南到新药师寺，西临佐保川一带，北至般若寺，也就是现代奈良市的主要部分都遭遇了这场大火灾。这也被称为怒烧南都事件。东大寺的主要建筑均被烧毁，大佛也被烧残，只有二月堂等少数建筑幸免于难。兴福寺也没幸免，五重塔、金堂等38座建筑都被烧毁，佛像、佛具更是被烧毁无数，只有很少一部分的佛像、佛具被从大火中救出。

华原磬被人从怒烧南都的大火中抢救出来时，磬石损坏，无法复原。到镰仓时代，寺院根据《金光明最胜王经》的说教用金属修了面金鼓装了上去，后来有一段时间，这件华原磬被称为金鼓。所以，这件华原磬的式样不仅与我国历朝历代的磬不同，就是和日本所流传的磬也不相同。

被改头换面的兴福寺所藏华原磬的灾难似乎还没有结束，根据寺院的记载，华原磬原来是"坐白石面"上的，但是直到2010年前，却一直被固定在一块薄薄的榉木板上。为什么华原磬的基座是白石呢？恐怕是日本人根据他们钟爱的白居易"有石白磷磷"一句诗而想象出这件来自唐朝的宝物只能用白石相配吧，而据日本学者福山敏男的考证，这个基座的白石产于奈良县吉野郡天川村洞川地区。2010年兴福寺创建1300年之际，在回归天平时代的口号下，经过各方的努力，兴福寺终于用奈良的白石恢复了华原磬原来的基座。而安坐在白石基座上的华原磬更显得华丽无比，再一次让人深深感受到恢复基座的意义。只是华原磬原来的

孔雀文磬，宇佐神社

磬石到底是什么样的已经没有任何资料可查，看来，这件华原磬只能这样名不副实地传承下去了。

不可或缺的佛具

磬本是中国的一种很古老的打击乐器，在山西省四千年前的陶寺遗迹中就发现了磬。随着音乐的发展，出现了更为高级的编磬。在战国的曾侯乙墓中曾出土过完整的编磬。不过，兴福寺的华原磬显示传到日本的磬已经是佛具了。磬的声音清脆响亮，很容易吸引人的注意，很适合用于传教布道。到平安时代，磬就成了密宗不可或缺的佛具，制造量比较多，这也给后世留下了许多磬的实物。京都禅林寺所藏的金铜莲华文磬、福井泷谷寺所藏金铜宝相华文磬以及平泉地藏院和大分宇佐神宫个人所藏的孔雀文磬都先后被指定为日本国宝，这也使得磬成为在金属工艺品中被指定为国宝最多的一个门类。

虽然华原磬遭到了改头换面的破坏，但作为佛具的磬并没有退出历史舞台，而是一直流传下来。而且，日本的磬已经在继承中国磬的基础上有所发展，比如在形式上发展了中国磬八字形状，成为装饰比较多的山字形状。由于理想的磬石不容易找到，所以，日本早就不再使用石头而改用金属制作，比如上面提到的福井泷谷寺所藏的国宝金铜宝相华文磬就是用金铜制作的。这样，也就更加便于磬的制作和流通。到现代，磬早已是日本寺院里不可或缺的佛具了。

4. 老僧的功力

无准师范的顶相

南宋佛教界泰斗无准师范禅师虽然没有去过日本，但他在日本威望竟如此之高，以致日本僧人仅凭其一幅顶相和几幅墨迹就平定了日本佛教界一场巨大风波。

所谓顶相，就是禅宗僧侣的画像。南宋时期无准禅师的画像，现藏京都郊外的东福寺，被指定为日本国宝。

无准禅师的画像为绢本设色，画面高达1.24米。在蒙着锦缎的曲录上，一个老法师手持警策安然端坐，底下的脚踏上放着一双布履。此画的画师虽不知名，但极具功力。他用浓墨描绘了眼睛等要紧处，其他地方则施以淡墨细线加上浅浅的朱红，轮廓在有无之间。本来皱折很多的相貌看起来非常柔和，完全是得道高僧的风貌。画家又用墨色和白色相杂的线条细腻地描绘了长髭短须，越发地展现了无准禅师鲜活的人格。

第六章 威信财产：历史事件中的国宝

对无准禅师袈裟的描绘则又是另一种风格，画师采用比较轻快的笔调，酣畅地勾勒出法衣的质感，没有过多的装饰，设色明快而不庸俗，整个画面显得清爽高雅，让人可亲可爱又肃然起敬。历经了近800年的风雨，此画依旧如此光彩照人，难怪被尊为国宝。

顶相照例是有题赞的。此幅古画上留下的是无准禅师自己的题赞："大宋国，日本国，天无垠，地无极。一句定千卷，有谁分曲直。惊起南山白额虫，浩浩清风生羽翼。"

宋代人把老虎称为大虫，景阳冈打虎英雄武松对付的就是一只吊睛白额大虫。然而，此幅顶相中不仅没有老虎的影子，就连与老虎相关的装饰花样也没有。此画只有慈祥，毫无杀气。为什么无准禅师在这

无准师范像，东福寺

里却做这样的赞语呢？其中自有禅机，或许他早已预料此幅顶相将在日本见证一场波及朝野的风云激荡的事变，而"一句定千卷"的赞语也是语出非凡。

渡唐天神与圣一派的转机

佛说："我不下地狱谁下地狱。"似乎预示了佛教界总有一场腥风血雨。宗教的圣域其实也是人的圣域，人性的龌龊也就玷污了宗教的圣洁。

把无准禅师的这幅顶相请回日本的日僧圆尔本来应该有极大的活动空间。因为，禅宗有个习惯，就是师傅认可弟子可以出师的话，就会赐予弟子一幅顶相。带着这副顶相，弟子就可以放开手脚去传教。1235年，他来中国求法，得到无准禅师的真传。圆尔也得以把无准的顶相带回日本。

1241年，圆尔回国，被湛慧创立的崇福寺招聘在该寺开堂说法。次年，太宰府武藤资赖在宋朝商人谢国明等人的资助下开创承天寺，以圆尔为开山祖。然而，佛教虽然讲普度众生，但其内部的各个教派为了扩大自己的势力而不惜大打出手。圆尔不得已向崇福寺出示无准师范的尺牍，告诉他们自己领受到无准师范赐予的袈裟，以示自己的禅学正宗。没有想到，崇福寺虽然接受了圆尔的申述，但是天台宗却不认账，结果承天寺竟然被烧毁，教徒受到了迫害。

而在这时，摄政九条道家在京都郊外兴建了寺院，并从奈良的东大寺和兴福寺那里各取一个字，以东福寺来命名这座寺院。新建的寺院正

第六章　威信财产：历史事件中的国宝

缺高僧做开山之祖，于是就招聘圆尔前来住持。圆尔把无准师范的顶相及各种墨迹供奉在东福寺内，创建了圣一派，尽心尽力传播临济宗的禅宗。后来，圆尔还担任了东大寺大劝进职，影响力延伸到临济宗以外的宗派。然而，天有不测风云，10年后，关白九条被罢官，不久去世。圣一派失去了当权者的保护，也就树倒猢狲散，京都的万寿寺、九州的崇福寺等不少寺院都纷纷转向大应派，圆尔的宗教地位也岌岌可危。圆尔不得不离开东福寺，回到故乡骏河国，也就是现在的静冈县。在这里，圆尔建立了医王山回春院，继续传播禅宗。圆尔还把从宋朝带回的茶树种植在那里，被后人奉为静冈茶的始祖。1280年，圆尔留下"利生方便，七十九年，欲知端的，佛祖不传"的遗偈后在故乡圆寂。

不过，圣一派的教徒们并不甘心他们这一派就这样没落，就编出无准师范和菅原道真的故事来加护他们。

无准师范《与圆尔尺牍》，东京国立博物馆

渡唐天神像，室町时代，东京国立博物馆

菅原道真原是平安时代的贵族，也是著名的学者。后来在政治斗争中失利被左迁到大宰府。他死后反而被尊为天神，在京都及九州都有极大的影响力。圣一派首先创作了渡唐天神说的故事，把天神和禅师拉在一起。虽然菅原道真是10世纪的人，而圆尔是13世纪的人，把他们穿越到一起成为无准禅师的弟子，大有关公战秦琼之感。但故事编得好的话，那就有人相信。故事说天神曾经向崇福寺的圆尔求法，但圆尔却向天神推荐了自己的师傅无准禅师。于是，天神腾云驾雾径直来到杭州，在径山万寿寺无准禅师处参禅，很快觉悟。他带着无准禅师所赐的作为觉悟证明的袈裟回到了日本。圆尔的弟子铁牛梦见天神让他安置那件袈裟，梦醒之后，铁牛就在太宰府的灵岩下造了传衣塔安置了那件袈裟，并

第六章　威信财产：历史事件中的国宝

且在塔的旁边又兴建了光明寺来保护这座传衣塔。有寺有塔还不足让以人信服，幸亏圣一派还掌握了几件法宝，其一就是无准禅师的顶相，还有就是无准禅师的各种墨迹。

渡唐天神说的故事很快就深入人心，圣一派也得到了转机。在圆尔圆寂三十年后的1311年，精通宋学的花园天皇给圆尔追赠了圣一国师的称号。圣一派也在禅宗中重新获得了自己的地位。

室町时代的余响

然而，故事还没有结束。在花园天皇追赠圆尔圣一国师称号的一百年之后，也就是在1416年前后，日本突然又掀起了另一波渡唐天神故事的热潮，出现了无数的渡唐天神像。

据日本学者考证，这次流行的起因和当时室町幕府第六代将军足利义持讨厌隐遁僧有关。足利将军对京都五山官寺机构非常冷淡，使得包括临济宗在内的僧人充满了危机感。为了摆脱不利的状况，以临济宗破庵派为核心展开了挽救工作。

足利义持虽然相信禅宗，但同时也笃信北野天神，频繁地去北野神社参拜。京都的僧人们就从这里出发，重新传播渡唐天神的故事，希望幕府将军重新重视他们。所以，这时候的渡唐天神的故事和百年前不一样，天神已经不是太宰府的天神，而是北野神社的天神，同时，圆尔已经淡出故事，天神与无准禅师的关系得到了进一步的强调。这是把足利义持信仰的北野天神明确地与无准禅师联系在一起，从而使当时在京都的无准禅师系统的五山禅林重新获得幕府将军的青睐。也就是说，利用足利义持的北山信仰，通过渡唐天神故事，反过来让五山禅林获得将军的青睐，从而重新获得他们在宗教中的地位。所以，当足利义持出家后，更加笃信北山天神的时候，京都的五山禅林就制作了更多的渡唐天神像，让渡唐天神故事进一步流行。而无准禅师再次发挥了他的功力，让室町时代的京都禅林再次"惊起南山白额虫，浩浩清风生羽翼"了。

5. 天皇和将军之间的汉物

天皇与将军的尴尬关系

由于生产力水平低下，天皇的朝廷实际上没有能力统治全日本，只能任由地方豪族各占一方。到平安时代末期，中央政权也被武士掌控，平氏建立了第一个武士政权之后，日本的实际统治权就在武士之间传递。然而，自从天武天皇采用阴阳五行思想神化了天皇制后，天皇的神学地位得到了巩固，使得后代的实权者比如幕府将军虽能获得对日本的实际统治权，却没有能量推翻天皇。即便是在1221年的承久之乱后，皇族内部分裂，使得皇位继承需要得到镰仓幕府的认可，天皇的地位进一步下滑，但幕府将军也没有取而代之的想法。

这样的关系又维持了100多年，到后醍醐天皇时，因不甘受幕府摆布，便发动政变，要推翻镰仓幕府。虽然经历了挫折，最后还是借助镰仓幕府的军事首领足利尊氏的反叛而成功地推翻了镰仓幕府。天皇亲

第六章　威信财产：历史事件中的国宝

政，推出了建武新政。但是，好梦不长。足利尊氏希望继承镰仓幕府的全部权力，后醍醐天皇不得不逃到奈良的吉野，另立朝廷，与足利拥戴的光明天皇相抗衡，从而在日本形成了南北朝分庭抗礼的对立时代。

足利尊氏虽然在1338年被任命为征夷大将军，正式建立了室町幕府，但在有生之年，并没有解决南北朝对立的问题。一直到第三代将军足利义满的时候，才策划了南朝第四代天皇禅位给北朝第六代天皇，从而在形式上完成了南北朝的统一。这个过程完全是按照足利义满的意愿进行的。而且，足利义满后来还违背承诺，断绝了南朝天皇的子孙继承皇位的可能性。也就是说，天皇的立废又回到了需要看幕府将军脸色的时代。

然而，天皇虽然没有世俗的实权，但依然保持了神权，具有崇高的地位。幕府将军虽然拥有废立天皇的实权，但将军自己却需要天皇的正式任命，不仅如此，幕府的人事任免也都需要天皇朝廷的认可。虽然这种认可只是走流程，但有公认的权威。而且，开创室町幕府的足利尊氏原来只是镰仓幕府的一员偏将，虽然乘乱做到了武士阶层的最高统领，但在天皇朝廷的公卿社会里地位不高。天皇与将军之间出现了非常尴尬的关系。

足利尊氏虽然努力提高自己在公卿社会的地位，最终也只获得正二位的阶位，死后才获得追赠从一位的阶位，并没有达到公卿社会的最高位。即便是第三代将军足利义满，经过不断的运作才获得从一位的事实上的最高阶位，并且还获得了准三后的荣典，总算是获得了仅次于天皇的地位。但幕府将军还是认识到在京都天子脚下，无论怎么努力都是无法在朝廷的系统中超过天皇。显然，这样的地位是无法确保将军的权威能够长期保持下去的。为了能形成和确保幕府将军相对的优越地位，就必须另辟蹊径。历史上，天武天皇运用阴阳五行思想成功地让天皇变得神圣不可侵犯，从而稳定了天皇制。室町幕府又将采取什么措施来确保将军的优越地位并长期传承下去呢？

汉物的财富象征

室町幕府第三代将军足利义满做出的一个重要决策就是接受明朝的册封。这实际上是自日本停止派遣遣唐使以来，时隔500多年，重新恢复与中国的官方关系。不过，足利将军并不像倭五王时代或者更早的时候那样是希望借助中国朝廷的威风来维护自己的统治，而是从十足的经济利益着想的，并从巨额的经济利益的基础上占领文化领域的高地，从而压倒以天皇为首的公卿社会的文化。这对想要压倒天皇的幕府将军来说可能是唯一可行的方法。

室町幕府和镰仓幕府及江户幕府一样，虽然是全日本的实际统治者，但并不拥有在全国征税的权力，幕府的收入基本上只能从幕府自己的领地上征收。足利尊氏以镰仓幕府的一员偏将的身份开创室町幕府的时候，不得不与其他有功的将领分享镰仓幕府的领地，结果，室町幕府的财政就一直捉襟见肘。不仅幕府的财政有问题，实际上天皇的财政也不宽裕。将军想要与天皇比地位的高下，大概只能从如何获取更多的财富方面着手。放眼日本，幕府注意到九州的商人在与明朝的贸易中获得

第六章 威信财产：历史事件中的国宝

了巨额利益，于是，幕府就准备把与中国的贸易权抓到手里。

恰好那个时候，刚刚建立起来的明朝为了靖边，册封了朝鲜、琉球国王，也册封了在九州的征西将军怀良亲王为日本国王，允许他们与中国贸易。于是，幕府将军足利义满派兵剿灭了怀良亲王，掌握了与明朝交易的特权。到建文帝即位，明朝正式册封足利义满为日本国王，授予大统历，接受朝贡，并颁发勘合符，允许室町幕府与明朝开展朝贡贸易。明王朝本着厚往薄来的原则，对前来朝贡的藩王都赐予了大量的物资。比如，1407年，明朝给日本的回赐就包括了花银千两、铜钱一万五千贯、锦10匹、纻丝五十匹及其他工艺品。当然，这些都充实了幕府的钱库。

第三代将军足利义满经过近30年用心周到的经营，有效利用与明朝的交易，在经济文化方面产生了巨大的效果，使得室町幕府真正成为日本的国家中枢。这种朝贡贸易的有效性在室町幕府末期也再次显现，幕府为了获取短期利益而把朝贡贸易的权力分切给有实力的守护，结果幕府的威信不断削弱，而守护的势力越来越膨胀，最终使得日本进入了群雄割据、相互征伐的战国时代。这是后话暂且不提，在与明朝的朝贡贸易中获利甚丰的室町幕府有了资本来引领社会潮流，取得了无比优越的地位。

1408年，足利义满通过让后小松天皇行幸他的府第，实际上是强迫以天皇为首的公卿社会接受足利所提倡的北山文化，从而确立了幕府在新文化领域里的优势地位。北山文化的核心就是把从中国传来的汉物当作财富的象征。绚丽豪华的风格贯穿了这个时代的建筑、演艺、美

金阁寺，京都

术和文学等各个领域。这个时代，禅僧带来的茶道开始大放异彩，不过，与后来的侘寂茶道不同的是，这个时代的茶道是绚丽豪华的，争相展示高价的汉物茶碗是必须的前奏，而大声喧哗则是吃茶的正当礼仪，至于斗茶更是不可忽略的助兴。而北山文化最著名的象征就是用金箔贴满两个层面的金阁。金阁有三层，底层是当时贵族中流行的寝殿造式样，2层是武士家风格的书院造式样，而3层则是中国寺院风格的禅宗式样。足利义满用这种金碧辉煌形成了北山文化，足以震撼当时的日本社会。

当然，天皇也不是白白地做一次政治的道具，在从足利义满府第打

第六章 威信财产：历史事件中的国宝

道回宫的时候，接受了足利义满的大量馈赠。其中有御服百重、沙金百两，其他还有锦襕、唐绘、香炉、建盏等工艺品及豹皮、虎皮等珍贵物品。同时，还把天皇在将军府第休息时所用的铺盖、枕头等用品也隆重地包裹起来，送到皇宫。其实这也并不夸张，首先是天皇用的东西，他人不能随便再用；其次，是皇宫里缺乏足够的用具，对此有实际上的需要。更巧妙的是，足利义满通过向天皇馈赠，把从与明朝交易而来的汉物在文化方面的价值提高到一个新的高度。

在室町时代的200多年中，天皇行幸到近在咫尺的将军府第一共只有3次。足利义满开创性地让后小松天皇来访，实际上是在日本社会宣示了幕府将军在日本的崇高地位。而这场行幸过程本身，更是让天皇的贵族社会完全折服于足利义满提倡的绚丽豪华的北山文化。

汉物的文化象征

正如任何一个时代都有对暴发户比较鄙视的现象一样，室町时代的公卿社会，尤其是文人们对拜金主义的北山文化并不欣赏。《徒然草》就表达了"唐（汉）物除了药草之外并不是不可忽却的"汉物无用论。所以，幕府将军要让公卿社会能真正地折服自己提倡的新文化，还必须让汉物有更多的文化气息，收集宋代名画就成为支撑幕府将军权威的重要手段。

收集历史名画，以显示王朝的正统性，大概是从宋朝开始的。从宋高祖开始，朝廷就不断颁发收集文物的诏书，到宋徽宗时，已经收集了

29000卷以上的书卷，近1000件的绘画和工艺品。宋朝皇帝经常向臣下展示这些收藏品，既显示王朝的正统性，又拉近了君臣关系。受中国册封的高丽也模仿宋朝皇帝的做法，收集了大量的中国字画，其中有17幅郭熙的画。

在接受明朝册封后，足利义满利用掌控的朝贡贸易，也开始模仿中国皇帝的做法，收集中国名画。比如宋徽宗的《桃鸠图》，以及郭熙的画，更多的是南宋宫廷画家夏珪、马远、梁楷的作品，还有就是画僧牧溪、玉涧等的作品。

有了收藏就更需要展示，而室町时代出现的会所就是展示新文化的最佳场所。所谓的会所就是用来汇集众人游乐的场所，而在室町将军府第的会所更是独立的建筑，专门用于大规模游乐活动。1437年，第六代将军足利义政安排后花园天皇行幸将军府第，实际上就是为了展现将军所推崇的汉物具有高雅的文化气息。为此，他还特别新建了一座会所，称为新造会所，使得将军府第里有了南向会所、泉殿会所和新造会所共3座会所，有了充裕的空间来陈列将军的收藏品。

从当时室町幕府的御用鉴定师能阿弥留下的记录《室町殿行幸御餝记》中可以看到，在后花园天皇行幸过程中，室町幕府将军府第的汉物陈列达到了一个历史性的高潮，让前来会所参会的天皇以及公卿们都有目不暇接之感。

南向会所的中心为御会所，有九间大。设置了蜡烛一对，花瓶一对和香炉一基，即所谓五具足，表明那是最正式的房间。在这里悬挂着涌泉寺《吕洞宾图》和《龙虎图》，东西两壁上悬挂着画僧牧溪的《万里

第六章 威信财产：历史事件中的国宝

高山图》。这里还有两把铺设了中国金襕的交椅，以及一张堆红桌子等明式家具。御会所东面是东之御六间，东西壁上悬挂金代画师张汝芳的《潇湘八景图》。御会所西面是西御七间，悬挂着画僧玉涧的《潇湘八景图》，在这间房间里还悬挂着南宋画师陈容的二幅《龙图》，前面也有交椅。南面的架子上陈列着油滴茶碗。书院也就是窗边小平台上摆放着七星阁的砚台、剔红的砚屏、象牙笔刀等，上面还挂着南宋画院画师梁楷的《衣食图》。九间的北面是足利义政的起居室和书房"杂华室"，挂着新装裱的条幅，还有朱漆绘画装饰的架子以及香炉、念珠等。旁边是茶室，有建盏、堆红桌子、青花瓷水瓶等各种汉物。

南向会所的南面，临池水建有泉殿会所。这个会所的中心为朝南的御四间，只挂了一幅《御绘长井观音》。而御四间北面也有同样的四间，里面摆放了中国式交椅、桌子，壁上悬挂着元代画家钱舜举的《宫女图》。以及被认为是马远、夏珪的弟子曜卿画的《潇湘八景图》屏风。御四间的西面有朝南的御三间，悬挂着宋徽宗的《山水图》，御三间的北面是朝北的住吉御床间，挂着牧溪的《杜子美政黄牛图》等四幅画。住吉御床间的西北面是墙尽御间，悬挂着宋徽宗的《鹑图》和《鸠图》。旁边有紫檀的架子，陈列着多种汉物。

南向会所的东北面是新造会所，其中心是御五间，安置了花瓶、香炉和烛台，这就是所谓的三具足，佛具必备的三件器物，摆放在这里表示隆重庄严。中央有一张桌子。壁上悬挂着牧溪的《出山释迦图》等五幅画，还有张汝芳的《渔图》等四幅画。御五间的东北面是桥立之间，在三具足的后面悬挂着牧溪的《半身布袋》《船主》《渔父》三幅画。壁

桃鸠图，宋徽宗

龛上挂的是南宋画院画师李迪的两幅《狗图》画。书院上还挂有南宋画院画师夏珪的《山水图》挂轴。御五间的东面是御三间，有陈列了景泰蓝花瓶和剔红盆等，壁上挂的是玉涧的《浪岸图》。御五间的北面有御十二间，北面挂着夏珪的《潇湘八景图》，东西两面挂着牧溪的《潇湘八景图》。御十二间和桥立之间的当中是耕作四间，悬挂着仿梁楷的《耕作图》。这间房间实际上是一个茶室，里面有围炉，并陈列了一些茶碗等茶道器物，并悬挂了梁楷的《布袋图》。南向会所的西端是小鸟之御床间，悬挂着梁楷的《出山释迦图》三幅画。书院上挂着宋徽宗的《鹤图》。

由于足利将军的收藏早已四下散落，很多藏品下落不明，现在也无

第六章 威信财产：历史事件中的国宝

从——考证能阿弥记录的准确性，但是，仅从以上摘取的《室町殿行幸御馈记》部分记录来看，足利将军所收藏的汉物充满了高雅的文化气息，具有压倒性的震撼力，足可以让当时以天皇为首的贵族阶层完全折服。

汉物的历史作用

汉物因为其稀有性，在日本自然是高不可攀的舶来品，成为财富的象征。在受到有财力的武士们的追捧的同时，也遭到了贫穷的贵族们的鄙视。然而，随着禅僧的活动，对禅林墨迹的崇拜，使得汉物的文化地位也得到了不断提高。这样，汉物的财富象征和文化象征结合在一起，为室町幕府将军引领推崇汉物的新文化奠定了基础。

足利义满掌握了对明朝的朝贡贸易后，积累了巨额财富，从而有能力系统地赋予汉物新的价值，并利用这种价值为稳定幕府的统治权威服务。足利义满通过会所和汉物，以及在会所表演的能剧、连歌等将军所有的及所支持的项目变成高雅文化，然后，通过天皇的行幸，让天皇为顶点的公卿社会来接受，哪怕他们本来一点也不情愿。按照岛尾新的说法，就是幕府将军把汉物的美、文化价值和政治性价值有机地结合起来，成为一个完整的系统，使得汉物在将军与天皇的较量中具有不可或缺的重要作用。

这样，足利将军就成功地引领了室町时代的新文化，并以此来对抗在神学范畴中不能对抗的天皇，从而展现了将军对日本实际的统治地位。足利将军这样利用文化来提高自己的社会地位方面的作为犹如天武

天皇用阴阳五行思想来神化天皇一样，取得了巨大的成功。然而，在古代，神学思想一旦形成往往很难改变，而文化却常常随时代的变迁而变化。所以，天皇获得了万世一系而不可取代的地位，而幕府将军只能随着权力的消长而没落。足利将军苦心收集的汉物后来被称为东山御物，似乎是一种尊称，但实际上是对将军的一种讽刺。因为这些东山御物实际上已经离开了将军之手，散落到了民间。也就是说，这些国宝级的汉物实际上是目睹了室町幕府将军建立权威又失去权威的过程。

宫女图

第七章 汉物耀变：消化吸收与创造

1. 前后一千二百年

天平时代的伽蓝

奈良的唐招提寺是奈良时代鉴真和尚所建，至今已有1200多年的历史。创建之初的建筑物至今大都保存完好，无言地诉说着千年的风风雨雨。现代的人们从古人手里接过这样的遗产，就必须精心维修，妥善保存，传至后世，让具有千年历史的古代建筑以健全的姿态迎接下一个1200年。

753年，在5次东渡受挫之后，历经千难万险的鉴真和尚到达日本时，立刻受到日本人狂热的欢迎。因为日本缺少授具足戒必要的三师七证，私自授戒以逃避朝廷税赋的现象层出不穷，鉴真和尚的到来就可以改变这种状况，这当然让圣武上皇喜不胜收。于是，自天皇以下，都在东大寺大佛殿接受鉴真和尚的授戒，前后竟达500多人。当时鉴真和尚已经60多岁，淳仁天皇顾及其年龄，于759年特别拨出新田部亲王旧宅，让鉴真和尚创建了唐招提寺，刚刚退位的孝谦天皇特地为该寺题写了名匾。招提是梵文四方云集的意思，这也显示了天皇希望鉴真和尚在这里安心地为日本众多僧俗人等传教的意向。

当初，先从平安宫搬迁了东朝集殿到唐招提寺来作为讲堂，而后其他贵族也纷纷捐献了食堂、绢索堂、僧坊等建筑，使得唐招提寺初具规模。不过，该寺的金堂，也就是大雄宝殿却是在763年鉴真和尚圆寂后，由其弟子如宝创建的。这座金堂面阔七间，进深四间，朝南一间为

第七章　汉物耀变：消化吸收与创造

开放式。单檐，寄栋造（庑殿顶），屋脊上有左右两个鸱尾高高翘起，展示了唐代中期的风格。金堂前面一间是开放式的，则显得列柱粗壮雄伟，而饱经风霜的门扉更显得古朴沉着。整个建筑都好像在无言地诉说着悠久的历史。实际上，唐招提寺金堂是日本唯一保存至今的奈良时代的金堂建筑，并于1951年被指定为日本的国宝。

唐招提寺

　　1937年在中国发现唐代建筑以前，日本和西方学者都认为中国不存在宋代以前的建筑，形成了要看唐代建筑就要到奈良的观点。梁思成偏不信邪，深入东北和华北大地，希望找到唐代的建筑。功夫不负有心人，终于在1937年，梁思成在山西省发现了佛光寺东大殿等4处唐代的古建筑。其中，南禅寺大殿重建于唐建中三年（782年），这与唐招提寺金堂的建造时期相近，也呈现了唐代中期的建筑风格。这两座建筑各有千秋，南禅寺大殿虽然规模不及唐招提寺金堂，但完整地保留了唐代建筑的结构和风格，而唐招提寺金堂虽然保留了大部分奈良时期的结构，但屋顶却在后代的修理中被彻底改造，从而不能说是原汁原味的中唐风格，但是，其大型建筑的规模，还是让人对古代木结构建筑不得不啧啧称赞。

唐招提寺也是国宝的宝藏，除了金堂被指定为国宝之外，被指定为国宝的还有讲堂（日本唯一保存下来的奈良时代宫殿建筑）、鼓楼、经藏、宝藏等。除了古代建筑，还有干漆鉴真和尚坐像（日本最古老的肖像雕刻）、干漆卢舍那佛坐像、木心干漆千手观音立像、木心干漆药师如来立像等12座雕塑佛像及舍利容器也被指定为国宝，要看日本的国宝，唐招提寺是不能不去的地方。

金堂的修复

日本小说家井上靖在叙述日本留学僧留学唐朝并请鉴真和尚渡日事迹的时候，选了一个很好的书名《天平之甍》。天平是奈良时代的年号，而甍字是瓦片、屋顶的意思。之所以说这个书名挑选得好就是因为在天平年间从中国传来的瓦片开始在日本普及，这个书名非常精练地体现了中日交流的实际。因为当时的烧瓦技术及房屋宫殿的建筑技术都是从中国大陆或者经过朝鲜半岛传到日本的。而唐招提寺金堂巍峨的瓦顶应该是井上靖灵感的来源。

不过，井上靖看到的唐招提寺的金堂瓦顶并不是1200多年前初建时的样子。1944年，因为害怕美军无差别轰炸，日本古建筑研究权威浅野清教授钻进漆黑的金堂天花板内，进行了抢救性测量。这时候，他发现，唐招提寺金堂的屋脊在历次修理时被抬高了2米，从而形成了现在所能看到的大屋顶。

日本传统的木结构建筑往往因为木料的变形、腐烂等原因，需要定

第七章　汉物耀变：消化吸收与创造

唐招提寺金堂10∶1模型

期维修，多数时候是把屋顶上的瓦揭开重新铺设，必要的时候还会把整个建筑全部拆开，对柱子、大梁等所有的木料进行检验，并根据需要更换木料，然后重新组装起来。这样的解体修理是历经千年而流传至今的日本木结构建筑的秘诀，也是西洋建筑所没有的日本木结构建筑的一大特点。根据古代流传下来的文献资料，唐招提寺金堂从8世纪末年建成以来，到20世纪为止，至少经历了5次大修。

第一次是在平安时代。文献记载，1116年唐招提寺修理了伽蓝，不过在金堂的屋顶上并没有这次修理的痕迹，只是，根据木材的年轮年代测定法，发现有3根飞檐垂木是在10世纪和11世纪之际采伐的，可以算是这次修理的间接证明。之所以没有发现直接的证明，可能是因为在后代修理的时候，更换了很多古代木料，所以在现存的木料上就没有留下这次修理的痕迹。

根据文献记载，文永七年（1270年）对金堂进行了第二次修理。这次修理主要是对金堂里的佛像进行了修缮，同时对建筑物也有所修理，不过，这也主要是文献记录，实际上的修理痕迹依然不太清楚。第三次修理的痕迹就比较清楚了，在金堂屋顶的木材上发现了用黑墨留下的元亨三年年号，在东面的鸱尾发现了烧制时用竹片写的元亨三年的文字。说明在1323年，金堂进行了大规模的修理，这次修理应该属于解体修理。而浅野清认为正是在这个时候，金堂的屋脊被提高了2米，从而改变了金堂的外观。不过，在最近的平成大修理时并没有发现镰仓时代大修理的痕迹，所以，金堂屋脊的增高应该不是在这个时期进行的，而应该是在江户时代的元禄大修理时增加的。也就是说，唐招提寺金堂自建成以来到元禄年间，历经900多年的风风雨雨依然巍然不倒，堪称建筑史上的奇迹。

元禄年间（1693年到1694年）进行了金堂建成以来最大规模的修理。不仅古代文献资料有所记载，而且在瓦上的铭文里及木材上的墨书中可以看出，这个时期的修理属于解体修理，应该是金堂建成以来最大规模的修理。不过，这次解体并没有把柱子也拆卸下来，但是侧面周围的一部分轴组被拆开整修过。这次修理增加了横柱之间的辅助木材，并全面修改了房顶骨架。

明治维新后，唐招提寺也和其他古老的寺庙一样经历了废佛毁释的浩劫，古代建筑遭到不同程度的破坏。但是，到20世纪30年代，日本开始认识到古代文物的重要意义，制定了古建筑保护法。根据这个法律，日本选择了一批重要古代建筑进行修缮。唐招提寺金堂也被列入第一批重点保护对象，在当时还是技师，后来成为东京帝国大学教授的关野贞的带领下，利用引进的西方建筑技术，对金堂进行了加固修理。

第七章　汉物耀变：消化吸收与创造

平成时代的大修理

　　100多年前明治的大修理涉及的范围有限，没有解决柱子向内倾斜、斗拱变形的问题。1995年，阪神大地震更是敲响了警钟。唐招提寺金堂还能不能经受类似的大地震恐怕谁也不敢担保，于是，对经历了1250多年历史而依然屹立不倒的金堂进行彻底分解维修提上了奈良县的日程。1998年，以奈良县文化财产保存科为首，开启了拯救唐招提寺金堂的项目。

　　保护传统建筑最佳的方法还是使用传统技术来维修，但是，所谓的传统技术本身也有断层，也有发展，与1200多年前的房屋建筑技术已经有很大的差别。所以，如何利用现代最先进的科学技术，让传统技术发挥最佳的作用，就是现代对传统建筑保护时的主要课题。而这次平成时代的大修理主要目的是找出金堂屋顶的重量是如何让柱子向内倾倒的原因，从而在不给古代建材增加负担的情况下，增建结构性增强系统；同时，对金堂古建筑的耐震性能进行分析，在房屋结构上解决耐震问题。也就是说，要通过现代科学的解析技术，试图去掌握古代的建筑技术，形成现代的修复技术。结果，日本最早开发出超高层大楼避震系统的竹内工务店得到认可，承接了这次金堂修理项目。

　　2000年，唐招提寺金堂的修理项目正式开始。首先在金堂外部修建了有顶围墙，把金堂整体包容在里面。与此同时，把金堂里的卢舍那佛像及千手观音像搬到别处修缮。第二年夏，拆下了鸱尾及近1万片筒瓦和约3万片平瓦。经过调查分析，发现古代的瓦只占总数的10%左右，

文化的嬗变 日本国宝中的唐风汉骨 ● ● ● ● ● ●

唐招提寺金堂保存修理现场

其余为各个时代的瓦，这说明唐招提寺金堂的屋顶大约是以百年为周期重新翻盖的。屋脊上左面的鸱尾是奈良时代的原物，已经被当作唐招提寺的象征，只是其表面出现剥离和龟裂状况，显然已经不适合继续装在屋脊上。屋脊右面的鸱尾上面有元亨三年（1323年）的铭文，说明是镰仓时代烧制的。现在，这两个鸱尾都被展示在该寺的新宝藏里。而屋脊上的两个新鸱尾是奈良县的瓦职人采用传统烧制方法按原样历时半年烧制的，高1.2米，重约220千克。金堂屋顶上的瓦，除了东侧部分使用了以前的旧瓦，其他都是新烧制的。但是，这对烧瓦匠来说并不是简单的任务，因为这次修理要求烧制又轻又牢的瓦，要在新时代重新发扬天平之甍的光辉，烧制可以使用千年的瓦片。看来，奈良的瓦匠给出了令人满意的回答。

2003年，卢舍那佛像及千手观音像修缮完毕，金堂解体完毕。唐招提寺里拆出来的构件超过2万件，修理团队仔细进行了甄别，尽量保留

唐招提寺金堂，奈良

  古代的构件，只是对腐朽变形的部分做了更换。木匠师傅考虑到数百年后木材的变化，都是严格按照古建筑的标准来更换相应的构件的。

  2004年，开始重新组装金堂。本来金堂要恢复到什么时期的样子曾让修理团队苦恼了很多时间。由于在拆解金堂的时候发现屋脊下面已经完全没有创建时的构件，加上江户时代增高的屋顶已经为大家所熟悉，同时也希望能保留明治时代修理的痕迹，所以，最终决定还是维持江户时代修理后的样子。针对柱子内倾和古建筑抗震等问题，修理团队在天花板内安装了用以抵消屋檐重量带来的水平力的方桁结构，同时加上水平桁架增加建筑物抗震能力。这些追加的增强系统与古建筑原来的结构明确分离，这是考虑到以后出现更好的增强技术时，可以简单地拆除现在的增强系统而不给古建筑带来负担。很明显，修理团队不仅考虑到千年前，而且还顾及了千年后，用最新技术还原古代技术，让古代建筑的寿命更长。这套修复技术获得了日本建筑学会技术奖。2007年，金堂重新组装完毕。

2008年，覆盖在金堂外面的有顶围墙拆除，金堂时隔8年重新展露其雄伟的身姿。虽然这座历经1250年的古代建筑得到了彻底的增强，但是从外部上却很难看出现代修理的痕迹。金堂依然古色苍然，历久弥新。

2009年，金堂的佛像回归原座，唐招提寺举行金堂落成法会，宣告平成大修理大功告成。而唐招提寺金堂也得以以更坚牢的身影迎接下一个1200年。

2. 国宝的仿制与技术的传承

青瓷凤凰双耳瓶"万声"的仿制

在日本，最高级的青瓷称作砧青瓷，由日本茶圣千利休命名。发色玄秘，令人不能自已。

所以，在日本瓷器兴起之后，仿制砧青瓷的名家名窑非常多。比如，锅岛、三田、木米、永乐、藏六等，都曾经花费功夫进行仿制，但都只能形似而神不似，无法真正还原宋代青瓷的玄美。只有到大正年间，第一代诹访苏山经过多次试验，才成功地烧制出精美的青瓷，可以和宋代青瓷媲美。

诹访苏山出生在加贺藩的一个武士家庭，13岁丧父，根据藩的规定，于14岁时承袭父亲的位子，并继承了家督，也就是家长的位子。明治维新后，武士失去俸禄，不得不各自寻找不同的营生。诹访苏山也从1873

青瓷凤凰双耳瓶，诹访苏山仿制

年开始学习陶画，并到东京，在东京大学前身东京开成学校跟随德国老师学习化学。在从事石膏像的制作后，接触了制陶，并被九谷烧聘为教师，指导制作陶器雕像。1893年，大病之后，开始自号苏山，进一步投入制陶工作。1900年，离开故乡到京都从事制陶。7年后，开设自己的窑，研究七官青瓷、交趾釉、高丽白釉等，于1913年推出自己的青瓷。次年，模仿现在和泉市久保惣纪念美术馆收藏的青瓷凤凰双耳瓶"万声"烧制出一个青瓷凤凰双耳瓶，并捐赠给东京国立博物馆。这是诹访苏山的代表作，是近代日本最接近宋代青瓷的作品。诹访苏山以此确立了他在日本陶瓷界的地位。1917年，诹访苏山被选为宫内省帝室技艺员，据说是陶艺界第一个获得如此殊荣的人。

诹访苏山制作的陶瓷器非常全面，造型精致、装饰完美，具有十分明显的特征，同时还可以进行大量生产。这与他曾经从事石膏像制作的经历有关。但诹访苏山的最高成就还是他的青瓷。根据京都府技师小幡茂的近距离考证，诹访苏山的青瓷之所以胜过锅岛、三田等著名陶瓷窑，是因为他在多次试验后发现宋代青瓷的发色不仅仅在于釉药，更重要的是和瓷胎有关，如何选择合适的胎土是烧制青瓷的关键。诹访苏山的这一发现，不仅让他成功地烧制出比较接近宋代青瓷的作品，而且还启发了京都的很多陶艺技师。京都陶瓷器试验场技师桥本佐造就在此基础上成功地运用还原焰和氧化焰烧制出一种胎瓷，并命名为大典青瓷。后来被评为人间国宝的河井宽次郎也在这个基础上发扬光大，烧制出独具风格的陶瓷器作品。也就是说，诹访苏山对宋代青瓷的仿制研究，促进了日本陶瓷器技艺的进一步发展。

四骑狮子狩纹锦

在诹访苏山苦心研究仿制宋代青瓷的时代，京都的龙村平藏已经成功地复制出法隆寺梦殿里的四骑狮子狩纹锦。

龙村平藏出身于京都的富商之家，16岁祖父去世，家境败落，他不得不退学，去西阵当吴服商的学徒。在那里，他对织锦技术入了迷。18岁创办了自己的织锦工坊，充分发挥了他在织锦方面的才能，织锦技术日臻成熟。到30岁之后，龙村平藏已经获得了"高浪织""缬缬织"等

第七章　汉物耀变：消化吸收与创造

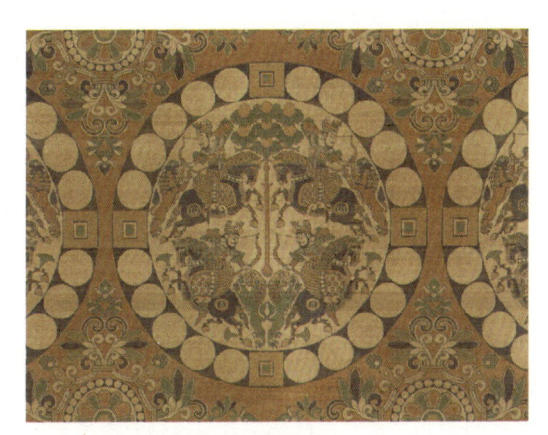

龙村平藏仿制的四骑狮子狩纹锦

很多织锦专利，工坊的发展非常顺利。当时在纺织界，有丰田佐吉和龙村平藏谁是第一的说法。但是，龙村平藏苦心开发的很多技法很快就被同行所模仿。因此，龙村平藏感到必须研究古代的纹锦，才能保持领先地位。正好法隆寺希望能复原圣德太子时代保留下来的四骑狮子狩纹锦，这给了龙村平藏一个难得机会。龙村平藏认为，无论多么复杂的织物，其实都是由经线和纬线构成的，所以，织物是偶数，是可以复原的。难以复原的是一种美，是奇数，只有加上这种美，才能达到艺术上的高度。功夫不负有心人，经过一段时间没日没夜的钻研，龙村平藏终于按照圣德太子时代的纹锦图案，出色地完成了四骑狮子狩纹锦的复制。从此，复制古代织锦就成为龙村平藏的重要工作，龙村平藏还提出了翻古为新的口号，即通过对古代织锦的研究和复制，积累经验，从而更好地来创作新的织锦。

  不过,龙村平藏复制的四骑狮子狩纹锦是明治年代人们所见到的样子,也就是说,经过千年岁月的流逝,纹锦的色彩已经褪色,色彩比较灰暗。为了复原昔日纹锦的光彩,NHK在圣德太子去世后1380年的时候,委托京都著名的染坊"染司吉冈"的第五代掌门吉冈幸雄来复原法隆寺的四骑狮子狩纹锦。NHK之所以要委托吉冈,是因为吉冈坚决不用化学染料而坚持使用天然染料。在吉冈幸雄编写的《日本之色辞典》中收录了466种天然颜色,其中吉冈复制成功了209种颜色。接到委托任务后,吉冈和他的伙伴们开始思索没有褪色前的四骑狮子狩纹锦到底应该是怎样的色彩,他们在法隆寺收藏的四骑狮子狩纹锦的折痕中发现了艳丽的原始色彩,找到了复制的方向。

  吉冈认为,四骑狮子狩纹锦底色是灿烂的红色,是用红花染成的。但红花染色容易褪色,如果选用紫矿或者茜做染料的话,保存到现在的四骑狮子狩纹锦应该更明亮一点。黄色部分是用《齐民要术》里也曾记载过的槐蕾。蓝色是用中国和日本都生长的蓼蓝,而淡绿色则是用生鲜的蓼蓝叶初步染出后再加黄檗染成的。色彩问题解决后,吉冈工坊的挑文师吉田赖修和3个助手在高4米、宽2.5米、长8米的超大空引机上开始复原1300年前的织锦。吉田赖修和一个助手爬到空引机的顶端,操作经线,另外两个助手坐在空引机前穿纬线,所用真丝都非常的细,而图案又如此复杂,要求又非常精准,据说一年只能完成一厘米,当然这是一种夸张。经过艰苦工作,他们终于在2003年初完成了宽1.39米、长2.5米的四骑狮子狩纹锦的复原。

第七章　汉物耀变：消化吸收与创造

四骑狮子狩纹锦（复原）

2003年3月，吉冈把复原完成的四骑狮子狩纹锦奉献给法隆寺。他不无感叹地说，这段织锦是世界上绝无仅有的织锦，不用说是古代，就是在现代也很难想象还有什么织锦能有这段织锦所展现的璀璨的文化。从这句话里可以感受到，现代的日本匠人在挑战古人的技艺获得成功后的喜悦。可以预计，在今后很长的时间里，这段织锦将和法隆寺的国宝放在一起对外展出。

螺钿紫檀五弦琵琶

正仓院地处奈良，但其镇院之宝螺钿紫檀五弦琵琶却能在东京国立博物馆看到。原来，东京国立博物馆的并不是原物，而是在百年前明治时代的仿制品，而当时仿制正仓院的文物也是事出有因的。

正仓院本是1300年前，光明皇后把圣武天皇生前用品奉献给东大寺时专门修建的校仓，收藏了9000多件奈良、平安时代的珍贵文物。1875年，明治政府把正仓院划归宫内厅管理。同时，为推行殖产兴业政策，明治政府组织仿制了一些文物，在奈良博览会上展出。1892年之后，在对正仓院文物大规模维修时，又仿制了一批。1923年，关东大地震后，在昭和天皇即位之际，从危机管理的目的出发，也仿制了一批正仓院文物。然而，这些仿制都被称为复原模造，也就是尽量做到外表的形似，几可乱真。但是1972年以后，宫内厅正仓院事务所在日本经济高速增长的背景下，投入巨资，开始了再现模造的工程。这个工程不仅仅追求外表的形似，更要求看不到的内部也必须做到和原物一样。为了了解文物内部结构和材料，正仓院使用了X光、CT、电子显微镜等现代科学仪器设备来进行调查分析，获取了很多珍贵的资料，以确保再现模造的成功。

之所以要开展这样的工程，是因为经过1300年，无论再怎么精心呵护，这些文物已经非常脆弱。正仓院文物的劣化不可避免地进行着，有些损坏及装饰的剥落也是永远不能复原了。所以，正仓院认识到，有必要再造一个真正的文物，即使用当时的材料和技术，从里到外地复制正仓院的文物。而最重要的再现模造对象就是正仓院镇院之宝——螺钿紫檀五弦琵琶。

通常的说法是螺钿紫檀五弦琵琶的再现模造用了8年时间，但根据正仓院事务所西川明彦所长的说法，从事先调研、收集材料、试做，一直到最后复制完成，实际上是用了17年时间。之所以花费那么长的时间，是因为正仓院坚持用平安时代的技术来模造，但是，现在的日本传统工

第七章　汉物耀变：消化吸收与创造

艺最多只能追溯到江户时代，对更早的工艺和技术，现在的匠人也不是很了解，有的更是坦承无法做到。为了解决这个问题，事务所的研究人员只能通过对古文献资料的调查，还原古代的技术，并为现代的匠人们进行讲解。这样，才终于能满足事务所的要求，从而成功地复制。

而为了使用和奈良时代相同的材料，也让事务所颇费心思，因为有些材料在现代很难觅得。比如玳瑁已经被列为华盛顿条约的禁止交易清单，日本无法从海外进口这种材料。而紫檀木也因相关国家的保护而显得越发的珍贵。正仓院不得不想方设法从日本各地保存的相关材料中选取，最终确保满足所需要的材料。

螺钿紫檀五弦琵琶模造（上）与原作（下）

再现模造的对象是国宝级文物，而参与模造的有当今的人间国宝，比如螺钿镶嵌工艺方面的人间国宝北村昭斋。实际上，北村的曾祖父在明治时代曾经参与正仓院文物的修复工作，北村家与正仓院文物的修复

有不解之缘，在技艺方面也有鲜明的风格特征。然而，再现模造却不能残留现代匠人的个人风格，使得他们不得不放弃自己熟练的工作方法，一丝不苟地按照古代的式样进行复制。正是这样的认真，从人间国宝的手下产生了不仅形似，而且神似的复制文物，让现代的观众感受到平安时代的文化气息。而最能体现这种文化气息的是螺钿紫檀五弦琵琶，不仅神形皆似，而且还能当作真正的乐器来弹奏，让现代的听众能够听到圣武天皇听到的美妙的曲调。

正仓院的再现模造工程既是对古代工艺技术的一种再确认，同时也是一种发展。成功地再现模造的螺钿紫檀五弦琵琶不仅让现代的观众感受了平安时代的文化气息，恐怕在下一个1300年里，也能让未来的观众拥有同样的感受。

3. 文以化成的深远影响

文以化成的重要影响

当刻有"汉委奴国王"几个汉字的金印传到日本的时候，对大多数日本人来说，汉字犹如天书，或许正因为是天书，金印才具有了无上的权威。而中国的王朝赐予的大量赏赐，让当时的倭王当作威信财产展示或者分送给统治下的各种势力，诚如《魏志·倭人传》中中国朝廷所指示的那样，"悉可以示汝国中人，使知国家哀汝，故郑重赐汝好物也"。当时，日本与中国交流，不仅要克服惊涛骇浪的航海困难，还需要克服

第七章　汉物耀变：消化吸收与创造

小邦如何结交大国的困难。一旦得到中国的垂青，倭王自然会最大限度地利用这层关系，形成自己比较牢靠的统治。倭王会把中国朝廷赐予的大量物资，比如铜镜百枚，作为威信财产分送给其他部落领袖，拉拢他们，建立起一种统治秩序。日本的史学界也用这种铜镜的分配来考察古代日本政治状况，弥补了文字不足的缺陷，梳理了当时的历史。

所以，有作为的倭王通常都积极利用与中国朝廷的关系，树立在日本列岛的统治威望，甚至还要涉足朝鲜半岛。比如在5世纪，倭王武上书中国的刘宋朝廷，要求任命他为安东大将军、倭王，以都督倭、百济、任那、新罗、秦韩、慕韩六国诸军事。也就是说，倭王希望利用中国的威望来有效地统治日本列岛和朝鲜半岛。而中国的威望往往又通过各种威信财产得到具体体现。铜镜本来是最有效的威信财产，因中国赏赐的数量不足，日本还模仿制造了大量的铜镜。但是，到日本发现和开采铜矿后，铜镜不再稀缺，失去了作为威信财产的价值。这样，从中国传来的思想文化就成了刚刚全面引进汉字汉文的日本列岛的新的统治工具。

在日本，利用中国文化来为自己服务最成功的是天武天皇。天武天皇引进中国的阴阳五行思想，成功地神化了天皇，让天皇从此变得神圣不可侵犯。这不仅稳固了天皇制度，实际上也使得日本社会结构趋于稳定。在千年之后的明治维新之际，被神化了的天皇制更是成为凝聚日本全国的有效工具，为"大和民族"的诞生，发挥了难以想象的作用。

由于天皇制的超级稳定，使得后来日本掌握实权的统治者不得不另起炉灶，希望在其他方面占得先机，以确保他们的权威，从而巩固他们的统治。他们模仿中国皇帝收集中国传统字画来表示正统的做法，也积极收集中国字画典籍，并把这些字画典籍当作新的威信财产加以利用。平安时代的贵族藤原道长为了确保自己的权威，开始利用中国的文物作为威信财产。建立日本最初的武士政权的平清盛不惜巨资积极购买中国的经典图书，并把这些经典作为威信财产积极地利用。这样在文化方面占领制高点的做法，在室町时代达到了一个高潮。幕府将军足利义满刻意收藏中国名画及中国的茶道具，通过对天皇为首的贵族阶层的展示和馈赠，既使得这些文物都成了威信财产，同时又提高了这些文物的经济价值。

日本进入战国时代，更是武士们的天下。而武士们的浴血奋战必须要丰厚的褒奖来支撑。实际上室町幕府将军就是因为把自己本来就不多的领地赏赐给建有军功的武士们才使得幕府财政捉襟见肘。所以，战国时代的武士领袖织田信长吸取教训，巧妙地利用茶人炒作茶道具，生生地把一个小小陶罐的价值炒作到超过一个城堡的价值。丰臣秀吉一针见血地把织田信长的做法总结为"御茶汤御政道"，然后他也继承了这种做法。不过，连年战火纷飞，使得本来生产力水平就比较低下的日本经济更加疲惫，全部使用中国的文物来充当威信财产已经不太可能了。于是，日本生产的一些东西被赋予更多的文化价值，实际上这也促使了日本美学观的形成。

改变与坚持

隋朝曾经派使者跟随日本使者回访日本，所以《隋书》关于日本的

第七章　汉物耀变：消化吸收与创造

记载已经不再是以传闻为基础，而是以使者的实地考察为基础，更具有可信度。《隋书》中有使者对当时的日本居室做了近距离观察的记录：编草为荐，杂皮为表，缘以文皮。这个荐就是草垫子。《万叶集》第2520首歌原文为：苅薦能 一重ヲ敷而 紗眠友 君共宿者 冷雲梨。这里虽然都是汉字，其实是借用汉字的音义表达的日语。这首歌的大意是，虽然只有用割下的荐草编的一席草垫子，但是与君共眠的话就不觉寒冷。看起来非常浪漫，但也反映了一个残酷的事实，就是风流的贵族也住在草棚之中，实际上是竖穴式建筑。

根据日本的考古研究，在法隆寺创建的飞鸟时代，日本人的住房还基本上属于竖穴式建筑。1994年，大阪府在近铁富田林站北面的古代遗迹中发现了一些飞鸟时代的建筑，都是竖穴式房屋。可见6世纪末到7世纪初，在当时的日本中心地区的近畿地方，还有大量的竖穴式房屋。实际上这种竖穴式房屋从日本的绳文时代就是日本的主要居室，一直到江户时代，很多贫穷的日本人还是住在这样的建筑里。

不过，6世纪末在日本大量建造的佛寺建筑还是让日本人受到巨大的冲击。东京大学名誉教授藤井惠介指出：盖瓦、朱漆柱子等中国宫殿式建筑让日本人看到了前所未有的壮观。所以，日本的上流社会开始引进中国式建筑，改善他们的居住条件。

中国式建筑与日本以前的竖穴式建筑最大的不同就是屋顶和地面分开，中间出现了墙壁。很有意思的是，日本在平安时期普及中国式建筑后，却没有跟随中国的进化，一直没有使用砖来砌墙。或许这与日本很早就在中国式建筑里铺设地板有关。而这种铺设地板，脱鞋进入室内的生活习惯正是日本因地制宜地引进中国文化的一种典型。事实上，在室町时代，幕府将军也曾经引进中国使用桌椅的生活习惯，但没有坚持下来，反而形成了在室内铺满榻榻米的日本式建筑传统。

榻榻米，现在日文写作"畳"，在日本最早的史书《古事记》里被称为多多美，是垫子的意思。也就是说，当时的榻榻米并不仅仅是用草编的，也有美智（海狮）皮的榻榻米、绢（丝绸）的榻榻米。这些都是铺在地上，可以坐可以卧。当然，皮毛和丝绸都是非常珍贵的，不用说是普通百姓，就是一般的贵族恐怕也用不起，所以，草编的榻榻米从远古一直到近代都是大多数日本人生活中不可或缺的用品。虽然在平安时代，日本开始引进中国式建筑，但他们并没有放弃使用草编的榻榻米的生活习惯，反而改造了中国式建筑，以满足日本人的生活习惯。

足利将军希望通过引领文化潮流而确保他的统治权威，第三代将军足利义满提倡的北山文化崇尚富丽堂皇。但到第八代将军足利义政所提倡的东山文化时，已经不再崇尚奢华，而开始推崇侘寂美学观。这恐怕是和日本比较低下的生产力有关。足利将军垄断了与明朝的贸易，获得了巨额财富。1458年，足利义政花费巨资大规模新建将军府第，而当时的日本陷入全国性饥荒。后花园天皇也出来规劝足利将军不要这样奢侈，但财大气粗的将军怎么听得进去呢。这也说明，幕府将军虽然富裕，但大多数日本人的生活还是非常穷困的。其他人不用说，单说那个时代的日本天皇，也是很贫穷的。比如后花园天皇的儿子后土御门天皇也曾经想蹈袭当时的流行做法，把皇位禅让给自己的儿子，但因为筹划不出新天皇即位所需的费用而只好作罢。不仅如此，在后土御门天皇驾崩后，

第七章　汉物耀变：消化吸收与创造

皇室竟然拿不出葬礼的费用而无法让天皇下葬。虽然最后幕府出钱下葬了天皇，但新天皇还是因为没有足够的资金，竟然过了21年也不能举办正式的即位仪式。天皇尚且如此，其他贵族自然好不到哪里去，更不用说普通的日本平民了。足利将军的目的是引领新文化的潮流，但其他人没有条件跟上这种新文化，足利将军也只好从善如流，放弃了全面引进中国式的生活方式，回归到大多数日本人能够接受的范围内。

虽然后来织田信长也曾经在榻榻米上使用明式家具，但这也是获得日本统治权的人能够做到的事，更多的日本人在接受中国文化的同时，不得不按照当时的经济条件来加以改造，从而创造出璀璨的日本文化。

日本特色的形式美

在镰仓时代中晚期由禅僧无住道晓编著的《沙石集》有这样一段故事：一个放牛人看到僧人们喝茶，就想讨一杯来喝，但和尚却说，茶是三德之药。哪三德？第一，喝了就不瞌睡；第二，可以帮助消化；第三，能够抑制性欲。放牛人听了，就不再讨茶喝了。禅僧编著的故事自然有其寓意，但也应该反映了当时情况，喝茶已经融入僧人们的日常生活。事实上，到镰仓时代末期，茶已经不再是一种药物，而是一种嗜好饮料，受到了大家的欢迎。

自从最澄、圆尔、荣西引进茶树以来，日本各地都有茶树的栽培，产地间的质量也有差异。据说，明庵荣西传授的京都郊外栂尾高山寺一带所出产的栂尾茶被称为本茶，其他地方的茶则被称为非茶。当初，权贵中流行喝茶时如何区分本茶和非茶的斗茶游戏。《光严天皇宸记》正庆元年（1332年）6月5日、6月28日都留下了廷臣们的饮茶胜负的记录，可见那个时代还是保留了很多中国斗茶的习惯。帮助足利尊氏建立室町幕府的佐佐木道誉则把这样的斗茶发挥到极致。他曾经在摆满珍贵汉物的地方，举行斗茶会。斗茶要喝70杯来区分本茶和非茶，而准备的奖品更是超过了700种。佐佐木道誉被称为婆娑罗大名，意思是无视天皇朝廷的规矩，讲究豪华奢侈，追求华美的大名。虽然这样对奢侈的追求并不为生产力比较低下的日本社会所容忍，但至少第三代将军足利义满的北山文化还是受到婆娑罗大名的影响，推崇豪华奢侈。

足利义满用金箔贴满建筑的金碧辉煌占领了奢华文化的制高点，但在连天皇也非常贫穷的时代，大家都很难模仿跟进。根据《吃茶往来》的记载，室町时代的斗茶常常只用4种10服（杯）茶来分胜负。虽然斗茶的会所依然需要装饰中国文物，但与佐佐木道誉等婆娑罗大名相比，已经非常简朴了。随着明朝限制朝贡的年限及下赐财物的减少，室町幕府将军的财政也日益艰困。1472年，足利义政把将军之位传给儿子，隐居东山，在东求堂里修建了四叠半的茶室同仁斋，非常朴素。迫于财政困难，幕府将军不得不变卖一些历代收藏品。根据《君台观左右帐记》所记，将军的茶碗大多是中国茶碗，价格不菲，其中耀变天目更是高不可攀。变卖这些藏品的确是可以改善将军的财政状况的。

村田珠光更是反对一味地追求高价的汉物，开始强调模糊汉物和日本物的区别，推崇一些原本不为人关注的粗糙瓷器。然而那个时代还是"御茶汤御政道"的时代，茶汤已经成为日本政治的一个组成部分，天

第七章　汉物耀变：消化吸收与创造

价的茶道具、黄金茶室都不可避免地出现在那个时代。而千利休虽然集侘茶之大成，但其本人却一直陷在政治的漩涡中，最后还死于政治。到德川家康在江户建立德川幕府之后，天下太平，茶汤的政治要素淡化，失去当权者、财主的支持。茶汤似乎要走向没落。但就在这个时候，茶道的名称出现了，这意味着吃茶开始成为一种比较纯粹的嗜好活动。

茶汤的主要内容在吃茶之外，是政治性的，或者是娱乐性的，但是，茶道的主要内容被限制在吃茶之内，为展现"招待客人时的心灵之美"而讲究仪式流程。表千家第七代传人如心斋和里千家第八代传人又玄斋在大德寺大龙和尚和无学和尚的帮助下，仿照宋代禅宗语录《碧岩录》中的"随身七事"，制定了吃茶的流程七事式。在这个过程中，"和敬清寂"成了千利休流传下来的茶道的中心思想，这实际上规定了茶道只能简化成一种仪式。从而形成了日本独特的形式美。

文化曜变的实现

茶道的诞生，可以说是文化日本出现曜变的典型体现。而在江户时代，日本实际上出现了对中国文化整体上的曜变。

说起江户时代，一般人都有那是锁国时代的印象。但实际上，德川幕府从来没有使用过锁国这样的词汇。锁国一词最早是1801年兰学者志筑忠雄以《锁国论》的书名把德国医生恩格尔贝特·肯普弗的著作 *The History of Japan*（1727年）翻译成日语时首次使用的，并在半个世纪之后发生的明治维新之际在日本普及的。

肯普弗从自己在日本的切身体会，认识到日本锁国的现象。这种现象主要是德川幕府对贸易的管理。虽然对外贸易给日本带来利益和信息，但贸易也带来了天主教徒增加的问题，因为天主教徒是否认德川幕府的身份制度的。所以，德川幕府就规定只开放4个港口对外贸易，即所谓的锁国政策。实际上，德川幕府锁国还有一个不得已的事实，那就是当时日本的对外贸易严重出超，大量白银外流，以致日本国内的白银流通出现了问题。所以，德川幕府不得不实行贸易管理，禁止金银的外流。

日本贸易出超的主要原因是江户时代的日本人非常喜爱丝织品，所以，中国的丝绸尤其是未加染色的生丝是非常抢手的商品。为了进口这些生丝和丝织品，根据新井白石在江户时代的统计，几乎花掉了德川幕府所持有的四分之一金币和四分之三的银两。所以，尽管德川幕府没有禁止从中国进口大量的书籍，但对大量的生丝和丝织品的进口不得不采取措施。1715年，德川幕府颁布正德新令，规定了如下的贸易管理的内容：①把与中国的贸易规定从原来每年59艘船，每船交易额为1.1万贯目减少为每年30艘船，交易额为6000贯目，最多为9000贯目；②允许荷兰每年2艘船来交易，交易额为5万两（银3000贯目）。而进口物品不再通过拍卖，而是通过长崎会所的官府派人查定价格。

从正德新令的内容来看，日本与中国的贸易规模几乎减少了一半，受到重创的主要是生丝和丝织品的进口。为了满足日本国内市场的需求，德川幕府命令西阵织要尽量使用日本国产生丝，同时也鼓励各地大名发展养蚕业，促进日本国内的生丝生产。在市场旺盛需求的压力下，在德

第七章 汉物耀变：消化吸收与创造

川幕府的推动下，日本各地的养蚕业开始发达，所产的高级生丝被运到京都的西阵，被纺织成各种精美的西阵织；而其余的生丝也没有遭到抛弃，而是被织成当地需要的丝绸，成为农家的重要现金收入来源。

到德川幕府末期，由于欧洲养蚕业受到病毒的影响，生产几乎停顿，而中国又因为鸦片战争和太平天国运动的影响，养蚕业也受到致命的打击。这样，欧洲商人开始大量收购日本的生丝，让日本的养蚕业获得了一个可以蓬勃发展的天赐良机。明治政府也及时抓住这个机会，把生丝生产当作殖产兴业的样板行业，大力推进生丝的出口。为此，还投入巨额费用，引进法国生产技术，建设了富冈制丝厂。在日本上下的努力下，日本的生丝生产得到不断发展，到1909年，日本的生丝出口量终于超过中国，成为世界第一。

在江户时代早期，日本曾经因为大量进口生丝和丝织品导致大量的金银外流，并让德川幕府感到了危机。但是，到明治维新之后，日本的生丝产业已经蓬勃发展，最终赶超中国。这是一种生产力的耀变。

除了生丝和丝织品之外，江户时代的日本还从中国进口了大量的图书典籍。比如，1711年，从中国来日本的贸易船一共有54艘，其中第51艘船就运载了40箱中国的图书。这些图书典籍有《易经讲义去疑》二卷、《战国策》十卷、《皇明奏疏》六卷等，范围包括经、史、子、集，一共有86种，1100册以上。其他船只所载运的书籍虽然没有这么多，但多有运载。所以，这样的进口并不能算是一种特例，这也意味着在德川幕府260多年的统治过程中，有大量的图书典籍从中国输入到日本，给日本的知识阶层带来了知识的养分。然而，到明治时代，也出现了文化上的逆向交流。1896年,清政府派遣了第一批去日本的留学生有13人,随后,就有大批的中国人去日本留学。这些留学生把大量日本用汉字翻译的欧美新概念传回了中国。这样的情况,也可以说是一种文化的嬗变。

毫无疑问,近代日本在经济上和文化上的嬗变实际上离不开长期以来中国文化的影响。但是,日本之所以能发生这样的生产力和文化的嬗变,是需要仔细分析和研究的。也就是说,中国的影响和日本的努力才最终创造出日本的文化,而这两者的相互作用从很早的时候就已经发生了。很多从中国流传到日本的文物变成日本的国宝的过程正是这种相互作用的典型表现。

后　记

从儿子上小学开始，笔者和妻子就经常带他去日本各地参观名胜古迹。一开始我们也没有刻意准备什么题目，但常常在不经意处看到世界遗产的招牌，获得意外的惊喜；也时常能看到国宝展的广告，让人总想探个究竟。到后来，我们就事先选好目标，争取在旅途中把日本的国宝全部看一遍。

这似乎也并不难，因为日本国宝相对集中在东京、京都、奈良等大都市和知名的旅游胜地。尤其是东京国立博物馆，国宝更加集中。几年下来，还真看了不少日本的国宝。妻子的美学眼光和笔者的历史知识，在我们观摩这些国宝的时候迸发了很多绚丽的火花，连我们自己也觉的很有意思。

"国宝"一词据说最早出现在《左传》里，后来中国对宝贵的器具和宝贵的人才都称之为国宝，而明朝形成的国宝制度基本上专指皇帝宝玺。日本在接受中国国宝一词原有含义的基础上又作了发展，他们把具有历史价值的有形文化财产称为国民之宝，简称国宝，并制定了法律来保护。现在日本指定了1100多件国宝，而来自中国的文物占了十分之一左右。这些被指定为日本国宝的中国文物主要集中在唐宋时期，而这正是日本在海量地吸收中国文化的基础上形成自己文化的时候。从国宝的历史地位出发,这个现象的出现绝非偶然,非常值得玩味。

妻子在和浙江大学出版社张婷编辑联系时提到了这个话题,幸运的是张编辑对这个题目也很感兴趣。她认为通过国宝来分析中国文化对日本产生的影响,非常具体形象,有充足的说服力,而以前却很少有人这样去尝试,就鼓励笔者通过中国文物变成日本国宝的前因后果的整理来阐明这里面的有机联系,展现中日交流深厚的一面。这样,《文化的曜变》一书的写作也就正式开始了。

由于对这些国宝已经有了感性认识,加上各种资料都比较容易查找,写作还是比较顺利的。但为了确认一些问题,笔者还想再看看国宝实物。不过,那时正是疫情期间,实地参观都需要提前预约,并且还有时间和人数的限制,平添了不少麻烦。尽管如此,笔者还是尽可能地去实地参观。可以说,这本书就是边走边看写出来的。

然而,实物看得越仔细就越觉得自己的认识不够全面。事实上,我们既不能把国宝的来龙去脉完全弄清楚,更不能把国宝所产生的影响全部说明白。历史留给我们的往往都是很多碎片,很多的细节永远消失了。我们只能用马赛克拼图意识来阅读历史,在我们的脑海里还原历史的真相。所以,本书最终呈现出来的实际上是一种历史的线索,读者可以通过这样的线索,加上自己的思索去认识这段历史,并从中得到自己的感悟和启迪。如果有这样的效果的话,笔者就满足了。

书稿交稿之后,笔者准备在暑期带儿子回国探亲,看望数年未见的儿子的老祖母。没想到还没等我们动身,九十五岁的母亲溘然仙逝,让笔者进退失据,无所适从。母亲含辛茹苦地养育了我们兄妹四人,现在

后　记

儿孙满堂，也算是颐养了天年。母亲走的那天，也是在吃完晚饭后，安静地离开了我们。母亲的伟大，就展现在这点点滴滴的事情里。但让我们感受到这些伟大的时候，往往是在她已经不在的时候。

梦为远别，尤觉衾寒。春晖难报，人何以堪！

由母爱联想到源远流长的中日关系，让笔者更确信了本书出版的价值，更希望中日关系今后会排除万难，更加健康地向前发展。笔者也得以谨以此书告慰慈母在天之灵。

2023年冬至